하나님의 말씀에 사로잡혀
21세기 이슈들과 신학적 성경 읽기
CAPTIVE TO THE WORD OF GOD

Copyright ⓒ 2010 by Miroslav Volf
Originally published in English under the title
Captive to the Word of God by Miroslav Volf
Published 2010 by Wm. B. Eerdmans Publishing Co.
2140 Oak Industrial Drive N.E., Grand Rapids, Michigan 49505, U.S.A
All rights reserved.

This Korean edition is translated and used by permission of Wm. B. Eerdmans Publishing Co.
through arrangement of rMaeng2, Seoul, Republic of Korea

This Korean Edition Copyright ⓒ 2012 by DMI Publishing, Seoul, Republic of Korea

이 한국어판의 저작권은 알맹2 에이전시를 통하여 Wm. B. Eerdmans Publishing Co. 와 독점 계약한 도서출판 국제제자훈련원에 있습니다. 신 저작권법에 의하여 한국 내에서 보호받는 저작물이므로 무단 전재와 무단 복제를 금합니다.

추천의 글

우리는 성경신학과 조직신학 사이의 거리, 혹은 성경 본문의 본래적 의미를 찾는 주석적 물음과 성경 계시의 현재적 의미를 찾는 신앙적 물음 사이의 거리에 관해 말한다. 이 단절의 강은 학문보다 더 깊은 삶의 숲 속에서 발원한 것이기 때문이다. 학자든 아니든, 우리는 모두 "오래전 옛날 말씀"과 오늘 내 삶의 연결이 만만찮다는 답답함을 느낀다. 가장 손쉬운 선택은 강을 건너지 않는 것이지만, 볼프는 두 세계에 다리를 놓고자 한다. 성경과 우리 삶을 연결하고, 신학적 신념들을 실천적 신앙의 몸짓으로 연결하려 한다. 그는 두 영역의 연결에 관한 다소 이론적인 논의뿐 아니라(1부), 실제 말씀과 현실을 오가는 말씀 읽기의 사례들을 보여줌으로써(2, 3부), 우리의 다리 놓기를 돕는다. 이런 통합적 읽기를 그는 "신학적" 읽기라 부른다.

    아마 이 책의 백미는 볼프 자신이 신학적 물음을 가득 품고, 하지만 겸허하게, 성경 텍스트를 읽어가는 3장과 4장의 연구들일 것이다. 그는 다원주의 세계를 살아가는 신앙공동체가 이 세계와 어떤 관계를 맺어야 하는가 물으며 "신학적" 성경 읽기를 통해 그 해답을 찾고자 한다. 가령, 베드로전서 읽기에서 그는 그 해답을 "온건한 차별성"이라 정의한다. 그리고 실제 본문 읽기를 통해 세상과 교회의 거리가 주변 사회에 대한 배타적 태도가 아니라 산 소망을 소유한 공동체의 내적 체험에서 생겨나는 것이며, 그래서 사회를 향한 교회의 몸짓에는 배척과 순응이 뒤엉킨다는 사실을 읽어낸다. 이렇게 그는 성경 본문의 논리를 무시한 조직신학자 리처드 니이버의 유형론도, 기독교적 자태의 복합적 성격을 충분히 고려하지 못한 신약학자 존 엘리엇의 연구도 넘어선다. 또한 내적 정체성에 근거한 요한복음의 날카롭지만 "특이한" 이원론이 세상에 대한 적대감이 아니라 세상을 향한 사랑으로 드러난다는 생각, 그래서 현대의 다원주의 사회에 오히려 유익한 것일 수 있다는 놀라운 주장 역시 현실에 대한 정확한 분석과 치밀한 말씀 읽기가 어떻게 결합할 수 있는지를 멋지게 보여준다.

이 책은 그리스도인에게는 삶의 세계를 이해하는 일과 말씀의 세계를 이해하는 일이 결국 하나라는 사실을 절감하게 한다. 한때 저자의 제자이기도 했던 나의 입장에서 보건대, 말씀과 신학적 사고의 이런 생산적 결합 배후에는 하나님께 순종하고자 하는 한 사람, 그래서 말씀과 현실이 공히 소중한 그리스도인이 자리하고 있다. 아마 이 책의 독자들 역시 성경과 신학에 대한 우리의 이론적 성숙이 순종의 열망 속에서 가능해지고 또 의미 있게 된다는 사실을 거듭 되새기게 될 것이다.

권연경 교수 (숭실대학교 신약학)

추천의 글

PART 1
신학을 한다는 것

1. 신학적 성경 읽기   10

2. 삶의 방식을 찾기 위한 신학   54

PART 2
다원주의 세계와 신앙 공동체

3. 온건한 차별성: 84
베드로전서에서의 교회와 문화

4. 특이한 정치: 120
요한복음, 이원론, 그리고 현대의 다원주의

하나님의
말씀에 사로잡혀
CAPTIVE TO THE WORD OF GOD

PART 3
하나님과 맘몬

5. 하나님은 사랑이라:
이슬람과의 대화에 비춰본
기독교 기본진리에 대한 성경적 성찰

6. 무한을 향한 갈망:
기독교 신앙과 경제성장의 역학

170

198

236 후기

240 주

PART 1
신학을 한다는 것
DOING THEOLOGY

CHAPTER 1.
신학적 성경 읽기

서론

이 책은 조직신학자인 내가 성경 텍스트를 해석하는 하나의 시도이다. 어쩌면 이것이 독자가 서론적으로 알아야 할 전부일지도 모른다. 만일 그렇다면 당신은 나머지 내용을 건너뛰고 다음 장으로 넘어가도 좋다. 하지만 서론을 좀 더 읽고 싶은 독자들을 위해 왜 성경 해석이 조직신학자들에게 중요한지, 그리고 내가 조직신학자로서 성경 해석에 무슨 기여를 할 수 있는지 논의하고자 한다. 엄밀히 말하면, 나는 내 입장을 주장하는 것도 아니고 그것을 단순히 기술하는 것도 아니다. 오히려 내 견해에 대한 합리적인 설명을 내놓는 것이라고 말해도 무방하겠다.

 이 책을 꼼꼼하게 정독하는 사람이면 명백히 알 수 있듯이, 성경 해석에 대한 두 가지 대표적인 접근으로 말하자면, 나는 현대의 성경학자처럼 석의(釋義, exegesis) 작업을 하는 것도 아니고 평신도와 같이 신앙적인 해석을 하는 것도 아니다. 이런 성경 해석 방법들을 들여다보면 제각기 다양한 편이고, 적어도 성경학자들 사이에 적절한 성경 해석의 한도는 계속해서 논란거리가 되고 있다.[1] 하지만 이 두 가지 접근 모두 내가 여기서 시도하는 작업과는 다르다. 단, 마음 중심의 신앙적 행습과 머리 중심의 석의적인 행습 모두 내가 주장하는 보다 통합적인 접근에 꼭 필요한 차원들이기 때문에 경계선을 긋기가 쉽지 않은 게 사실이다. 정확히 말하자면, 이 책에 담긴 에세이들은 성경 텍스트에 대한 **신학적 해석**이라고 할 수 있다.

그러면 "신학적 해석"이란 무슨 뜻인가? 잠시 후에 논의하겠지만 지금은 성경에 대한 신학적 해석의 부활기라고 말할 수 있다. 성경을 신학적으로 해석하는 이들이 늘고 있긴 하지만, 그들이 정확히 무엇을 하고 있는지에 대한 보편적인 합의는 존재하지 않는다. 하지만 저명한 세 사람 즉, 데이비드 포드(David Ford)[2], 데이비드 켈시(David Kelsey)[3], 그리고 미하엘 벨커(Michael Welker)[4]와 같은 신학자들이 취하는 해석 방법에는 분명히 닮은꼴이 존재한다. 그러나 이 셋조차 서로 간에 충분한 차별성이 있기 때문에, 내가 대체로 그들의 접근과 맥을 같이한다고 말해도, 내 해석 방법의 출처를 궁금해하는 사람들을 완전히 만족시킬 수는 없을 것이다.

나로서는 미안하게도 내 방법에 대한 설명을 찾는 사람들을 실망시키지 않을 수 없을 것 같다. 이유인즉, 나에게는 일련의 규칙들로 알려진 소위 "방법"이라는 것, 즉 그것들을 따르기만 하면 언제나 똑같은 바른 결과를 주는 그런 방법이 없기 때문이다. 물론 성경에 대한 신학적 해석의 상당부분은 고대 언어와 본문 비평 연구와 같은, 명쾌하고 강력한 방법론을 가진 학문적 작업에 의존하고 있는 것이 사실이다. 그러나 신학적 해석 자체에 관한 한, 이런 것은 정밀과학이기보다 지혜를 필요로 하는 일종의 예술에 가깝다고 할 수 있고,[5] 성경을 해석하는 합법적인 방식은 상당히 많은 편이다. 내가 판단하기로는 방법들(한 가지 방법은 말할 것도 없고)에 집착하면 어쩔 수 없이 제한성을 가질 수밖에 없다. 그러므로 나는 한 가지 엄밀한 방법을 따르지 않고, 성경에 대한 확신들을 지침으로 삼아 열린 접근을 취하는 바이다(이 확신들 자체가 잘 해석하는데 필요한 일련의 격언을 보여주고 있다).[6] 이제 이런 확신들에 관해 설명할 터인데, 그에 앞서 신학자(여기서 말하는 신학자는 조직신학자임을 유념할 필요가 있다: 역주)와 성경의 관계에 대해 폭넓은 이슈를 다루어야겠다.

신학자와 성경

계몽주의 시대 이후 신학자는 성경과 양면적인 관계를 맺어 왔다. 한편으로, 성경을 펼치고 나면 자신이 낯선 세계로 들어가고 있다고 느끼곤 했다. 예를 들어, 성경의 세계에서는 사물이 계몽주의 "세계"와 같이 인과관계가 아니라 하나님의 능동적인 개입으로 발생한다. 그 세계에서는 "자연법"이 기적적인 사건에 밀려나고, 역사의 흐름은 하나님의 섭리적 통치에 좌우되기 때문이다. 계몽주의의 선구자 중 하나인 고트홀드 에프라임 레싱(Gotthold Ephraim Lessing, 1729-1781)의 어구를 빌리자면, 현대 신학자와 고대의 성경 사이에는 "꼴사나운 넓은 도랑"이 존재하고 있었던 것이다.[7]

다른 한편, 신학자들은 성경이 종교적 공동체의 신성한 텍스트라는 사실을 줄곧 인정해 왔고, 그들은 다름 아닌 그 공동체의 신념과 관행과 의례를 열심히 연구해 왔다. 그리고 이따금씩 젊은 칼 바르트와 같은 신학자들이 등장하여 성경 안의 "낯선 세계"는 정말로 케케묵은 듯이 보이면서도 특이하게 참신하고 흥미롭고 생명을 주는 "낯선 **새로운** 세계"라는 것을 그들 스스로 발견하기도 했다.[8]

서로 상반되는 이 두 가지 세력-성경과 "현대 세계"의 충돌과 종교적 공동체에 대한 성경의 중요성-을 감안하면 현대의 학문적 신학이 성경을 무시하는 태도와 성경과의 활발한 교류 사이를 계속 갈팡질팡한 것은 놀랄 일이 아니다. 어느 경우든 성경은 신학자들에게 어려운 텍스트로 다가왔다. 관계를 맺기도 어렵고 버리기도 어려웠다는 뜻이다.

성경과 관계를 맺는 일이 아무리 어렵다 해도, 그런 어려움은 성경을 무시할 때 따르는 위험에 비하면 그래도 수용할 만하다. 내가 앞으로 주장하겠지만, 성경을 무시하는 일은 신학에 치명적인 결과를 초래한다. 이런 위험이 물론 신학이 성경과 다시 관계를 맺어야 할 유일한 이유는 아니다. 그것은, 마치 신학의 주관심사가 스스로 살아남는 것인 양, 주된 이유도 아니다. 성경은 하나님이 자기를 계시한 일차적인 처소이기 때문에 신학적 성찰의 필수적이고 중요한 원천이라고 나는 생각한다. 기독교 신학과 그리스도인의 삶의 중심에는 예수 그리스도, 곧 한 세대 전에 유행하던 용어를 사용하자면 '인류를 향한 하나님의 자기 발언'이 있다. 성경은 이후의 모든 세대를 예수 그리스도에게 연결시켜 주는 일차적인 고리다. 그리스도인들에게 예수 그리스도는 성경의 알맹이이고, 바로 이런 이유 때문에 성경은 하나님의 자기계시의 처소인 것이다. 하나님의 자기계시에 대해서는 나중에 잠깐 언급할 예정이므로 여기서는 성경을 멀리하는 신학의 위험성을 다룰까 한다.

성경 해석으로서의 신학

고전적 기독교 전통에 속한 모든 위대한 신학자들, (소수만 언급하자면) 오리겐과 카파도키아 교부들에서 아우구스티누스와 아퀴나스에 이르는 신학자들은 스스로를 성경 해석자로 보았다. 로버트 윌켄(Robert Wilken)은 앙리 드 뤼박(Henri de Lubac)의 권위 있는 저서인 『중세의 석의』(*Medieval Exegesis*)의 논지를 요약하면서 이 신학자들에 대해 다음과 같이 쓰고 있다.

> 성경의 석의는 신학과 별도로 수행된 전문화된 분야가 아니었고 그 자체가 신학이었다. 교회는 성경 텍스트를 해석함으로써 신앙의 신비에 관해 생각했다…대다수의 신학 토론의 배후에는 성경 텍스트가 있었고, 이런 텍스트를 기반으로 교회의 첫 선생들은 신앙의 핵심 진리와 윤리를 표현했다.[9]

이처럼 신학에서 성경 해석이 중심을 차지한다는 논점을 개진하려면 프로테스탄트 종교개혁의 주요 인물을 인용할 수도 있다. 예컨대, 마르틴 루터의 모든 개혁 활동은 이성을 지침으로 한 성경 해석에 근거를 두고 있었다. 그래서 보름스 국회에서 황제를 비롯한 정치 및 교회 지도자들 앞에서 이렇게 선언했던 것이다. "나는 성경의 증언이나 명료한 이성에 의해 설득을 당하지 않는 한…, 내가 인용한 성경에 묶여 있고 내 양심은 하나님의 말씀에 사로잡혀 있습니다."[10] 그래서 루터의 여섯 권짜리 창세기 주석과 두 권짜리 갈라디아서 주석(후자는 내가 애독하는 책이다)이 그의 사상을 가장 잘 표현하고 있는 것은 우연이 아니다.[11]

적어도 임마누엘 칸트가 『이성의 한계 내에서의 종교』(*Religion innerhalb der Grenzen der bloßen Vernunft*, 아카넷 역간)에서 "철학 신학이 그 명제들을 확증하고 설명하기 위해 역사와 언어와 민중의 책들과 심지어는 성경까지 사용하더라도 이성의 한계 내에 머물러 있는 한, 그 학문이 미칠 수 있는 최대한까지 완전한 자유를 누려야 한다"[12]라고 주장한 이래, 학문적인 신학자들은 칸트의 정신으로-신학자들에 대한 그의 명백한 충고에는 반하여[13]-거의 성경을 참고하지 않은 채 신학 작업을 하는 경향이 있었다. 현대 신학의 창시자이자 역사상 가장 위대한 신학자의 한 명인 프리드리히 슐라이어마허가 처음부터 그런 풍조를 조성했다. 그의 책, 『기독교 신앙』(*The Christian Faith*)에는 사실상 성경에 대한 강해가 없다.[14]

그렇지만 20세기의 전반기까지만 해도 가장 영향력이 큰 신학자들 중의 일부는 성경 텍스트의 해석을 그들의 신학 작업의 불가결한 부분으로 삼았다.[15] (혹시 그들이 성경 텍스트를 해석했기 때문에 장기적으로 큰 영향을 미쳤던 것은 아닐까?) 그 가운데 가장 유명한 사례는 칼 바르트의 『로마서 주석』(The Epistle to the Romans)으로 진정한 신학적 혁명을 선도한 작품이었다.[16] 바르트는 신학 교수직을 갖고 있는 동안 계속해서 성경을 가르치고, 성경 각 권에 대한 주석을 출판하고, 어쩌면 20세기 최대의 걸작이라고 할 수 있는 『교회 교의학』(Die Kirchliche Dogmatik, 대한기독교서회 역간)에서 성경 텍스트에 대한 주석을 폭넓게 달고 있다. 이와 비슷하게 디트리히 본회퍼의 후기 저작도 대부분 성경 강해로 구성되어 있다.[17] (초기에 집필한 두 권의 책은 성경이 사소한 역할을 담당한 논문들이었다.)

이후 1960년대에 커다란 변화가 일어났다. 그때부터는 소장 신학자들 대부분이 더 이상 루터나 아우구스티누스는 물론이고 본회퍼나 바르트의 선례도 따르지 않았다. 우리가 여기에서 이런 획기적인 변화를 가져온 여러 요인들을 다 검토할 필요는 없지만, 그것을 현대적인 대학교와 신학교의 특징인 분야별 및 하부분야별 전문화의 가속화로 충분히 설명할 수는 없다는 점은 주목할 필요가 있다. 놀랄 만큼 짧은 기간에 조직신학자들은 일찍이 칸트에게 받은 자극을 마침내 실행에 옮기는 데 "성공하여" 실질적으로 성경을 해석하는 일을 그만두었다. 비슷한 시기에 계몽주의 당시에 시작된 발달양상이 절정에 올라 많은 성경학자들은 자신을 주로 역사가로 보기에 이르렀다. 따라서 조직신학자들과 성경학자들 사이의 간격은 크게 벌어졌다. 그리하여 조직신학자들은 성경을, 역사가로 변한 성경학자들에게 넘겨주었고, 성경학자들은 신학의 짐을 조직신학자들에게 떠넘겼다. 그 결과는? 학문적인 신학에 관한 한, 성경은 먼 과거에 갇힌 나머지, 현재에는 실종되고 말았다.

성경을 포기한 대가

이제 신학의 목적과 기독교 공동체에서의 성경의 역할에 비추어 성경을 과거로 밀어낸 결과에 대해 생각해 보자. 내가 알기로는, 학문적 신학의 목표는 종교학과는 달리 기독교 신앙의 세계를 이해하는 것을 뛰어넘는다. 신학은 먼저 종교 공동체들의 신념과 의례와 관행에 비판적으로 또 건설적으로 관여하여 그 공동체들에게 방향성을 제공하려고 한다. 이를 예일 신학교의 사명선언문에서는 "하나님에 대한 지식과 사랑을 촉진시키기 위한 것"이라고 표현하고 있다. 둘째, 신학의 목표는 세상을 향한 하나님의 목적에 비추어 일반 사회에서, 아니 온 지구촌에서 어떤 삶을 영위해야 할지를 밝히는 일이다. 교회와 사회는 학문적 신학의 대상이 되는 두 개의 주요 "영역들"인 만큼[18], 신학은 이 양자를 위해 하나님 앞에서 잘 산다는 것의 의미를 제공할 목적으로 현실을 해석하려고 노력한다.

그러면 이 두 영역들과 관련하여 신학의 과업들 간에 어떤 관계가 있는가? 서구 사회를 포함하여 오늘날 대다수의 사회가 문화적으로 비기독교 사회인 것을 생각해 보라. 사회학자들이 "기능적 분화"라고 부르는 과정을 통해 경제와 정치 같은 사회적 하부구조들은 스스로 종교적(이는 실질적으로 "기독교적"이란 뜻) 주장과 명령에서 벗어났다. 게다가, 세계화가 진전된 결과, 예전에 "기독교" 딱지가 붙었던 국가들은 물론이고 세계의 대다수 국가들은 그 문화를 지배하는 단일 종교 없이, 갈수록 종교적 다원주의의 색채를 띠고 있다.

그리고 한 사회에서 기독교 신학이 미치는 효과는 기독교의 종교적 언어와 의례와 관행이 지닌 활력과 힘과 상관관계가 있다는 점도 생각해 보라. 활력과 힘이 없다면 학문적 신학은 견인력을 창조하지 못한 채 그냥 바퀴만 돌아갈 뿐이다. 그 결과는? 기능적 분화와 종교적 다원주의로 채색된 사회에 탄탄한 "기독교 문화"가 부재하는 경우, 기독교 신학의 영향력은 그 종교적 언어가 살아 있고 기독교 관행이 중요한 교회들과 선교단체들에서 수행하는 역할에 크게 의존하게 된다. 신학이 일반 사회에 영향을 미칠 수 있는 정도는 **대체로 기독교 공동체의 삶에 미칠 수 있는 영향력의 정도에** 좌우된다고 할 수 있다.[19]

끝으로, 기독교 공동체들은 기독교적 색채를 띠고 있는 한, 전례, 설교, 친구들의 모임, 혹은 개인 연구 등을 막론하고 거기에서 일어나는 성경 읽기를 통해 주로 그 영양분을 공급받는다. 물론 기독교 공동체는 이와 다른 곳에서도 영양분을 끌어온다. 그 가운데 일부(대중 심리학 같은 것)는 영적인 정크 푸드를 공급하는데 비해, 어떤 것들(같은 지적 수준에 머무르도록 하려는, 인간 정신에 관한 책임 있는 연구)은 탄탄한 영양소를 제공하기도 한다. 그들은 또한 풍부한 신학 전통과 영성 전통에서도 영양분을 얻는다. 그러나, 기독교 안팎을 막론하고, 그 가운데 최상의 원천들이라도 성경을 대체할 수 있는 것은 없다. 이런 것들은 어디까지나 중요한 부식에 불과하다. 말하자면, 성경은 교회 공동체뿐 아니라 그리스도인 개개인의 성장에 필수불가결한 영양소를 담고 있다는 뜻이다. 성경은 하나님의 자기계시의 처소로서 예수 그리스도와의 중요한 연결고리를 나타내는 책이다. 성경을 치워 보라. 그러면 조만간에 교회를 "교회답지 못한" 공동체로 만들게 되리라.

만일 기독교 공동체에서의 성경의 역할과 현대 사회에서의 학문적 신학의 영향력에 관한 나의 묘사가 정확하다면, 성경을 과거에 가둬두는 입장은 성경신학과 조직신학에 치명적인 영향을 미칠 수밖에 없다. 여기에서 오늘날의 성경신학의 상태는 내 관심사가 아니므로, 이런 상황에서는 성경 텍스트의 역사적 해석은, 먼 옛날 보잘것없는 지구 한 구석의 하찮은 문화 유물에 대한 자기 지시적인 연구로 변질될 위험이 있다는 것만 언급하고자 한다.[20] 다시 강조하겠지만, 나는 성경을 과거로부터 내려온 텍스트로 연구해서는 안 된다고 말하는 게 아니다. 성경은 또한 일차적으로 현대적인 의미를 끌어내기 위해 읽는 책인 만큼 그런 식의 연구는 문화적으로 또 사회적으로 하찮은 작업에 불과할 것이라는 말이다.

그런데 사실은 고서(古書)로서 성경 텍스트를 연구하는 일은 종종 가치있게 여겨진다. 많은 사람이 성경학자들이 역사가로서 수행하는 작업에 관심을 갖는 이유는 현재 그들이 그 텍스트와 관련이 있다고 생각하기 때문이다. 그러나 성경이 하나님의 말씀으로서,

지혜로운 책 혹은 해로운 책으로서, 고전적인 텍스트로서, 혹은 그 어떤 책으로든 오늘날의 사람들에게 줄 메시지를 갖고 있다는 믿음을 제거해 보라. 그러면 성경 연구의 작업과 결과에 대한 관심은 미미한 정도로 전락할 것이다. 역사가로서 수행하는 성경학자들의 작업은 그들이 접근하는 그 텍스트들이 오늘날 살아 있는 만큼 중요한 의미를 지니게 된다.

성경을 단순한 역사적 문헌으로 취급하는 입장이 성경 연구에 어떤 영향을 주든지 간에, 조직신학이 성경을 포기하는 것은 마치 자기가 앉아 있는 가지를 잘라내는 꼴이다. 오늘날과 관계가 있는 모든 기독교 신학은 "조직 신학", "교리 신학", "구성 신학" 혹은 그 어떤 신학이든 궁극적으로 성경의 깊은 샘에서 물을 길어야 한다. 물론 신선한 물이 다른 원천으로부터 올 수도 있다. 가장 자주 방문하는 세 가지 샘을 들자면 이성과 전통과 경험이다. 그렇지만 기독교 신학의 모든 것은 결국 성경의 내용에서 나오기 마련이고, 이런저런 방식으로 그 내용으로 평가 받게 되어 있으며, 그 가운데 핵심은 예수 그리스도에 대한 성경의 증언이다. 더군다나, 만일 기독교 신학이 성경을 저버린다면, 그것은 기독교 공동체의 삶의 중심에 있는 문헌, 그 공동체의 존재와 정체성과 생명력이 기대고 있는 그 텍스트에 더 이상 관여하지 않게 될 것이다. 그 결과, 신앙 공동체 위에 떠다니되(혹은 그 곁의 바닥에 떨어질지도 모른다) 그 공동체나 더 넓은 문화에 영향을 미칠 능력이 없는, 문화적으로나 사회적으로 무능한 신학이 생길 것이다.

어떤 이들은 신학적으로 성경과 관계를 맺어야 한다는 내 주장을 편협한 "성경 중심의 근본주의"로 복귀하는 입장 혹은 프로테스탄트 특유의 입장으로 해석하고 싶을 것이다. 그러나 그렇지 않다. "자유주의", "복음주의", "해방주의", "보수주의", 그리고 프로테스탄트뿐 아니라 가톨릭과 정교회까지 포함하여 그 어떤 유형의 기독교 신학이라 할지라도, 성경에서 영양분을 공급받지 못하면 자신을 서서히, 하지만 확실히 죽음에 넘겨줄 것이다. 왜냐하면 모두가 생명력과 적실성의 원천인 성경으로 돌아가야 하고, 아무도 기독교 신앙의 모퉁이 돌인 예수 그리스도에게 나오는 데 성경을 우회할 수 없기 때문이다.

물론 신학자들이 성경을 읽는 방식과 거기에서 발견하는 바가 서로 다를 것이란 사실은 인정하자. 최근의 인물을 몇 명만 들자면, 존 소브리노, 마르커스 보르그, 교황 베네딕트 16세가 묘사하는 예수 그리스도의 모습은 모두 제각각이다.[20] 하지만 그들은 하나같이 성경으로 돌아간다. 단 한 사람도 성경을 읽지 않고는 예수 그리스도에게 접근할 수 없고, 예수 그리스도에 대한 논쟁은 성경을 참조하지 않고는 의미 있게 진행될 수 없는 법이다.

20세기 후반의 가장 상상력이 풍부하고 영향력이 큰 신학자로 꼽히는 위르겐 몰트만은 십여 년 전에 자신의 경력을 되돌아보며, 만일 자기가 처음부터 다시 시작한다면 훨씬 더 지속적으로 성경을 해석할 것이라고 말한 바 있다. 왜 그런가? 성경이 신학에 생기를 주는 궁극적 원천이기 때문이라고 했다. 참으로 지당한 말이다.

성경의 신학적 해석의 부활

다수의 신학자들은 신학에 성경 해석이 중요하다고 보는 몰트만의 견해에 공감한다. 지난 20여 년에 걸쳐 성경의 신학적 해석에 대한 관심이 폭발적으로 일어났다. 역사가들은 고전 신학자들의 성경 해석을 연구하며 교부시대와 중세의 중요한 성경 주석을 번역 출판하고 있다.[22] 또 성경학자들은 성경의 각 권에 대한 신학적 주석을 집필하는 중이고,[23] 성경 전통의 신학적 해석에 참여하고 있다.[24] 조직신학자들은 성경의 각 권에 대한 주석을 쓰고 있고,[25] 그들의 저서에서도 성경의 단락들에 대한 폭넓은 주석을 달고 있으며,[26] 심지어는 신학 프로젝트 전체를 성경 전통과 맞물린 작업으로 간주할 정도다.[27] 특히 아브라함의 신앙을 공유하는 종교들 간의 대화가 각 전통의 경전들을 함께 읽는 일을 중심으로 전개되고 있다.[28] 성경학자들과 조직신학자들로 구성된 실무 그룹과 컨퍼런스들이 결성되고 있다.[29] 그리고 신학적 성경 해석을 다루는 저널들이 출판되고 있고,[30] 이런 주제에 관한 사전들이 편집되는 중이며,[31] 심지어 일부 세속 철학자들조차 성경의 저자들과 다시 씨름하는 일이 가치 있는 작업이라는 사실을 발견하고 있다.[32]

내가 보기에는, 성경학자들의 신학적 성경 읽기로의 복귀와 조직신학자들의 지속적인 성경 텍스트와의 씨름으로의 귀환, 한마디로, 양자의 신학적 성경 읽기로의 복귀는 **지난 20년 동안 일어난 가장 의미심장한 신학적 발달양상**인 것 같다. 이는 비록 형식과 관련된 발전이긴 하지만, 그 중요성은 제1차 세계대전 이후의 하나님의 삼위일체적인 본성의 재발견[33]과 1960년대 말 고통과 가난한 자에 대한 신학적 관심의 부활[34]에 비길 만하다. 사실상 이 두 가지 재발견은 성경 텍스트에서 받은 자극으로 유발되었다고 볼 수 있다.[35] 물론 성경은 오용될 수 있고 또 오랜 세월에 걸쳐 심하게 오용되어 왔기 때문에, 신학적 성경 읽기의 재발견이 얼마나 가치 있는 일인지는 결국 성경을 얼마나 잘 읽느냐에 달려 있는 것이 사실이다. 그럼에도 성경을 잘 읽기 위해서는 먼저 그것을 읽어야 한다는 것도 사실이다.

해석의 틀

나는 이 책에 담긴 에세이들은 물론이고 예전에 출판한 책들, 『배제와 포용』(*Exclusion and Embrace*, 한국IVP 역간) 그리고 『삼위일체와 교회』(*After Our Likeness*, 새물결플러스 역간)와 『기억의 끝』(*The End of Memory*)을 통해서도 나름대로 신학적인 성경 해석을 회복시키는 일에 참여해 왔다.[36] 나는 성경을 읽을 때 성경과 성경 해석에 대한 몇 가지 확신을 지침으로 삼고 있다. 이제 나는 이런 확신을 간략하게 설명할 것이다. 여기서는 그것을 완전히 정당화시킬 생각이 없고 또 그것이 내가 이 책에서 취한 해석방법과 어떤 연관성이 있는지를 밝힐 생각도 없다.

그 당시, 거기에서

성경은 특정한 시기와 장소에서 기록된 텍스트 모음집이고, 그 각각은 그 당시 그리고 거기에서 나온 텍스트라고 말하면 아주 진부하게 들릴지 모르겠다. 그렇지만 이 진술에 따른 결과는 결코 진부하지 않다. 그러므로 성경을 과거에서 온 문헌으로 공부하는 것이 적절하고 또 필요하다. 성경 해석은 그것이 본래 기록된 고대의 언어들에 대한 지식에 달려 있고, 다른 모든 조건이 같다면, 그 해석은 경제적, 문화적, 정치적 배경 등 여러 배경에 비추어 시도하는 것이 최선이다.

성경은 과거에 기록되었을 뿐만 아니라 그 대부분은 과거에 일어난 구체적인 사건에 관한 이야기를 들려주고 있다(아주 다양한 문학 장르로 서술되어 있고, 다수는 이 서술된 사건이 실제로 발생했는지 여부와 그 정도에 대해 서로 다른 암묵적인 주장을 담고 있다). 성경의 주인공은 하나님이라고 해도 무방하고, 성경은 주로 하나님이 인간과 더불어 이 세계의 사건들에 개입하는, 그리고 이따금씩은 개입하지 않는 모습을 다루고 있다. 그 사건들에는 이스라엘 백성과 그 조상들, 사사들과 왕들, 그리고 선지자들의 행실과 고난, 예수 그리스도의 삶과 죽음과 부활, 교회를 세우고 지도하는 사도들의 선교 등이 포함되어 있다.

성경은 일차적으로 "종교적 지혜"를 전달하는 매체도, 무(無)시간적인 하나님의 자기현현을 기록한 책도, 우리의 존재와 나란한 또다른 존재의 차원에서 일어나는 사건을 기술한 책도, 독자를 상상의 세계로 초대하는 복잡한 텍스트도 아니다. 이 모든 것들, 지혜, 현현, 우리와 다른 존재의 차원에서 일어나는 사건, 상상의 세계들은 성경 안에 들어 있다. 성경을 부분적으로는 그런 책으로 해석할 수도 있다. 그러나 그 가운데 어느 것도 성경 전체의 요점을 대변하지는 못한다. 성경은 일차적으로 과거에 일어난 "세상의" 사건들에 대한 하나님의 개입을 담은 문헌이다. 이것을 나는 성경의 "역사성(historicality)"이라고 부른다(이로써 나는 어떤 면으로든 현대의 "역사성(historicity)" 개념에 의존하지 않는다). 그러므로 성경을 과거의 사건들에 대한 서술로 읽되, 그 당시 거기에서 발생한 일과 그 당시 거기에서 발생한 일이 어떻게 이해되었는지를 이해할 목적으로 읽는 것이 적절하다.[37] 그런데 신학적 해석은 한 걸음 더 나아간다. 이 해석은 또한 이런 과거의 사건들이 지금 여기에서 일어날 수 밖에 없는 사건과 어떤 관련이 있는지도 주목할 것이다. 이는 신학적 해석에서 빠뜨릴 수 없는 요소이다.

성경을 세상사에 대한 하나님의 개입을 증언하는 책으로 읽자면 어떤 방법을 사용해야 하는가 하는 질문이 생긴다. 어떤 이들은 에른스트 트뢸치(Ernst Troeltsch)가 창안했고 그의 발자취를 좇은 사람들이 정교하게 만든[38] 역사비평적 방법이 유일하게 적절한 도구라고 주장한다. 이에 대해 나는 크게 의심하는 입장이다.[39] 역사비평적 방법이 신학적 성경 읽기에 풍성하게 사용되려면 거기에 내재하는 세속적 성향을 버리고, 세속적인 인과관계만으로는 설명하기 어려운 세계관도 수용할 수 있도록 다시 설계되어야 한다.[40]

하지만 성경을 신학적으로 읽는 독자인 우리는 조만간에 "개조된" 역사비평적 방법의 한계에도 부딪히게 될 것이다. 쇠렌 키에르케고르가 『철학 단상』(Philosophical Fragments)에서 주장했듯이, 예수가 기독교 전통의 주장대로 성육신한 하나님이었다는 가정하에, 후대의 역사가들은 말할 것도 없고 예수의 일거수일투족과 모든 기적을 샅샅이 좇는 백 명의 현대판 스파이들이라도 그의 가장 중요한 특성인 이 점, 성육신한 하나님이란 점을 놓치고 말았을 것이다. 그 이유는 아주 단순하고도 자명하다. 성경과 신학에는 하나님을 "듣고", "보고", 심지어는 "맛보고" 하는 강력한 은유적 표현이 널리 퍼져 있음에도, 대다수의 신학자들이 동의하듯 하나님은 본래 우리의 감각으로는 접근할 수 없는 분이다.[41] 그리고 하나님이 만일 성경 전체의 주인공이라면, 키에르케고르의 주장은 예수의 생애뿐 아니라 더 폭넓게 적용될 수 있다. 우리가 재설계된 역사비평적 방법을 사용하더라도, 한 남자가 아주 특별한 말을 했다거나 한 여자가 치유를 받았다는 식의 개연성 있는 주장은 할 수 있어도, 그런 말이 신의 영감을 받았다거나 하나님이 그 치유와 어떤 관계가 있었다고 주장할 수는 없다. 왜냐하면 우리가 미처 설명할 수 없는 사건 속에 하나님이 일하고 있었다는 식의 결론을 합법적으로 내릴 수 없기 때문이다.[42]

이렇게 말한다고 해서 물론 성경이 서술하는 크고 작은 모든 이야기 속에 하나님이 정말로 일하고 있었는지 여부를 확정할 수는 없다. 단지 이런 주장만 할 수 있을 뿐이다. 즉, 만일 하나님이 일하고 있었다면, 과거에 일어난 사건에 대한 증언으로서의 성경은 특정한 방식으로 읽되 그 사건들을 진상 그대로 이해할 수 있는 방식으로 읽어야 한다는 주장이다. 이것이 바로 키에르케고르의 논점이었다. 하나님이 우리의 감각으로 접근할 수 없는 분이라는 사실과 하나님이 성경의 이야기들 속에서 일하고 계셨는지 여부는 역사가가 역사가의 자격으로 어떤 역사비평적 방법을 사용하든 간에 응답할 수 없는 문제란 점을 부각시켜 준다. 여기에는 형이상학적이고 신학적인 문제들이 내포되어 있기 때문이다. 따라서 누구든지 성경 속에서 하나님을 찾으려면 그 속에 하나님이 계시다고 전제해야만 한다. 바라건대 자의적으로가 아니라 타당한 근거로 그래야 한다.[43]

지금, 여기에서

성경은 (일차적으로) 과거의 사건들에 관한 과거의 텍스트 모음집인 동시에 **오늘을 위한 책**이기도 하다. 한편으로, 이것은 기술적(記述的)인 주장이다. 성경은 인류 역사상 가장 많이 번역되고, 가장 널리 유포되고, 가장 폭넓게 읽히는 책이라는 것. 모든 시대와 모든 장소에 몸담은 사람들은 성경 속에서 대단히 중요한 무언가를 계속해서 발견해 왔다. 범세계적인 기독교의 역동적 성장을 감안하면(현대의 서유럽만 제외하고) 이런 현상이 조만간에 바뀔 것 같지는 않다.

다른 한편, 성경이 오늘을 위한 책이라고 말하는 것은 하나의 규범적인 주장이다. 그것은 오늘날에도 읽어야 **마땅한** 그런 책이다. 왜 그런가? 한 가지 답변은, 성경은 **고전에 속하는 영적** 텍스트라는 것, 실은 기독교의 영향을 크게 받은 많은 문화들의 **유일한** 고전적 텍스트라는 것이다. (이 주제에 대해서는 비기독교적 성경 읽기에 관해 논하는 대목의 끝부분에 간략하게 언급하겠지만, 내가 지향하는 목적의 중심 요소는 아니다.) 지난 2천 년에 걸쳐 성경은 다른 어떤 텍스트보다 유럽과 남북아메리카, 오스트레일리아, 그밖에 많은 지역의 문화를 형성해 왔다. 세 번째 천 년에 접어든 오늘날, 종교적 교양수준이 땅에 떨어지고 미친 듯이 빨리 움직이는 미디어에 빠진 문화에서도, 현대 서구 사회는 여전히 성경에서 물려받은 "문화적 자본"에 기대고 있는 상황이다.[44] 성경 및 성경이 미친 문화적 영향의 역사에 대해 잘 알지 못하면 우리 자신의 문화적 과거와 현재에 대한 지식은 그 깊이를 잃고 말 것이다. 이와 비슷하게, 우리가 이 중요한 텍스트와 관계 맺지 않으면 문화의 방향을 좌우하는 중요한 한 가지 원천을 잃어버릴 것이다. 따라서 오늘날 우리에게 주는 중요한 의미 때문에 성경을 읽고, 역사의 흐름에 미친 폭넓은 문화적 영향력 때문에 성경을 공부하고, 무엇보다도 인간이 누구인지 그리고 잘 산다는 것이 무엇인지에 관한 성경의 설명을 붙들고 진지하게 씨름할 만한 가치가 있는 것이다.

여기서 내가 지향하는 목적상 그보다 더 중요한 것은 성경이 **신성한**(sacred) 텍스트라는 점이다(성경이 고전적인 텍스트가 된 주된 이유는 그것이 신성한 텍스트이기 때문이다.) 교회는 성경을 거룩한 경전으로(그리고 물론 유대인은 성경의 상당 부분을 거룩한 경전으로 여긴다), 세상에 대한 하나님의 개입을 전하는 증언으로, 하나님의 자기계시의 처소로 주장하고 있다.[45] 성경이 거룩한 경전으로 존재하는 것은 교회가 존재하기 때문이다(그리고 교회가 존재하는 것은 성경이 거룩한 경전이기 때문이기도 하다.) 여기에서 우리가 성경과 교회 간의 복잡다단한 관계 예컨대, 오랜 세월에 걸친 가톨릭 입장과 프로테스탄트 입장 사이의 논쟁과 같은 것을 굳이 탐구할 필요는 없다. 다만 중요한 전략으로서의 성경 읽기(예를 들면, 정경에 속한 텍스트 읽기를 아주 중요시하는 것)와 성경의 동시대성은, 성경이 주로 기독교 공동체의 거룩한 경전이란 사실이 이런 결과를 낳았다고 언급하는 것으로 충분한다.

성경이 기독교 공동체의 신성한 텍스트라는 말은 적어도 그것이 주인공인 하나님이 과거의 특수한 사건 속에서 행한 방식에 대한 증언일 뿐 아니라, 오늘날 현대인의 삶 속에 하나님이 개입하는 매체이기도 하다는 것을 의미한다. 이는 어쩌면 청중이 직접 지켜보는 앞에서 공연되는 사극(史劇)과 약간 비슷하다고 할 수 있다.[46] 단, 드라마의 통상적인 역할보다 각 독자와 각 사람에게 좀 더 직접적으로 호소하도록 짜여 있긴 하지만 말이다.

그러나 이는 단지 성경이 과거의 사건을 서술함으로써(이로써 우리를 그 이야기들과 동일시하게 하거나 거리를 두게 하고, 신성한 텍스트로서 우리에게 그 이야기와 동일시하도록 요구하고, 하나님 및 하나님이 인간을 다루는 방식에 관한 이야기를 포용하고, 그 명령에 복종하도록 요구하는 등) 오늘의 우리에게 말한다는 뜻은 아니다. 오늘날의 독자는 성경이 서술하는 사건들과 무관하지 않기 때문에 그 이야기의 힘에 의해 그 사건들 속으로 끌려들어 가든지 혹은 끌리는 것을 거부하기 마련이다. 독자들(기독교인이든 아니든, 수신인으로 지명되었든 그렇지 않든)은 그 사건들 속에 있다. 우리가 성경의 맨 처음에 나오는 구절인 "우리의 형상을 따라 사람을 만들자"(창 1:26)라는 문장을 읽을 때 우리는 거기에 포함되어 있다. 복음전도자 요한이 "참 빛 곧 세상에 와서 각 사람에게 비추는 빛이 있었다"(요 1:9)라는 글을 쓸 때, 모든 독자는 거기에 포함되어 있다. 사도 바울이 고린도후서에서 "한 사람이 모든 사람을 대신하여 죽었은즉 모든 사람이 죽은 것이라"(5:14) 고 쓸 때는 성경을 읽을 모든 잠재적 독자와 관련하여 무언가 의미심장한 것을 주장하고 있다. 우리가 성경의 끝부분에서 "보라 하나님의 장막이 사람들과 함께 있으매 하나님이 그들과 함께 계시리니 그들은 하나님의 백성이 되고 하나님은 친히 그들과 함께 계실 것이라"(계 21:3)는 말씀을 읽을 때, 우리 자신이 바로 그 약속을 받는 그 사람들이다. 그런즉 성경은 우리 모두에 관한 책이다. 말하자면, 우리가 누구인지, 우리에게 어떤 일이 일어났고 또 일어날 것인지, 우리가 잘 산다는 것이 무슨 뜻인지 등을 다룬 책이란 뜻이다. 성경은 그 이야기의 테두리 내에서 인류와 거기에 속한 각 사람의 이야기를 들려주고 있는 것이다.

우리가 성경을 하나님이 말씀하시는 통로로 사용하는 고전적인 텍스트로 보든 신성한 텍스트로 보든 상관없이, 그것은 오늘을 위한 책이다. 성경은 신학자에게 적어도 그것이 펼치는 하나님과 인간의 관계에 대한 전반적인 윤곽과 세부적인 안목을 주목하고 그것을 붙들고 씨름하도록 요구한다. 그러므로 단지 그 텍스트들과 그 저자들과 수신자들을 소위 "현상들"(그 텍스트들의 배후나 전면에 있는, 그 텍스트의 세계)로만 분석하는 것으로 충분치 않을 것이다. 몰트만은 최근의 한 강연에서 유추의 방식으로 이 논점을 개진했다. 그는 자기가 포함되어 있는 어떤 "악몽" 시나리오를 다음과 같이 개략적으로 묘사하고 있다.

> 나는 한 교회의 강단 위에 서서 복음을 선포하기 위해, 그리고 가능하면 믿음을 일깨울 목적으로 설교하는 내 모습을 상상한다. 그런데 자리에 앉은 자들은 내 말에 귀를 기울이지 않는다. 저기에 한 역사가가 내가 언급하고 있는 사실들에 대해 비판적으로 조사한다. 저기에 한 심리학자가 내 말에서 드러나는 나의 정신을 분석하고 있다. 저기에 한 문화인류학자는 내가 속한 계급과 내가 누구의 대변인으로 활동하고 있는지를 파악하는 중이다. 모든 사람이 나 자신과 내 맥락을 분석하고 있지만, 정작 내가 말하고 싶은 내용을 경청하는 자는 하나도 없다. 그리고 최악의 문제는 아무도 나에게 이의를 제기하지 않고, 아무도 내가 방금 말한 내용을 놓고 나와 토론하기를 원치 않는다는 사실이다.[47]

자칭 멋진 풍자가라고 주장하는 몰트만은 성경의 메시지와 "씨름하는" 일과 성경의 "분석적 순화작업"이라고 부를 수 있는 것을 서로 대조시키고 있다. 후자는 우월적인 위치에 서서 성경의 저자들이 스스로를 이해하는 것보다 그들을 더 잘 이해하려는 노력이며, 그 결과 그들이 말하고 싶었던 것을 제쳐놓는 태도이다. 원칙적으로, 텍스트와 저자와 수신자의 분석이 성경 메시지와의 씨름을 돕는 역할을 하지 말아야 할 이유는 없지만, 여기에 표명된 몰트만의 취지는 상당히 타당하다. 만일 성경이 단지 과거에 관한 과거의 책에 불과하다면, 우리가 그 역사와 다양한 맥락을 공부하고, 저자와 수신자의 배경과 특징을 탐구하거나 다른 텍스트들과의 유사점과 차이점을 비교하고, 성경의 사상과 다른 사상 간의 상호관계를 추적하는 것과 같은 작업만 하는 것이 적절할 것이다. 그러나 성경은 오늘을 위한 책이기 때문에 우리는 성경의 다양한 주장들을 이해하고, 우리에게 주는 메시지를 파악하고, 책임 있는 자세로 그런 것들을 붙들고 씨름할 필요가 있는 것이다.[48]

통일성과 다양성

성경은 상호연관된 여러 부분을 가진 단일한 책이 아니라(적어도 일반적인 의미의 단일 저서는 아니다) 여러 책들의 모음집이며, 누군가 말했듯이 "다원적인 도서관"과 같다. 그럼에도 하나의 통일성을 이룬다. 따라서 일종의 "덩어리"라고 할 수 있다.[49] 여기서 내가 "성경"이라 불리는 도서관이 통일체라고 말하는 것은 가령 "예일 대학교의 스털링 기념 도서관"이라 불리는 도서관이 특정한 장소에 존재하는 단 하나의 실체라는 말과 같은 뜻이 아니다. 아울러 성경은 단지 정경의 역할을 한다는 이유로 통일체라는 뜻도 아니다. 정경이란 성경 속에 담긴 특정한 책들의 모음집(그와 다른 책들의 모음집과 상반되는)으로서 기독교 공동체에 권위를 갖는 것을 일컫는다. 이 두 가지 형태의 통일성은 두 표지 사이에 다양한 텍스트들을 다함께 묶어놓은 것이든, 독자들과 (다른 선집과는 구별되는) 특정한 선집 간의 독특한 관계를 주장하는 것이든, 어디까지나 외적인 것이다.

논란의 여지가 있겠지만, 나는 기독교 공동체들이 정경으로 인정하는 텍스트 모음집으로서, 성경이 내적인 통일성도 갖고 있다고 믿는다. 당신이 성경에 내포된 다양한 곁가지들(때로는 책 전체가 이런 것으로 구성되어 있다) 때문에 곁길로 빠지지 않고 이 텍스트 모음집을 한 덩어리로 읽을 때, 그것은 단일한 이야기를 들려준다.[50] 성경의 책 가운데 하나인 요한복음의 이야기를 한번 생각해 보라. 이 복음서는 "태초에 말씀이 계시니라"(요 1:1)는 첫 마디로 시작하는데, 이는 성경 전체를 여는 첫 마디인 "태초에 하나님이 천지를 창조하시니라"(창 1:1)는 구절을 상기시킨다. (이와 동시에 요한의 글은 창세기에 나오는 태초에 "선행하는" 사건들을 언급하고 있다.) 이 복음서는 그리스도의 "재림"을 가리키는 말, 곧 "내가 올 때까지"(요 21:23)라는 말로 끝나는데, 이는 성경의 마지막 책의 마지막 대목에 나오는 "주 예수여 오시옵소서!"(계 22:20)라는 기도와 상응한다.[51] 이 복음서의 중간 부분은 예수가 가르치고, 병자를 치유하고, 굶주린 자를 먹이고, 제자들의 발을 씻어 주고, 하나님의 어린 양으로서 "세상의 죄를 지고" 가고(요 1:30), 부활한 분으로서 자기가 보냄 받은 것같이, 제자들을 세상으로 보내는 동안 그의 삶과 인격 안에 계신 하나님의 현존에 관해 얘기하고 있다.

요한복음을 하나로 묶어 주는 그 이야기가 "성경 도서관" 역시 하나로 묶어 준다. 그런데 이 점은 그리 자명하지가 않다. 그리스도인이 구약성경이라 부르는 책의 상당 부분이 예수 그리스도와 관계가 없는 것처럼 보이기 때문이다. 그렇지만 기독교 정경의 일부로서 구약은 신약과 나란히 예수 그리스도의 이야기의 일부로 통일체를 이룬다. 요한복음과 성경 전체를 구성하고 있는 그 이야기는 초기 기독교의 "사도신경"이 잘 포착하고 있다. 이 신경은 대부분의 기독교회들이 스스로를 이해하도록 돕는 토대이다(교회의 전례에서 암송을 하든지 않든지 상관없이).

하지만 성경의 두 표지 사이에 담긴 내용, 중요한 단일 이야기의 윤곽으로 다함께 묶여 있는 그 내용에는, 조화되길 거부하는 놀랄 만큼 다양한 관점의, **깜짝 놀랄 정도의 다양한** 목소리들이 있다. 나는 이런 다양성이 하나님의 자기계시의 역사성에서 나온 직접적인 결과라고 생각한다. 말하자면, 성경은 하나님이 어떤 시기와 공간에서 말하고 행하신 일에 관한 이야기로서, 제각기 다른 역사와 여러 영향들에 의해 형성되고, 다양한 문제들에 둘러싸여 있으며, 여러 소망으로 이어져 온 다채로운 문화 속에 살고 있는 사람들에게 주는 메시지란 뜻이다. 이런 다양성은, 어느 의미에서, 다양한 성경 텍스트가 만들어지고 편집되는 기간인 수십 세기에 걸쳐 영위되어 온 인간의 삶 자체의 복잡성과 유동성을 반영하는 것이다. 다양한 퍼즐 조각들은 사전에 서로 들어맞게끔 고안되었기 때문에 다함께 딱 들어맞지만, 성경의 내용은 그런 식으로 통일된 "시스템"으로 딱 맞출 수는 없다.[50] 통일된 덩어리 내의 다양성이 낳는 긴장을 유지하는 일은 마치 제각기 동일한 자료에서 영감을 받았으나 아무도 동일한 악보를 연주하지 않는, 잡다한 음악가들이 모여 조화로운 오케스트라를 만들어 가는 일과 비슷하다.

그런데도 성경 속에 담긴 풍부한 다성(多聲) 음악(조화롭지 않은 면과 조화로운 면을 모두 지닌)은 성경의 강점이지 약점이 아니다. 이런 특징은 성경을 살아 있는 메시지로 만들어 준다. 즉, 다양한 시점에 역동적인 삶을 엮어내는 하나님의 말씀과 행위를 가리키는 증언, 오늘날의 다채로운 상황에 맞추어 "번역될" 수 있는 하나의 증언인 것이다.

진실한 신학적 성경 읽기는 언제나 성경에 통일성을 부여하는 그 가장 중요한 이야기를 존중할 뿐 아니라 다양한 텍스트들이 지닌 구체적인 성격도 존중하려고 할 것이다. 성경 텍스트를 신중하게 읽는 사람은 누구나 알고 있듯이, 이 두 가지를 모두 존중하는 것은 어려운 일이다. 하지만 성경은 신성한 텍스트인 만큼 우리가 그 전반적인 통일성과 당혹스런 다양성 사이의 긴장을 안고 읽을 때에만 그 진정한 목소리로 오늘날 우리에게 말할 것이다.

의미

성경을 현대의 독자들 손에 넣어 주라. 그러면 그 풍부한 다양성이 더 풍부한 다의성(多義性)으로 변할 것이다. 성경의 다양한 텍스트는 하나도 예외 없이 복수의 의미를 가진 것으로 드러날 것이다.

오늘날은 각각의 성경 텍스트나 '텍스트 단편'이 단일한 의미를 갖고 있지 않다는 것이 상식으로 통한다. 얼마 전만 해도 성경학자들과 신학자들은 하나같이 이런 주장을 열성적으로 반박하려고 했을 것이다. 적어도 위대한 유럽의 인문주의 시대 이후 성경 텍스트가 단일한 의미를 갖고 있는 것으로 믿고, 흔히 그것을 해당 텍스트의 원 저자(혹은 편집자)가 의도했던 것과 동일시하는 믿음이 널리 퍼져 있었다. 여기서 텍스트의 의미가 오로지 저자들의 머릿속에 들어 있는 것으로 생각하고, 텍스트가 단일한 의미만 갖고 있다고 주장하는 이론이 일반적인 해석학적 접근으로 개연성이 있는지 여부의 문제[53]는 일단 제쳐놓자. 우리의 질문은 그것이 무엇보다도 모든 시대와 장소를 위한 신성한 텍스트로 이해되는 성경 텍스트에 어느 정도까지, 그리고 어떤 식으로 적용되는가 하는 것이다. 한 텍스트의 의미가 단수인지 혹은 복수인지의 문제에 대한 나의 입장을 밝히자면, 여기서는 개괄적으로 얘기할 수밖에 없지만, 성경 텍스트는 복수의 합법적인 의미를 갖고 있다고 믿는다. 단일한 의미를 주장하는 견해를 배격하는 것은, 성경이 하나님의 자기계시의 처소라는 확신과 그 텍스트는 모든 시대와 장소에 몸담은 사람들에게 주어지는 하나님의 말씀을 담고 있다는 확신과 연결되어 있다.

이븐 아라비(Ibn 'Arabi, 1165-1240)는 위대한 수피교 신학자로서 코란을 암송하는 것과 관련하여 이렇게 썼다. "코란을 암송하는 누군가에게 같은 의미가 계속 반복된다면, 그는 마땅히 암송해야 할 방식으로 암송하지 않은 것이다. 이것은 그의 무지의 증거이다."[54] 이는 기독교 성경을 읽는 일에도 똑같이 적용된다고 나는 생각한다. 왜 그런지를 알고 싶으면 고대 그리스 철학자였던 헤라클레이토스의 말을 상기해 보라. "그들이 똑같은 강에 발을 담그면, 다른 그리고 또 다른 강물이 그들에게 밀려온다."[55] 이와 비슷하게, 성경 텍스트는 똑같은 사람에게 똑같은 것을 두 번 "말할" 수 없는 법이다. 성경이 두 번째로 "말할" 때는 늘 변천하는 인생의 흐름에 어쩔 수 없이 갇혀 있는 청중(독자)은 변했을 터이고, 따라서 똑같은 말을 똑같은 방식으로 들을 수 없을 것이기 때문이다. 게다가, 말하는 주체는 사실상 텍스트가 아니다. 텍스트는 화자(話者)가 아니다. 성경을 하나님의 자기계시의 처소로 이해하면 말하는 분은 하나님이다. 하나님의 본질은 결코 변하지 않지만 그분은 모든 시대와 장소에 능동적으로 현존하고 계신다. 그 결과는 무엇인가? 청중과 독자의 삶이 변함에 따라 성경 텍스트의 의미도 변한다는 것. 그 샘은 결코 마르지 않으며, 하나님의 신선한 물이 끊임없이 변하는 인생을 영위하는 사람들에게 흘러간다. 헤라클레이토스의 말로 표현하자면[56], 신적인 강과 생수를 마시러 거기에 오는 사람들 모두 언제나 동일하지가 않다. 성경 전통들의 다양성과 그 의미의 다양성은 모두 똑같은 현상에 뿌리를 두고 있다. 그 뿌리란 한없이 풍요로운 하나님이 다양하고 역동적인 피조물들과 관계를 맺는다는 사실이다.

그렇다면 성경을 읽는 일에 관한 한 아무래도 좋다고 결론을 내려야 할까? 텍스트의 의미가 한없이 늘어나도 무방하고 그에 대한 아무런 통제장치도 없는 것일까? 성경은 우리가 쓸모 있다고 생각하는 방향이면 어느 쪽으로나 마음대로 구부릴 수 있는 엿가락과 같은 운명을 타고 났는가? 만일 그렇다면 우리는 우리 자신이 위험한 상황에 처하는 모습을 보게 될 것이다. 성경은 강력한 힘을 가진 텍스트이고, 그것은 지난 2천 년에 걸쳐 지독히 사악한 방식으로 해석되어 왔다. 그런즉 성경 텍스트의 의미에 대한 통제장치를 유지하는 일은 종교적인 위험은 물론 정치적 위험까지 걸려 있는 문제

이다.[57]

　상상력이 풍부한 머리는 텍스트를 어떤 의미로든 해석할 수 있다. 말하는 사람은 듣는 사람이 자기를 잘못 해석했다는 것을 느낄 수 있지만, 텍스트는 스스로 움직일 수 없고 해석자에게 항의하거나 그를 교정시킬 수 없다. 그런데도 항의와 교정이 실제로 일어난다. 다수의 독자들이 어떤 해석의 개연성에 관해 서로 논쟁을 벌인다. 이 독자들은 어떤 해석이 더 개연성이 있는지를 놓고 싸울 때 궁극적으로 어디에 호소해야 하는가? 주어진 문맥[58]을 고려하여 그 텍스트의 특징과 성경에 통일성을 부여하는 전반적인 내러티브의 맥락을 고려한 신학적 해석에 호소해야 한다. 그들은 설득력 있는 성도들, 중요한 학자들, 공동체적 해석의 오랜 전통, 혹은 교회의 공식적인 기구 등과 같은 다양한 권위에 자문을 구하고 그들에게 의존할 가능성이 많다. 그러나 궁극적으로는 그 텍스트의 특징이 해석에 있어서 "최종적인 발언"을 할 것이다.

　그런데 애초에 논쟁을 벌일 만한 것이 왜 존재하는가? 왜 다양한 독자들의 서로 다른 목적과 관심을 그냥 주목하며 해석의 다양성을 기뻐하지 않는가? 이 질문을 계기로 우리는 텍스트와 의미 간의 관계로 넘어간다. "텍스트는 의미를 전달하지 않고, 사람들이 텍스트와 함께 의미를 전달할 뿐이다." 이는 데일 마르틴이 자기가 "좋아하는 슬로건" 중의 하나라고 부르는 것이다.[59] 이 말에 나는 조건부로 동의한다. 텍스트는 능동적인 행위자가 아니므로 "의도적으로 무언가를 나타내려고 한다"는 뜻에서 "의미를 전달하지"는 않는다. 하지만 텍스트는 그 의미가 우리의 해석에 달려 있는, 하나님이 없는 세상 속의 사물과 같지 않은 것도 사실이다. 그 대신, 고전적인 기독교 신학이 말하는 창조된 실재들과 같이 고유한 의미를 갖고 있다. 그 텍스트는 마치 "경전"이 "한 공동체가 신성하다고 간주하는 저술"을 의미하는 것과 비슷한 방식으로 의미를 전달한다.[60] 왜 그런가? 텍스트는 무언가를 다른 누군가에게 전달할 목적으로 의미를 기호화한 의도적인 행위(이는 결코 완전히 통제할 수 없지만)가 낳은 결과이기 때문이다. 사람들 사이에 의사소통이 가능한 이유는 의미를 기호화하는 행위가 기호 체계의 형태로 제도화되어 있기 때문이며, 그 체계는 "인식되고 의도된 것에 대한 체계 외적인 참조점"과 함께 이해되어야 한다.[61]

나의 논점을 한 마디로 표현하면, 텍스트는 능동적 행위자도 아니고 사물도 아니라는 것이다. **텍스트는 사회적 관계이다.** 어느 의미에서, 이는 선물이 한갓 사물이 아니고 사회적 관계인 것과 비슷하다.[62] 혹은 마르크스의 분석에서 상품이 한갓 사물이 아니고 사회적 관계인 것과 유사하다.[63] 어떤 사물은 누군가 다른 누군가에게 무언가를 주는 사회적 관계의 일부일 때만 선물이다. 말과 문장과 단락 등은 누군가 다른 누군가에게 무언가를 말하기 위해(좀 더 넓히면, 행하기 위해) 꾸며낸 것으로 우리가 이해할 때에야 하나의 "텍스트"인 것이다. 텍스트를 이야기하되 그것을 쓴 저자의 의도 및 관심을 본인과의 관계로부터 떼어놓고 얘기하는 것은 그 텍스트를 단순한 사물로 취급하는 것이다. 이것은 이른바 "텍스트 페티시즘"

(text fetishism)에 빠지는 것이며, 마르크스가 "상품 페티시즘"(commodity fetishism)[64]이라 부른 것과 그리 다르지 않은 잘못이다.

텍스트를 이처럼 기호화된 의미를 지닌 사회적 관계로 취급할 경우에는 두 가지 중요한 결과가 도출된다. 첫째, 만일 의미가 그 속에 기호화되어 있다면, 독자는 마치 텍스트 속에 아무것도 기호화되어 있지 않은 것처럼 "의미를 만들어 내려고"[65] 애쓰면 안 되고, 오히려 "의미를 해독하는" 작업을, 아니 좀 더 정확하게 말하면, 기호화된 의미에 대한 개연성 있는 설명을 구성하는 작업을 해야 한다. 개별적인 단어조차 "살아 있는 화자가 그 속에 의미를 불어넣어 주길 기다리는 죽은 껍데기"에 불과하지 않다고 테리 이글턴이 말한 것은 옳다. 그렇다면 텍스트들의 덩어리는 말할 필요도 없다.[66] 이와 동시에, 대다수의 경우 선물이 그 효과를 발휘하려면 선물로 받아들여질 필요가 있듯이, 텍스트 역시 누군가에게 무언가를 의미하려면 해독될 곧, 기호화된 의미로 받아들여질 필요가 있다.

둘째, 기호화 작업은 언제나, 아무리 다의(多義)적이라 할지라도, 다른 것이 아닌 어느 하나를 기호화하는 일이다. 그러므로 그것은 항상 기호화된 의미의 개연성 있는 구성작업에 통제장치를 부과한다. 예를 들면, "하나님이 세상을 이처럼 사랑하사…"라는 구절을 마치 악한 천재가 세상을 보다 쉽게 파괴하기 위해 사람들에게 하나님이 세상을 보살피는 것처럼 생각하도록, 속이려는 시도로 해석하는 것이 **가능하다**. 그러나 이런 해석을 요한복음에 나오는 이 진술에 대한 **개연성 있는** 해석으로 생각하는 사람은 거의 없을 것이다. 왜 그런가? 이 진술이 내가 방금 제안한 내용을 의미할 수 없기 때문이 아니다. 얼마든지 그럴 수 있다(그리고 니체와 같은 인물은 이런 해석을 변호할지도 모른다.) 그렇지만 요한복음 3장의 내러티브와 신학적 맥락, 이 복음서의 나머지 부분, 신약성경 전체, 그리고 성경 전체는 이런 해석을 개연성이 없는 것으로 만든다.

제프리 스타우트는 "다수의 의미들에 대한 개연성 있는 설명"이란 어구를 "흥미로운 해석들"(우리에게 흥미로울 뿐 아니라 "우리의 관심과 목적"에 부합한다는 의미에서)이란 용어로 대체하는 편이 더 나을 것 같다고 주장했다.[67] 만일 텍스트는 단순한 사물이 아니라 누군가 공동의 기호 체계의 도움을 받아 다른 누군가에게 무언가를 말하는 사회적 관계라고 보는 내 견해가 옳다면, 그런 주장은 실효성이 없을 것이라고 생각한다. 그 주장은, 독자들이 그 텍스트의 **직접적인** 수신자라면 잘못된 것으로 판명될 터이고, 독자들이 직접적인 수신자인 그 텍스트가 신성한 텍스트라면 더더욱 그러할 것이다.

나는 보통, 친구가 나에게 쓴 편지를 흥미롭게 읽으려고 열지 않는다. 심지어는 무척 엽기적인 친구가 보낸 시와 이야기, 비유와 잠언 등 다양한 장르가 구사된 긴 편지라도 마찬가지다. 아울러 일차적으로 어떤 개인적인 이익을 얻으려고 편지를 읽지는 않는다. 단, 그 친구가 나에게 편지를 써서 무엇을 전달하고 싶은지를 파악함으로써(아무리 복합적이고 다층적인 의도를 갖고 있다 하더라도) 우리의 친구관계를 존중하려는 마음을 제외하고,[68] 나는 내 친구가 쓴 내용을 흥미로운 것으로 판정할 수 있고(그리고 그 편지를 여러 번 읽을 가능성도 있다), 이후에는 그 친구나 다른 사람에게 그 편지를 흥미롭게 읽었다고 표현함으로써 나 자신의 유익을 추구할 수도 있다. 그러나 이 모든 것은 내 친구가 말하고 싶었던 바를 내가 발견한 **뒤에**(혹은 편지가 복잡한 경우에는 그가 말하고 싶었던 바에 대한 개연성 있는 설명을 구성한 뒤에) 따라온다. 나는 나에게 무언가를 전달하려는 **필자**의 관심을 진지하게 받아들이고, 따라서 그가 말하고 싶은 바가 무엇인지를 최대한 파악하려고 노력함으로써 내게 보낸 편지의 필자를 존중하게 된다. 만일 내가 그렇게 하지 못한다면 그런 필자를 모욕하게 된다.[69] 나는 편지를 읽고 해석하는 일에서 나의 이익과 목적이 작동하기 전에, 그가 나에게 편지를 씀으로 형성된 특별한 사회적 관계에서 생기는, 필자에 대한 **도덕적 의무**를 갖고 있다.

나에게 주어진 편지가 그런 것처럼, 신학적으로 읽는 성경도 마찬가지다. 만일 우리가 성경을 거룩한 경전으로, 하나님의 자기계시의 처소로, 그 다양한 텍스트를 오늘을 사는 우리에게 주는 하나님의 말씀의 매체로 이해한다면 그렇다는 말이다.[70] 거룩한 경전으로서의 성경은 세계 문학 중의 고전에 불과한 것이 아니다. 우리는 고전들을 "인류의 공간"에 떠다니는 텍스트로서 모든 사람에게 주어진, 그리고 각 개인에게는 간접적으로 주어진 텍스트로 취급하는 것이 바람직하다. 따라서 우리 각자는 자신의 성향과 취향에 따라 고전들과 관계를 맺거나 맺지 않을 수 있고, 그것들을 자신의 관심사와 목적에 비추어 읽을 수 있다(이렇게 할 때에는 나르시시즘에 빠질 위험이 있지만). 성경은 영적인 작품 중에 고전에 속하는 책이긴 하지만, 신학적 독자들에게는 한 편의 편지와 비슷하다. 그것은 언제나 각 인간에게 직접 보내진 편지인 만큼, 우리 각자는 그 저자들의 관심사와 목적을 발견하려는 목표를 품고 성경을 읽을 의무가 있는 것이다.

자세

오늘날 특히 학자들을 비롯한 많은 사람은 의심을 품고 성경에 접근한다. 첫째, 우리는 현대인이고, 두 발로 서 있는 자율적인 개인들이며, 자신의 선택과 운명을 좌우하는 주인들이다. 아니, 그렇게 생각하길 좋아한다. 그런데 다른 이들이 우리를 그들의 이야기에 끼워 넣고 우리 인생의 올바른 목적을 구상하고, 우리를 위해 성공적인 삶의 원천과 본질을 규정짓고, 우리에게 무엇을 원해야 하고 무엇을 원해서는 안 된다고 일러주는 것은 자율적인 개개인인 우리를 침해하는 짓이라고 생각한다. 신성한 텍스트로서의 성경은 우리에게 바로 그런 역할을 한다.

둘째, 성경은 이제까지 잘못 이용된 오랜 역사를 갖고 있다. 권력 있는 자는 그것을 가난한 자나 여자나 사회적으로 소외된 집단 등 약자를 공격하는 무기로 이용한다(역사적으로 큰 영향을 미쳤지만 잘못된 칼 마르크스의 해석과 같이).[71] 약자는 그것을 권력 있는 자에 대항하는 무기로 이용하는데(프리드리히 니체가 말한 것과 같이),[72] 주로 권력자가 성경을 남용하는데 대한 반격으로 그렇게 한다. 우리는 성경을 집어들 때 이 텍스트들 안에서 그리고 이것들과 함께 누가 누구에게 무슨 악행을 저질렀는지 알고 싶어 한다. 우리는 우리 운명의 주인으로서 모든 권력놀음을 싫어하는 만큼, 성경 안에서 우리 자신과 다른 이들에게 닥치는 위험을 감지하게 된다.

이런 위험을 제거하는 한 가지 방법은 소위 "의심의 해석학"을 조직적으로 이용하며 성경을 읽는 것이다. 근본주의 종교 공동체에 속한 사람들 곧, "성경"이라 불리는 무기를 들고 공격하는 자들을 막는 데 어려움을 겪고 있는 자들만 제외하고, 개인의 선택권을 중시하고 시시때때로 신념이 변하는 시대에는 의심하기가 쉽고 그 스릴을 맛볼 수 있다. 우리가 의심의 대가 세 사람, 칼 마르크스, 프리드리히 니체, 지그문트 프로이드에게서 배우는 주된 교훈은 의심을 품으라는 것이 아니다. 그보다는 재능 있고 상상력이 풍부한 지성인들이 오랜 전통을 지닌 텍스트를 해석할 때, 그 저변에 깔린 비열한 태도를 표현하고 꼴사나운 관행을 은폐하는 것으로 해석하는 일이 얼마나 쉬운지를 배우게 된다. 어쨌든 이 세 사람이 모두 옳을 수는 없다. 그들이 내린 해석의 요점은 서로 양립할 수 없기 때문이고, 그들 각자는 나름대로 설득력이 있고 파격적이고 중요한 성경 해석을 시도하고 있다!

의심의 대가들로부터 우리는 또한 의심의 해석학이 얼마나 유혹적인지도 배우게 된다. 그들이 일하는 모습을 지켜보면, 몸을 보호하는 옷들이 소중한 전통으로부터 한 겹씩 벗겨져서 마침내 "발가벗은 진리"밖에 남지 않는 장면을 보게 되는, 관음증 환자의 흥분을 느끼게 된다. 이 경우에는 완전히 노출된 위선이란, 꼴사나운 진리가 된다. 의심의 해석학은 성경에 대한 포괄적인 접근의 하나로서 해석의 방법이 아니라 "가면을 벗기는(debunking)" 전략이다.[73] 우리가 이 전략을 사용하면, 마르크스와 니체와 프로이드와 같이 마침내 드러난 진상 곧, 통찰력 있고 유익한 책이 아니라 거짓되고 해로운 책, 참으로 신성한 텍스트가 아니라 비열한 텍스트로 판명된 그것으로부터 떠나게 될 것이다.

참으로 신성한 텍스트로서 성경에 접근하려면 의심의 해석학이 아니라 **존경의 해석학**(hermeneutic of respect)이 필요하다.[74] 우리는 성경이 하나님의 자기계시의 처소라는 추정(어쩌면 언제나 잠정적인 추정에 불과하리라)에 걸맞는 수용적인 태도를 갖고 접근한다. 우리는 인간을 다루는 하나님의 이야기 안에서 우리 자신과 우리의 세계를 발견함으로써 우리의 참된 정체성과 이 세계의 진정한 운명을 재발견할 것이라는 기대감을 품고 성경을 읽는다. 우리는 개인과 공동체와 온 지구촌이 진정으로 번성하도록 도울 지혜를 발견할 것을 고대하면서 성경을 읽는다. 우리는 하나님과 이웃을 더 잘 사랑하는 법을 배우리라 믿으며 성경을 읽는다.

그런데 우리가 존중의 해석학을 불신하면 안 되는 것인가? 이는 마치 비판적인 판단을 그만두게 하고 우리를 그 텍스트와 지나치게 수동적인 관계를 맺도록 하려는 듯이 보인다. 하지만 그래야 할 필요는 없다. 첫째, "존경"과 "수용적 태도"는 비판적 판단과 양립이 가능하다. 오히려 비판적 판단은 그 양자를 동반해야 마땅하다. 물론 존경의 해석학과 같은 것에 헌신한 많은 이들은, 마치 욥의 위로자들이 그랬던 것처럼, 성경의 신빙성을 변호할 목적으로 "하나님을 위해 거짓된 말"을 하고픈 유혹을 받는다.[75] 그러나 하나님은 물론이고 하나님의 말씀도 그런 변호인이 필요하지 않다. 사실 욥이 말하고자 하는 요점은 그들이 하나님을 모욕한다는 것이다. 진리와 정의의 하나님이 "그들을 감찰하시면" 그들은 무사하지 않을 것이라고 욥은 말한다(욥 13:7-12; 42:7-9).

그러나 우리 중의 다수는 본능적으로 성경을 변호하는 자들이 아니다. 성경을 읽노라면 때로는 성경의 세계가 이상하게 여겨지고, 우리에게 의미가 없는 것처럼 보이는 대목을 만나게 된다. 하지만 존경의 해석학을 사용하면 당혹감을 억누르거나 부정적인 판단을 하지 않고도 그 텍스트와 계속 관계를 맺으면서, 새로운 통찰력이나 개인적인 변화로 인하여 그 의미가 드러나도록 인내하며 기다릴 수 있다. 우리와 성경과의 만남에서, 이해를 못해도 끈질기게 기다리는 일이 종종 그 진정한 뜻이 드러날 가능성의 조건이 되고, 우리는 자신의 내적인 목소리의 반향 이상의 것을 들을 때도 있다.[76]

하지만 텍스트의 의미가 드러나지 않을 가능성도 있고, 그럴 경우에는 우리가 도덕적으로든 다른 면으로든 "난센스"라고 여기는 것이 그 신성한 책의 페이지에서 우리를 뚫어지게 응시하는 일이 계속될 것이다. 가령, 이스라엘이 약속의 땅으로 향하는 여정에서 그들을 방해한 자들의 자손을 모두 죽임으로써 아말렉에 대한 기억을 천하에서 지워 버리라는 명령(신 25:19)은 보다 큰 성경 내러티브의 맥락에서는 결코 우리에게 아무런 의미도 주지 못할지 모른다. 이와 비슷하게, 사도 바울의 견해가 의심스럽긴 해도 일단 믿어 준다고 하더라도, 그가 "유대인"이 모든 사람에게 대적이 되었다고 묘사하는 대목(살전 2:14-15)은 우리로서는 여전히 용납할 수 없는 것이다. 우리가 이런 대목들을 비롯하여 소위 "공포의 텍스트(texts of terror)"[77]를 접하게 될 때는 우리가 선택할 수 있는 대안이 두 가지밖에 없다. 하나는 성경이 글렀다고 단념하고 기독교 신학과 신앙까지 포기하는 것이다. 다른 하나는, 기독교 신앙이 너무도 매력적이어서 도무지 버릴 수 없다고 생각되면, 열심히 씨름하면서 (우리에게 모든 것의 의미를 이해하게 해주는) 그 신성한 텍스트의 한복판에 서 있는 불편하고도 역설적인 "난센스"로부터 통찰력을 얻으려고 애쓰는 것이다.[78]

둘째, "존경"과 "수용적인 태도"는 수동적인 속성처럼 보일지 몰라도 우리 자신 그리고 우리 공동체를 독서과정에 돌입하게 해 줄 수 있다. 자기에게 던져진 공을 잡는 사람이 증언하듯이, 어떤 것을 받는 일은 하나의 행동이다. 성경 읽기에서 잘 받으려면, 나는 **능동적으로** 받아야 할 뿐 아니라 **나 자신의 입장에서** 받아야 한다. 독서과정에서 받는 편에 있는 사람은 그저 일반적인 인류의 일원이 아니라 특정한 공동체의 일부로 특정한 시간과 장소에 살고 있는 특정인이다. 그는 특정한 내력과 일정한 영향들에 의해 빚어진 사람이고, 특정한 꿈을 꾸고, 두려움에 시달리고, 혐오감에 쫓기고, 사랑에 의해 기운을 내는 인간이다. 나는 결코 추상적인 한 인간으로 성경을 읽을 수 없다(아니, 추상적인 인간이란 존재하지 않는다!). 다만 내가 구체적인 인간으로서 성경이 각 인간에 대해, 혹은 모든 인류에 대해 말하는 내용을 알기 위해 읽을 수는 있지만 말이다. 그러나 나는 언제나 성경을 나 자신의 입장에서 읽게 된다. 사실상 내가 읽을 때 나 자신을 더 많이 의식하면 할수록 거기서 더 많은 유익을 얻을 가능성이 많다. 그리고 거꾸로, 하나님이 세상을 다루는 이야기 속에서 내 이야기를 들려주는 그 신성한 텍스트에서 내가 더 많은 유익을 얻으면 얻을수록 나는 더욱 나다운 존재가 될 것이다![79]

성경 읽기를 특징짓는, 수용적 자세를 지닌 구체적인 자아의 능동적인 현존은 성경 그 자체의 역사성(그리고 이와 밀접한 관계를 가진 다수의 의미)을 뒤돌아 본다. 그것은 사람들의 삶에 대한 하나님의 개입이 지닌 주관적인 면이다. 서로 밀접한 관계를 가진 이 두 가지 현상이 교회의 탄생을 알리는 사건을 묘사하는 대목에서 신호의 역할을 한다. 그것은 그리스도의 부활과 승천 이후 다함께 모인 제자들에게 임한 성령의 도래이다. 갓 태어난 교회가 성령의 능력을 힘입어 행한 최초의 행위는 많은 민족의 고유한 언어로 말하는 것이었다. 제자들은 "하나님의 큰 일"(행 2:11)을 목격했는데, 실제로 그 자리에 있던 사람들의 다양한 수용적 자세에 어울리는 방식을 목격했다. 모든 민족을 위한 단일한 메시지가 다양한 민족들의 여러 언어들로 번역됨으로써 모두가 **그들 자신의 입장에서** 그것을 받을 수 있었다.[80]

기독교의 성경과 다른 종교들

나는 성경이 오늘을 위한 책이며, 기독교 공동체의 거룩한 경전이라고 주장했다. 그러면 당신이 기독교적으로 생각하고 말하고 행동하는 방식에 익숙해지고, 성경을 읽고 유익을 얻으려면 기독교인이 되어야 하는가? 당신이 성경을 신학적으로 읽으려면 기독교 신학자가 될 필요가 있는가? 다른 종교를 가진 사람이나 전통적인 종교가 없는 사람들도 성경을 읽고 유익을 얻을 수 있는가?

그들은 실제로 유익을 얻고 있다. 그런즉 얼마든지 얻을 수 있다.[81] 예를 들면, 몇 년 전에 방영된 텔레비전 프로그램 "창세기: 살아있는 대화"에서 빌 모이어스는 다양한 종교와 인생관을 가진 사람들을 대상으로 성경의 첫 번째 책에서 다루는 큰 이슈들에 관해 얘기한 적이 있다. 대화의 주제는 "세계 창조에서 홍수에 의한 멸망에 이르기까지, 하나님의 형상으로 창조된 최초의 남자와 여자에서 족장들과 여(女)가장들의 음모에 이르기까지, 형제 살해에서 화해에 이르기까지, 하나님의 부름을 받는 데서부터 하나님을 부르기까지" 무척 폭이 넓었다.[82] 참가한 사람들의 배경과 관점이 무척 광범위했음에도 불구하고, 그 대화는 잘 이뤄졌을 뿐 아니라 의미심장했고 깊은 인상을 남겼다. 이와 전혀 다른 배경을 가진 또 다른 예를 들어 보자. 종교를 공부한 적이 전혀 없는 비기독교 대학의 학생들이라도 무신론자 교수의 지도 아래 성경의 첫 대목을 읽을 때는 거기에 나온 중요한 인생 문제들을 분명히 알아차리고 그것들을 진리와 의미를 찾는 그들의 탐구심과 연결시킬 수 있다.[83]

여러 종교인들 간의 대화에서 기독교 성경이 얼마나 풍성한 열매를 맺는지를 증언하는 좋은 본보기는 '경전 추론 프로젝트'

(Scriptural Reasoning Project)이다. 이 프로젝트를 제대로 설명하려면 신중하고 정교한 지적 작업이 필요하지만 그 "철학"은 단순한 편이다. 유대인과 기독교인과 무슬림이 종교 간의 대화를 위해 다함께 모일 때, 그들은 종교인으로서의 나름의 특색을 제쳐놓고 그저 일반적인 인간의 입장에서 서로 말해야 하는 것은 아니다. 이 집단의 주장에 따르면, 오히려 그들은 제각기 유대인과 기독교인과 무슬림으로서 대화에 뛰어들어야 하고, 그들이 가진 경전들을 "일차적인 초점"으로 삼아야 한다.[84] 그들이 나누는 종교 상호간의 교류의 중심에는 서로의 경전을 다함께 읽는 행위가 있어야 한다. 경전에 특권을 부여하는 일이 반(反)직관적으로 보일지 모른다. 어쨌든 각 전통의 경전이 그 정체성의 일차적 원천인 만큼, 서로의 경전에 개입하면 비생산적인 정체성 간의 충돌을 낳을 것으로 예상할 수 있다. 가령, 기독교인과 무슬림의 경우, 그런 대화는 거기에 참여하는 자들이 "성경이 이렇게 말하기 때문에 내 생각은 이렇고 내 정체성은 이렇다" vs "코란이 이렇게 말하기 때문에 내 생각은 이렇고 내 정체성은 이렇다"라는 식의 대결로 끝날 가능성이 있다고 보는 것이다.

그러나 실제로는 그와 정반대되는 일이 종종 발생한다. 한 종교의 가장 독실한 신자, 어쩌면 특히 독실한 신자가 다른 종교의 경전과 관계하는 일이 흥미진진하고도 생산적인 것임을 경험한다. 참여자들이 교대로 서로의 경전의 세계 속에 몸을 담을 때 두 가지 일이 일어난다. 첫째, 우리는 타인을 더 잘 이해하는 법을 배우고(타인이 자기네 정체성을 형성하는 텍스트를 해석하는 법을 우리가 경청하기 때문에), 그들은 스스로를 더 잘 이해하게 된다(그들은 타인의 눈을 통하여 그들 자신과 그들의 경전을 보게 되므로). 둘째, 본인의 경전을 타인 앞에서 해석할 뿐 아니라 본인의 경전이 타인에 의해 어떻게 해석 되는지를 듣게 되면, 종종 본인의 전통 가운데 그동안 묻혀 있던 측면들이 생생하게 살아나기도 한다. 그 결과, 우리는 우리의 전통을 더 잘 이해할 뿐더러 그 전통을 (부분적으로) 다르게 표현하기 시작한다. 거의 예외 없이, 서로의 경전을 읽는 일은 모든 참여자에게 깨달음을 주고 무척 생산적인 경험이 된다. 그 모임의 중심에 경전들이 놓여 있고 각 참여자는 자신의 신성한 텍스트와 연결되어 있기 때문에 각자의 정체성은 안전하게 확보된다. 그리고 이 때문에 각 사람은 다른 종교를 가진 사람들과 함께 서로 변화를 도모하는 여정을 시작할 수 있는 것이다.

물론 종교 상호간의 만남에서 신성한 책들이 모든 참여자들에게 똑같은 지위를 갖는 것은 아니다. 내가 속한 종교 공동체의 거룩한 책이 나에게 신성한 것은 당연하다. 예컨대, 무슬림과 그리스도인의 경우, 성경은 곧 하나님의 말씀이다. 동시에 당신의 거룩한 책이 당신에게 신성하다는 것을 나도 인정한다. 그러나 나의 거룩한 책은 당신에게, 그리고 당신의 거룩한 책은 나에게 신성하지 않을 것이다. 적어도 동일한 의미에서 그렇지는 않다는 말이다. 그러나 유익을 얻으려고 우리가 다함께 신성한 책들을 읽을 때 그 책들이 모두에게 꼭 거룩해야 할 필요는 없다. 각 사람이 타인의 거룩한 책을 고전적인 영적 텍스트로 취급하는 것으로 충분하다. 서로 다른 인생관을 가진 사람들이라도 열린 자세를 갖고 "고전"의 강물이

"신성한" 바다와 만나는 지점에서 뜨거운 논쟁을 벌일 수 있는 것이다. 사람들이 이 어귀에서 서로 마주칠 때[85] 그들의 삶은 더욱 풍성해지고 깊어질 것이다.

결론

지금까지 설명한 것이 성경 해석에 대한 나의 입장이다. 나는 성경을 신성한 텍스트와 예수 그리스도에 대한 증언으로, 하나님의 자기계시의 처소로, 하나님이 오늘날의 모든 인류와 각 사람에게 말씀하시는 통로로 사용하는 과거의 텍스트로, 전체적인 통일성을 갖고 있되 내적으로는 풍성하고 다양성 가득한 텍스트로 읽는다. 또, 의미들을 기호화하고 그것을 다양한 방식으로 굴절시키는 텍스트로, 수용적 태도로 또 상상력을 동원해 관여할 뿐 아니라 신뢰와 비판적 판단과 함께 접근해야 할 텍스트로, 기독교인의 정체성을 규정짓되 기독교 공동체의 테두리 밖에 있는 사람들에게도 말하는 텍스트로 읽는다. 사도 베드로가 그리스도인을 "거류민과 나그네"로 부른 것에 관해 논의하든지(3장), 인간의 수고의 헛됨에 관한 전도서의 경고를 논하든지(6장), 사도 요한이 말한 "빛과 어둠"의 대립적 이원성을 다루든지(4장), "하나님은 사랑이라"는 그의 주장을 거론하든지(5장), 사도 바울의 신학 작업 방식에서 무언가를 배우든지(2장) 간에, 이런 신념들은 내가 성경을 읽는 틀과 성경을 해석하는 렌즈를 구성하고 있다. 나는 나름대로, 성경의 샘물을 마시고 성경을 신학적으로 읽은 과거의 신학자들에게 합류한 결과, 하나님 앞에서 사랑의 삶을 영위하고 이웃과 더불어 기쁘게 살아가는 하나의 인생관을 확립하게 되었다. 나로서는 이 글들이 독자들에게 인류 구원을 위한 하나님의 자기계시의 처소인 성경, 곧 그 마르지 않는 샘에 와서 생수를 마시라고 권하는 초대장의 역할을 하기 바라는 마음이다.

CHAPTER 2.
삶의 방식을 찾기 위한 신학

"실제" 생활이 주는 도전

"그런데 신학과 실제 생활과는 무슨 관계가 있는가?" 조직신학을 가르치다 보면 이따금 이런 질문을 받곤 한다. 만일 학생들이 신학이 너무 "이론적"이란 불평을 늘어 놓으면, 나는 좋은 이론만큼 실제적인 것은 없다는 칸트의 주장[1]을 생각해 보도록 권유한다. 만일 그들이 신학자는 케케묵어서 적실성이 없는 아이디어만 다룬다고 반론을 제기하면, 나는 어떤 경우에는 동시대에 속하지 않은 것이 오늘 신문보다 더 시의적절할 수도 있다는 키에르케고르의 말을 전해준다. 그리고는 일상적인 관심사에서 동떨어진 듯이 보이는 아이디어들이 사실은 어떻게 그런 관심사에 영향을 미칠 수 있는지를 설명하는 것으로 결론을 맺는다.

그런데 내가 이런 강의를 끝냈더라도 그것은 학생들의 회의적인 질문에 담긴 우려를 절반밖에 다루지 않은 셈이다. 우리 신학자들이 가르치고 글을 쓸 때 마치 인간 생활의 "불결한 부분"과의 접촉을 애써 피하려고 한 것 같은 인상을 주는 경우가 적지 않다. 부분적으로는 우리가 선택한 주제들이 그런 인상을 준다. 신학자들이 화체설(transubstantiation)의 문제를 다루려고 쓴 글의 분량은-일요일에 따라 성찬식을 할 때도 있고 그렇지 않을 때도 있겠지만-아마 우리가 월요일에서 토요일까지 꾸려 나가는 일상생활에 대해 쓴 글의 분량보다 훨씬 많을 것이다. 우리는 또한 삼위일체론, 그리스도론, 구원론과 같은 위대한 신학적 주제들을 다루느라고 매일 되풀이되는 일들로부터 도피한다. 우리는 사상가로서 관념적인 난제들-"하나님이 어떻게 하나인 동시에 세 위격일 수 있을까?", "그리스도는 어떻게 하나님인 동시에 사람일 수 있을까?", "우리는 어떻게 오직 은혜로 구원을 받으면서도 자유로울 수 있을까?"-에 초점을 두는 것이 옳지만, 그러다 보면 때때로 이런 교리들에 담긴 보다 큰 의미를 놓치곤 한다. 게다가, 학계에 몸담은 우리는 갈수록 강해지는 전문화의 물결에서 벗어날 수 없다. 한편으로, 전문화는 기본적인 연구를 위한 필요조건인 것 같다. 다른 한편으로, 이런 현상은 우리의 시야에서 신학의 전반적인 주제를 놓치게 하는 경향이 있다. 그리하여 신학자들의 학문적 관심은 예배당과 길거리에 있는 사람들의 현실에서 동떨어지게 되는 것이다.[2]

이처럼 신학과 이른바 "실제" 생활이 따로따로 단절되는 데는 또 다른 중요한 이유가 있다. 그것은 저 멀리 아리스토텔레스와 그의 제자들에까지 거슬러 올라가는, 이론적 학문과 실천적 학문 간의 구별이다. 이 구별에 따르면, 이론적 학문의 목표는 진리이고 실천적 학문의 목표는 행동이다. 아리스토텔레스는 지식을 위해 지식을 추구하는 이론적 학문을, 유용성을 위해 추구하는 실천적 학문보다 더 고상한 지혜로 생각했다.[3] 이런 아리스토텔레스식 구조에 신학이 어떻게 들어맞는지 오랫동안 많은 논쟁이 있었다. 예를 들면, 토마스 아퀴나스는 신학을 이론적 학문의 편에 두었는데 비해[4] 둔스 스코투스 (Duns Scotus: 1266-1308: 영국(스코틀랜드) 출신의 대표적인 중세 스콜라 철학자의 한 사람: 역주)는 실천적인 학문에 속한다고 주장했다.[5] 뻔한 말이지만, 신학이 만일 이론적 학문이라면 실천과는 부차적인 관계만 있을 뿐이다. 이 경우에는 지식의 실천적인 함의를 따로 탐구해야 할 것이다. 반면에 만일 신학이 실천적 과학이라면, 실천이 처음부터 신학의 범위 안에 포함될 것이다.

신학자들은 종종 신학이 마치 이론적 과학인 것처럼 그것을 연구해 왔다. 이런 현상 역시 신학이 "실제" 생활과 무관하다는 인상을 주는 데 기여했다. 이 책에 포함된 글들은 서로 다른 방식으로, 신학을 이론적 과학이기보다 실천적 과학에 더 가깝다고 생각하는 공통점을 갖고 있다. 여기서 "과학"이란 단어는 방법론에 의거한 비판적이고 학문적인 성찰을 일컫는다.[6] 이 대목에서 나는 좀 더 일반적인 면에서 이런 주장을 어떻게 이해해야 하는지를 살펴볼까 한다. 나는 신학 공부의 대상이 하나님 및 하나님과 세계와의 관계이고, 신학의 목적은 단지 "지식"만 전달하는 게 아니라 삶의 방식을 제공하는 것이라고 주장할 것이다. 내 주장을 약간 달리 표현하면 이렇다. **모든 좋은 신학의 중심에는 개연성 있는 지적 관점만 있는 게 아니라, 보다 더 중요하게는 삶의 방식에 대한 설득력있는 설명이 있는 만큼, 신학은 이런 삶의 방식을 추구할 때 가장 잘 수행하게 된다는 것이다.** 나는 먼저 한 가지 행습을 중심으로 움직이는 어떤 이야기로 시작한 뒤에 그것이 신앙과 실천 간의 관계에 대해 지니는 함의를 성찰하고, 따라서 (신앙에 대한 비판적 성찰로서의) 조직신학과 (기독교적 행습의 총합으로서의) 삶의 방식 간의 관계도 성찰할 예정이다.

논의를 진행하기에 앞서 내가 "신앙"과 "행습"이란 용어를 어떤 의미로 사용하는지를 간단하게 정리하는 게 좋겠다. 첫째, 나는 "신앙"(beliefs)이란 용어를 "기독교가 말하는 믿음의 핵심"이란 의미로 사용하고 있다. 개인적인 차원으로 보면, 이것은 하나님이 인간을 그리스도인으로 만드는 통로인 믿는 행위 속에 내재되어 있는 신념들이다. 이는 가장 기본적으로 믿는 행위가 지닌 관념적인 면이라고 할 수 있다.[7] 기독교 공동체의 차원으로 보면, 핵심적인 신앙은 한 기독교 공동체가 "그 고유한 정체성을 유지하기 위해 참으로 견지해야 하는" 신념이다.[8] 여기서 내가 사용하는 용법에 따르면, "신앙"은 "진정한 교리"와 동의어이다.

둘째, 나는 "행습"(practices)이란 용어를 인간의 기본 욕구와 조건을 충족시키려는 노력, 상당 기간에 걸쳐 사람들이 다함께 행하는 협력적이고 뜻깊은 노력이란 의미로 사용한다.[9] 이로써 내가 "행습"이란 단어를 사용하는 용법을 간단하게 진술했는데, 단 내 텍스트에서는 행습과 성례의 관계가 두드러지게 등장한다는 점을 언급하고 싶다. 물론 성례를 행습으로 해석하는 것도 가능하지만, 나는 "행습"이란 단어를 성례를 포함하지 않는 좁은 의미로 사용하는 바이다. 한 가지 이유는 "행습"을 인간의 기본 욕구를 채우는 역사적이고 협력적인 활동에 국한시키고, 개념적으로 성례와 구별하기 위해서다. 신앙과 실천(행습) 간의 관계를 다룰 때 특히 이런 구별이 매우 중요한데, 이유는(여기서 나는 진도를 약간 빨리 나가고 있다) 신앙과 "성례"와의 관계는 신앙과 "행습"과의 관계와 다르기 때문이다. 기독교의 핵심적인 신앙은 당연히 성례 속에 규범적으로 새겨져 있지만 "행습" 속에 새겨져 있는 것은 아니다. 그러므로 성례는 행습을 위해 규범적인 패턴을 설정해 주는 의례이다.

낯선 자와 주인

이름은 잊어버렸지만 우리 식탁에 앉아있던 그의 모습은 뇌리에서 결코 지워지지 않는다. 매달 첫째 일요일이면 그는 후미진 시골에서 우리 아버지가 목사로 시무하던 자그마한 오순절파 교회를 찾아 (유고슬라비아의) 노비사드 시로 왔다. 온통 적대적인 불신자들과 정교회 신자들에 둘러싸인, 그 마을의 외톨이 오순절파 교인이었던 그 손님은 성찬식에 참여하려고 우리 교회에 오곤 했다. 주님의 식탁에 동참한 뒤에는 우리 가족과 함께하는 주일 식사에 합류했다. 거친

외모라 흥미롭기도 하고 약간 위협적이기도 한 그는 등이 조금 구부러진 모습으로 십대 소년이었던 내 반대편에 조용히 앉곤 했다. 니체를 무색하게 할 만한 콧수염은 그의 얼굴이 지닌 두드러진 특징이었다.

내가 그의 방문을 무척 싫어했던 것은 그가 우리 집에 들어서는 순간 내 기억이 지난번 방문 때에 들었던 어떤 소리로 언제나 되돌아가곤 했기 때문이다. 그 소리는 우리 어머니가 만든 수프-얼마나 맛이 좋았던지 그 앞뒤에 먹은 음식은 들러리에 불과할 정도였다-가 그의 숟가락에서 콧수염을 통과해 그의 입으로 들어갈 때 나는 시끄러운 괴성이었다. 메리 더글라스(Mary Douglas)는 주일 점심을 가리켜 주간 메뉴의 클라이맥스라고 부르는데,[10] 그 클라이맥스가 나에게는 최악의 순간이 되었던 것이다. 그 문제에 대해 우리 부모는 한 마디도 하지 않았지만 우리 방문객의 매너에 대해 불편해 하는 모습은 역력했다. 그런데도 그들은 그를 거듭해서 초대하는 일을 중요시했을 뿐 아니라 신앙 때문에 겪는 큰 역경에도 변함이 없는 그의 강한 헌신을 동경하기까지 했다.

누구든지 우리 부모의 행습에 의심의 해석학을 적용할 수 있을 것이다. 그들은 교인들에게 좋은 인상을 주고 싶었고, 내밀한 죄책감에 대해 보상하길 원했고, 하늘에 쌓아 놓을 투자 자금을 내놓고 싶어 했다. 그럼에도 그들이 진심으로 이 낯선 자에게까지 대접의 손길을 내밀었던 것은, 우리 아버지가 교회에서 아침에 주관하는 주님의 식탁은 그분이 우리 집에서 주최하는 그날 점심 식탁을 떠나서는 개설할 수 없다고 생각했기 때문이다. 나로서는 부모님이 본래 성찬 예식과 애찬(agape meal)이 하나였다는 사실에 대해 얼마나 알았는지 잘 모르지만, 그들이 양자의 불가분의 관계를 몸소 실천한 것은 분명한 사실이다. 만일 내가 "그렇지만 그가 올 때마다 점심 식탁에 꼭 초대해야 합니까?"라고 반발했더라면, 그들은 "주님이 우리 죄인들을 위해 그분의 몸과 피를 주셨으므로 우리도 낯선 자들과 우리의 소유물뿐 아니라 우리 자신의 일부도 나눌 준비를 갖추어야 한다"고 했을 것이다. 우리의 식탁은 그리스도의 상처에 의해 열렸고 낯선 자가 거기로 들어올 수 있었다. 만일 내가 계속 반기를 들었더라면, 그들은 장차 삼위일체 하나님이 주관하게 될 웅대한 종말론적 식사, 곧 온갖 언어를 사용하는 모든 종족이 대접을 받을 그 식사를 나에게 상기시켜 주었을 것이다. 그리고는 나에게 그 식사 때에 그 사람의 곁에 앉을 준비를 하는 게 좋을 것이라고 단언했을 것이다.

교회에서의 식탁과 종말에 있을 식탁, 그리고 우리가 손님을 초대하거나 초대하지 않는 많은 식탁 간의 관계는 바로 신앙(이 가운데 일부는 의례를 통해 실행된다)과 행습 간의 관계를 보여주는 좋은 사례이다. 주님의 만찬이란 성례는 그리스도인의 삶 전체의 요약판이라고 할 수 있는데, 그 중심에 죄 많은 인류를 위한 하나님의 희생적 사랑이 있기 때문이다.[11] 그리고 종말에 있을 잔치는 삼위일체 하나님과 하나님의 영광스런 백성 간의 교제를 염원하는 그리스도인의 소망의 총합에 해당한다. 그러면 성례로 표현되는 가장 기본적인 기독교의 신념은 손님 대접의 행습과 어떤 관계가 있는가?

신앙을 바탕으로 한 행습

한편으로, 만일 우리 부모의 행습이 신앙과 실천의 관계를 보여주는 창문의 역할을 한다면 기독교 신앙과 행습의 상호관계에 대한 물음은 쉽게 답할 수 있는 문제다. 주님의 만찬이란 예식(그 속에 담겨있는 폭넓은 신앙의 내용과 왜 그리고 어떻게 그 예식이 집행되는지에 대한 설명을 포함하여)은 손님을 대접하는 우리 부모의 행습에 영향을 주었다. 그러므로 그리스도인의 신앙은 그리스도인의 행습으로 구체화된다고 할 수 있다. 그런데 좀 더 자세히 설명할 수는 없을까? 우리는 신앙이 행습으로 구현되는 방식에 대해 두 가지 각도에서 살펴볼 수 있다. 하나는 기독교적 행습의 본질을 검토하는 것이고, 다른 하나는 그리스도인의 신앙의 본질을 살펴보는 것이다.

먼저 이 문제를 행습의 각도에서 살펴보자. 기독교적 행습은 우리가 "상응"(as-so) 구조라고 부를 수 있는 것을 갖고 있다. 하나님이 그리스도 안에서 우리를 영접하셨으므로 우리 역시 동료 인간들을 영접해야 마땅하다는 식이다. 물론 그리스도의 삶이 어떤 면에서 우리의 모범이 되는지 신중하게 설명할 필요가 있다. 무엇보다도, 그리스도와 다른 인간들 사이에 중요한 차이점이 있다고 해서 그리스도를 밀어내면 안 되고, 인간이 그리스도의 일을 "되풀이"할 수 있다는 식으로 주제넘게 생각해서도 안 된다. 그러나 적절한 조건부로, 손님 대접을 비롯한 모든 행습과 관련하여 우리는 "그리스도가 그랬듯이 우리도 그래야 한다"(As Christ, so we)고 말해야 한다.[12]

그리스도가 누구인지 그리고 그리스도가 무엇을 행했는지에 대한 신앙(이는 내러티브나 의례적 행동이나 명제로 표현된다)은 기독교적인 손님 대접의 행습을 위한 규범을 제공한다. 이 행습은 오직 그리스도가 그 실천가에게 모델의 역할을 하는 한 기독교적인 것이고, 그리스도는 오직 그런 신앙을 통해서만 모델이 될 수 있다. 그렇다고 비기독교인의 행습은 그리스도의 형상을 나타낼 수 없다는 말은 아니다. 그런 경우가 종종 있다. 그러나 그리스도인이 된다는 것은 명시적으로 그리스도를 믿고 그분의 생활방식을 따르기로 헌신하는 것이다. 그러므로 기독교적 행습의 내적 성격은 그 외적 규범의 역할을 하는 그리스도의 이야기를 가리키고 있는 셈이다. 기독교적 행습으로서의 손님 대접은 그것을 규범적으로 만드는 특정한 기독교 신앙으로 가득 차 있는 것이다. 좀 더 일반적으로 표현하면, 기독교적 행습은 **당연히** 기독교 신앙이 규범적으로 구현된 것이다.

우리 손님들은 이제 집으로 돌아갔다. 우리는 설거지를 하면서 과연 좋은 주인 노릇을 했는지 곰곰이 생각해 본다. 우리는 스스로 많은 질문을 던지지만, 만일 기독교적인 손님 대접에 관여하고 있다면, 우리가 행한 일을 그리스도의 이야기에 비추어, 그분의 말과 행위에 비추어 검토하게 될 것이다. 이를테면, 세 번째 복음서에 나오는 다음과 같은 명령을 기억하게 되리라.

네가 점심이나 저녁이나 베풀거든 벗이나 형제나 친척이나 부한 이웃을 청하지 말라 두렵건대 그 사람들이 너를 도로 청하여 네게 갚음이 될까 하노라 잔치를 베풀거든 차라리 가난한 자들과 몸 불편한 자들과 저는 자들과 맹인들을 청하라 그리하면 그들이 갚을 것이 없으므로 네게 복이 되리니 이는 의인들의 부활 시에 네가 갚음을 받겠음이라 (눅 14:12-14)

이 말씀으로 보건대, 최선의 손님 대접은 대등한 사람들 사이에 혹은 더 우월한 사람과 서로 주고받는 교환 경제의 일부가 되면 안 되고, 그 대신 빈곤한 자와 약한 자들에게 베푸는 기부 경제의 일부가 되어야 한다는 결론을 내릴 수 있겠다.

기독교 신앙을 떠나서는 기독교적 행습을 생각할 수 없는 또 다른 이유가 있다. "상응"의 패턴을 알려주는 그리스도의 이야기는 그보다 큰 하나님과 이스라엘, 하나님과 열방의 이야기에 뿌리박고 있고, 더 큰 이 이야기는 하나님의 창조 이야기와 최후의 완성 이야기 사이에 놓여있다. 이처럼 서로 연결되어 있는 이야기들은 규범적 공간의 지도를 그려 주고, 인간들은 그 속에 기독교적 행습의 행위자로 존재하고 있다. 찰스 테일러(Charles Taylor)가 『자아의 근원들』(*Sources of the Self*)이란 책에서 주장했듯이, 그런 공간이 도덕적 행위를 위해 꼭 필요한 이유는 그 속에서 "선한 것과 악한 것, 행할 만한 가치가 있는 것과 없는 것, 당신에게 의미 있고 중요한 것과 하찮고 부차적인 것 등에 관한 물음이 제기되기" 때문이다.[13] 기독교 신앙은 기독교적 행습이 유일하게 의미를 갖는 기독교의 도덕적 공간을 창조하는데 반드시 필요한 것이다.

행습을 낳는 신앙

우리는 기독교적 행습의 특성에 주목하면서 신앙과 행습 간의 밀접한 관계를 살펴보았다. 다른 한편, 기독교 신앙의 본질을 고려할 때도 그와 비슷한 연결고리를 발견하게 된다. 실천의 형태를 만드는 일, 즉, 생활방식을 구현하는 특징은 이런 신앙의 본질에 속하는 것이다.

과연 신앙이 본질적으로 실천의 형태를 결정하는지 여부를 파악하려면 하나님에 대한 신앙의 본질을 살펴보는 일이 특별히 중요하다. 이런 신앙은 기독교적 믿음의 핵심에 속하고, 전통적인 주장과 같이 하나님 및 하나님과 세계의 관계는 신학의 합당한 "대상"이 되기 때문이다.[14] 볼프하르트 판넨베르크가 『신학과 철학』(*Theology and the Philosophy*)에서 말하는 것처럼, 신학이 연구하는 모든 대상은 "그것과 하나님과의 관계의 관점에서(*sub ratione Dei*)" 연구되는 것이고, "바로 이런 '하나님과의 관계'야말로 폭넓은 주제에 대한 신학적 연구와 동일 분야를 연구하되 다른 관점에서 다루는 다른 학문을 구별시켜주는 점이다."[15] 하나님에 대한 신앙은 신학의 전 분야를 좌우하기 때문에, 이런 신앙과 행습의 관계는 우리가 논하고 있는 이슈의 핵심에 해당한다고 할 수 있다.

하나님에 대한 신앙의 한 가지 중요한 특징을 생각해 보라. 그 특징은 하나님이란 존재가 인간들이 의미심장한 관계를 맺든지 말든지 이 세계의 사물이 아니라는 점을 기억하는 순간 즉시 드러난다. 오히려 하나님은 존재하는 만물의 창조자이자 구속자이며 완성자이다. 인간은 어쩔 수 없이 하나님께 의존하는 삶을 영위하는 만큼(이 의존관계는 인간의 자유를 비롯한 모든 선(善)의 바탕이 되고, 전자는 후자와 양립 불가능한 것이 아니다)[16] 감사하는 태도만이 적절한 반응이다. 뿐만 아니라, 인간의 정체성과 인생의 목적은 하나님이 그들을 그분의 형상을 반영하고 그분과 교제하는 가운데 살도록 창조했다는 사실과 불가분의 관계를 갖고 있다. 그리스도께서 죄 많은 인간을 위해 행하신 일이 우리의 행습과 관계가 있다는 이른바 "상응" 구조(그리스도가 그랬듯이 우리도 그래야 한다)는 보다 넓게 하나님의 정체성과 인간의 정체성 간의 관계에도 적용되므로, 인간의 바람직한 행동방식에도 그대로 적용되는 것이다(하나님이 그랬듯이 우리도 그래야 한다).

이 주장은 이미 하나님의 존재에 대한 긍정에 함축되어 있다. 말하자면, 하나님과 인간의 관계는 인간의 존재 자체가 하나님에게 달려있고, 인간은 하나님의 형상을 반영하고 하나님과 교제하며 사는 데서 성취감을 발견한다고 긍정하는 입장에 내포되어 있다는 뜻이다. 따라서 우리가 하나님을 거론할 때마다 우리는 언제나 그 담론에 포함되어 있는 것이다. 하나님에 관한 주장들이 인간에게 중요하다는 것은 나중에 끌어올 필요가 없는데, 그것은 이미 하나님에 관한 대화의 본질적인 부분이기 때문이다. 게르하르트 에벨링은 루터의 하나님 거론에 대한 논평에서 그것을 이렇게 표현한다. "하나님에 관한 말은 나중에 사람에게 적용될 필요가 없다…하나님에 관한 말은 곧 사람에게 하는 말이다."[17]

그러면 기독교 신앙의 본질에 대한 이런 주장은 신앙과 실천 간의 관계와 무슨 상관이 있는가? 예컨대, 하나님은 "평화의 하나님"(롬 15:33)이란 교리를 옳게 신봉하는 것은 곧 평화를 추구하는 일에 자신을 헌신하는 것이다. 이와 비슷하게, 한 사람은 "굶주리는데" 다른 사람은 "술에 취하게" 되는 일이 생기지 않게 할 의무는 주님의 만찬에 대한 올바른 신앙의 본질적인 요소이다(고전 11:21). 물론 우리는 믿으면서도 그 믿음에 따라 행동하지 못할 때가 있다. 우리는 믿으면서도 의도적으로 그 믿음에 따라 행동하지 않을 때도 있다.[18] 사실 구약 선지자들이 종교적 열심을 비판하는 모습이 명백히 보여주듯이, 우리는 신앙에 따라 행동하지 않으려고 신앙을 고백할 수도 있다.[19] 그러나 이런 상황은 신앙의 내적 역학에 거슬리는 것이 분명하다. 그렇지 않다면 본인은 자신의 그릇된 행위를 명시적인 신앙 고백으로 은폐할 수 없을 것이다. 신앙을 고백하게 되면 본인의 믿음에 따라 행동해야 한다는 압력을 받기 마련이다. 좀 더 일반적으로 말하면, 기본적인 기독교 신앙은 일종의 **신앙으로서** 실천적인 헌신을 내포한다는 뜻이다. 이런 헌신은 명확하게 설명할 필요가 있을 수 있고 또 구체적인 상황에서의 특정 이슈와 연결시킬 필요가 있을지 모르지만, 신앙에 덧붙여질 필요는 없다. 헌신은 이미 신앙에 내재되어 있기 때문이다. 기독교 신앙은 단지 과거와 현재와 미래의 실상에 대한 진술에 불과한 것이 아니다. 그것은 마땅히 되어야 할 상태와 인간이 마땅히 해야 할 일에 대한 진술이다.[20] 이 신앙은 실행에 옮길 규범적인 비전을 제공하는 것이란 뜻이다.

　　이제까지 내가 개진한 주장을 요약하면 이렇다. 기독교적 행습은 그 본질적인 요소로 기독교적인 규범적 비전을 내포하고 있다. 기독교 신앙은 기독교적 행습을 그 본질적인 요소로 내포하고 있다. 행습은 본래 신앙이 구현된 것이고, 신앙은 본래 행습으로 구현되기 마련이다.

은혜, 신앙, 행습

행습과 관련된 신앙의 역할은 행습에 규범적인 비전을 제공하는 일에 그치지 않는다. 신학적 관점에서 보면, 이런 신앙의 역할은 굉장히 중요하긴 해도 부차적인 것일 뿐이다. 이 모든 행습을 포함한 그리스도인의 생활방식 전체는 그 생활방식 바깥에 있는 그 무엇의 지원을 받아 형성된다. 그것은 바로 하나님이 행하신 일과 행하고 계신 일과 장차 행하실 일이다. 기독교 신앙은 일차적으로 인간의 행위에 관한 것이 아니다. 복음은 "그리스도를 보고 건전한 생활방식을 본받으라"라든가 "하나님을 알고 그 지식에 따라 행하라"라는 식의 공식적인 명령으로 환원될 수 없다. 기독교 신앙은 일차적으로 인간의 행위가 아니라 인간의 받아들임에 관한 것이다. 복음이 환원될 수 있는 공식적인 명령이 있다면 "네 자신과 네 세계를 새로운 창조물로서 받아들이라"는 것이다. 기독교 신앙은 행습에 대한 규범적 지침의 역할을 넘어 하나님의 행위를 이야기하는데, 이로 인해 인간들은 여러 행습의 행위자로 세워지고, 이로 인해 그들은 일정한 규범적 공간 속에 위치하게 되고, 이로 인해 그들은 영감을 받고 하나님을 본받으라는 명령을 받는다.[20]

다시 한 번 주님의 만찬을 생각해 보라. 우리는 떡을 먹고 포도주를 마시면서 하나님의 적들을 위해 부서진 몸과 언약의 파기자들과 함께 "새 언약"을 맺기 위해 흘린 피를 기억한다. 이 의례적인 기념식을 통해 우리는 우리의 행습의 지침이 되어야 할 규범적 비전의 중심 요소들을 극적으로 표현한다. 그러나 이것이 그 행위에 대해 우리가 생각하는 전부라면, 우리는 주님의 만찬을 크게 오해하고 있는 것이다. 성만찬 예식의 중심에는 그 몸이 부서지고 그 피를 흘린 것이 바로 "우리를 위한" 것이고 "세상의 생명을 위한" 것이란 진실이 있다. 주님의 만찬은 그리스도의 죽음과 부활을 통해 얻은 새로운 생명의 선물을 성례전적으로 재연하는 행위이다. 그리고 이 새 생명은 그리스도인다운 모든 행위와 모든 기독교적 행습의 저변에 깔려있다. 새 생명의 선물이 어떻게 주님의 만찬으로 재연되는지에 대해서는 다양한 견해가 있지만, 대다수는 성찬이 일차적으로 우리를 위한 하나님의 사역을 상징하는 것이지 그 사역을 본받는 우리 모습을 보여주는 게 아니라는 점에 동의한다.

다른 한편, 주님의 만찬을 하나님의 영접을 보여주는 성례, 우리는 단지 혜택을 받는 존재에 불과한 그런 성례로만 생각하는 것도 상당한 오해다. 하나님의 은혜 중심에 새겨진 규칙은, 우리가 그 은혜의 대리자가 되는 것에 저항하지 않는 한에서만 그 은혜의 수혜자가 될 수 있다는 것이다. 하나님과 인간 사이의 차별성을 확실히 지키는 가운데, 인간은 신적 활동에 참여하는 자로 창조되었고, 따라서 그 행동을 본받도록 영감과 능력과 책임을 부여받게 된다. 바로 이 지점에 기독교적 행습이 등장한다.[22] 기독교적 행습은 다양한 환경에서 우리 인생을 지탱하고 구속(救贖)하는 하나님의 활동을 인간이 "반향하는"[23] 행위로 해석될 수 있다.

행습이 우선이다

신앙과 행습의 관계에 대한 내 논점은 이렇게 정리할 수 있다. 기독교 신앙은 "순수한 지식"을 표현하는 게 아니라, 하나님이 인간을 다루는 전반적인 이야기 내에 실천가를 위치시킴으로써, 그리고 그가 행위자로 세워졌다고 설명함으로써, 기독교적 행습을 지도하게끔 되어 있다는 것이다. 생활방식의 관점에서 보면, 신앙은 행습의 실천가로 세워진 것을 묘사해 주고 그런 생활방식에 규범적인 방향성을 제공해 준다. 그런즉 신앙은 행습으로 구현된다고 할 수 있다. 그런데 거꾸로 행습은 신앙에 기여하는 바가 있는가?

이 문제를 다루는 한 가지 방법은 이런 질문을 던져보는 것이다. 우리는 먼저 기독교 신앙을 영접한 뒤에 기독교적 행습에 참여하는가, 아니면 그와 정반대인가? 사전에 기독교인과의 접촉이 전혀 없이 성경을 읽다가 회심을 경험한 사람들의 이야기가 입증하듯이, 누구든지 사전에 기독교적 행습에 참여하거나 그런 것을 목격하지 않고도 기독교 신앙을 받아들일 수 있다. 또 어떤 사람은 기독교 신앙이 지적인 매력을 풍기기 때문에 기독교적 행습에 참여하기 시작할 수 있다. 이런 경우에는 기독교 신앙이 앞서고 기독교적 행습이 뒤따라온다.

그러나 일반적으로는 그렇게 진행되지 않는다. 사람들이 믿게 되는 것은 이미 기독교적 행습에 참여하고 있었기 때문이든지(가령, 기독교 가정에서 자랐기 때문에) 그런 행습에 매력을 느끼기 때문이다. 대다수의 경우에는 기독교적 행습이 앞서고 기독교 신앙이 뒤따라온다. 혹은 신앙이 이미 행습 속에 내포되어 있기 때문에 명시적인 신앙고백은 그런 행습에 참여하며 내재되어 있던 것이 의식의 차원으로 나타나는 것이다.

우리 부모의 예를 다시 생각해보라. 그들이 내가 불편하게 느끼는 사람들을 너그럽게 대접하는 것을 내가 이따금 불평했음에도, 어떤 의미에서 나는 기독교 신앙이 그런 행습으로 구현되는 모습을 보았기 때문에 그 신앙을 핵심 교리와 함께 받아들였던 것이다. 더 나아가, 그들이 손님 대접의 행습에 관여한 방식은 내가 기본적인 기독교 신앙을 이해하는 방식에 심오한 영향을 미쳤다(마치 경건한 유모가 나를 어린 소년으로 대우한 방식이 내가 하나님의 이미지를 형성하는데 도움을 주었던 것처럼). 사람들이 기독교 신앙을 자기 것으로 삼고 그것을 특정한 방식으로 이해하는 부분적인 이유는 그들이 삶의 여정에서 그런 행습을 접할 수 있었기 때문이다. 그리고 그 속에서 그들의 영혼과 몸이 훈련을 받았기 때문이다.[24] 달리 표현하면, 그들은 일련의 행습에 매력을 느끼고 그 속에 거주했기 때문에 그런 행습을 지탱해 주고 그 속에 새겨져 있는 일련의 교리를 받아들였다는 뜻이다.

그렇지만 행습에서 신앙으로 움직이는 과정은 이제까지 나의 설명이 암시하는 것만큼 단순하지가 않다. 만일 내가 우리 부모의 신앙과 행습 간의 심각한 균열을 목격했다면, 혹시 내가 기독교 신앙을 배척했을지 여부는 분명히 말할 수 없다. 만일 그들이 손님을 대접한 뒤 저녁시간에 "아이쿠, 짐승 같은 놈! 다시는 우리 집에 들여놓지 않을 거야"라고 서로 말하는 것을 내가 엿들었다면 어떻게 되었을까? 그리고 그날부터 우리가 "예의 바른" 사람들만 우리 식탁에 초대했더라면? 그렇다고 해서 내가 주님의 만찬은 종교적인 위선에 불과하다거나, 내 영혼과 몸이 낯선 자를 초대하는 행습에 익숙하지 않기 때문에 주님의 만찬은 그런 행습을 요구하지 않는다는 결론에 도달했으리라 단언할 수는 없다. 오히려 나는 우리 부모를 연약하거나 일관성이 없는 분들로, 혹은 심지어 위선적인 분들로 생각하고, 그들이 신봉하는 신앙은 받아들이되 좀 더 일관성 있는 삶을 살기로 결심하면서 성만찬에 참여하게 되었을지도 모른다(이는 어떤 사람이 육식을 하는 동물 보호 운동가에 대해 마음속으로 반응하는 방식과 비슷하다).

다른 한편, 우리 부모의 훌륭한 기독교적 행습이 나로 하여금 기독교 신앙을 영접하도록 할 수밖에 없었다고 말할 수는 없다. 사실 내 생애에 이와 정반대 되는 일이 일어난 적이 있었다. 내가 기독교 신앙을 배척한 것은 바로 우리 부모가 그처럼 훌륭한 실천가였기 때문이고, 또 그들의 행습이 내 인생에 대한 소유권을 주장했기 때문이었다. 내가 동일시했던 또래 집단의 행습과 우리 부모의 행습 간의 불협화음, 그리고 내가 학교에서 배웠던 내용(마르크스주의로 세뇌시키는 교육!)과 기본적인 기독교 신앙 간의 충돌은 도무지 감당할 수 없을 만큼 컸다. 나의 십대 시절에는 우리 부모가 케케묵은 생활방식을 내게 강요하는 찰구식 같은 사람들로 보였다. 기독교 신앙을 영접하거나 거부하는 문제에 관한 한, 행습은 도무지 예측하기 힘든 복잡한 방식으로 신앙에 영향을 준다.

행습이 신앙에 큰 중요성을 지니는 또 다른 이유는 신앙의 수용보다 신앙에 대한 이해와 관계가 있다. 조지 린드벡은 『교리의 본질』(*The Nature of Doctrine*)에서 복음 선포에 관해 언급한 것은 모든 기독교 교리에도 해당된다. "그것이 공동체의 삶과 행위의 총체적 형태로 구현되는 한 힘과 의미를 얻게 된다"는 것이다.[25] "올바른 (공동체적) 행위"는 어떤 의미에서는 올바른 이해를 위한 선결조건으로 보인다. 이는 그 반대편에도 해당된다. 즉, "그릇된 행위"(특히 오랫동안 깊이 뿌리박힌 것이라면)는 왜곡된 이해를 낳는다. 그렇다고 해서 "그릇된 행위를 하는 자"는 올바르게 알 수 없다거나, "올바른 행위를 하는 자"는 그릇되게 알 수 없다고 말하는 것은 지나친 주장이다. 행습에 관여하는 것과 신앙을 이해하는 것은 서로 느슨한 상관관계를 갖고 있는 셈이다. 그럼에도 불구하고, 잘 실행한 올바른 행습은 사람들의 마음을 열어 신앙에 대한 통찰력을 갖게 할 가능성이 많다(그렇지 않으면 신앙에 대해 아예 마음 문을 닫아버렸을지도 모른다).[26] 이와 반대로, 그릇된 행습은 "진리를 억누를"(롬 1:18) 가능성이 있다. 말하자면, 진리로 간주되는 신앙과 그런 신앙이 이해되는 방식에 역효과를 낸다는 뜻이다.

신학의 경우, 행습의 해석학적 영향은 기독교 신앙의 진술이 근본적으로 해석학적 작업이란 단순한 이유로 매우 중요하다. 이제까지 나는 "핵심적인 신앙"이나 "진정한 교리"를 거론하기만 했다. 그런데 이런 핵심적인 신앙은 상황에 따라 다른 형태로 진술된다. 이런 재진술 작업은 신앙생활[27]의 필수불가결한 요소로 암시적으로나 명시적으로 수행되고, 그것이 학문적인 환경에서 일어나든 비학문적인 환경에서 일어나든 일종의 해석 작업에 해당한다. 바로 이 지점에 행습이 들어온다. 행습에 관여하게 되면 우리의 눈이 열려서 핵심적인 신앙을 어떻게 이해해야 하는지, 그리고 그리스도인들이 늘 변하는 상황에 살면서 그것을 어떻게 재진술해야 하는지를 볼 수 있다.

무엇이 무엇의 기초인가?

이제까지 내가 개진한 주장을 한 마디로 말하면 이렇다. 기독교 신앙은 규범적으로 기독교적 행습에 영향을 주고, 이런 행습에 관여하면 기독교 신앙을 수용하고 더 깊이 이해하게 될 수 있다. 이와 더불어 꼭 다루어야 할 또 다른 이슈가 있다. 그것은 '신앙이 행습의 기초인가, 아니면 행습이 궁극적으로 신앙의 기초인가?' 하는 것이다. 어떤 의미에서 이런 식으로 묻는 것이 바람직하지는 않다. 사실 핵심적인 기독교 신앙은 기독교적 행습의 불가결한 일부가 아닌가? 앞에서 나는 그렇다고 주장했다. 그럼에도 우리는 행습의 구성요소로서 신앙의 **위상**에 관해 묻지 않을 수 없다.

오늘날 학계와 대중문화는 신앙을 하나의 기능으로 취급할 정도로 신앙을 행습에 종속시키는 경향이 있다. 피에르 아도(Pierre Hadot)의 중요한 책, 『생활 방식으로서의 철학』(*Philosophy as a Way of Life*)을 하나의 본보기로 들 수 있겠다. 그의 설명에 따르면, 앞서 내가 조건부로 말한 것처럼, "삶의 형태에 대한 선택"이 우선한다. 그리고 철학적 담론은 그 선택에 "정당성을 부여하고 이론적 토대를 제공한다."[28] 아도는 담론이란 것을 그 자체로 중요한 게 아니라 생활방식을 섬기는 역할을 하는 것으로 제대로 보았다. 하지만 그가 담론의 고유한 역할을 어떻게 이해하고 있는지 주목해보라. 삶의 형태에 대한 선택은 "**이미 선택이 내려진 뒤에** 어떤 주어진 체계적 구성에 의해 정당화된다." 선(善)을 택하는 일은 일련의 참된 신조를 보유한 결과가 아니라, 이와 정반대 방향으로 움직이고 있는 것이다.[29]

"선의 선택"과 "철학적 담론" 간의 관계에 대한 아도의 설명은 과연 신학 분야에서 기독교 신앙과 기독교적 행습 간의 관계, 신학과 생활방식 간의 관계를 보여 주는 모델이 될 수 있을까? 이것은 아도를 어떻게 해석하느냐에 달려있다. 혹자는 그의 말을, 일련의 믿음이 시간적으로 그보다 앞선 선의 선택으로부터 발생할 것이란 뜻으로 해석할 것이다. 이런 일련의 믿음이 실제로 발생하면, 그것은 그 선의 선택을 제대로 뒷받침하는 참된 일련의 믿음이 될 것이다. 선의 선택이 시간적으로는 이런 일련의 믿음을 앞서지만, 이런 믿음이 논리적으로는 선의 선택을 뒷받침할 것이다.

존 지지울라스에 따르면, 아도가 말하는 "신앙"과 "행습"의 순서에 대한 이런 해석은, 삼위일체 교리가 출현한 방식과 비슷하다고 한다. 말하자면, 교회의 공동체적 행습이 교회로 하여금 신적인 세 위격 간의 교제가 존재론적 궁극성을 지닌다고 주장하게 했다는 것이다. 그러나 교회의 출현과 교제의 존재론적 궁극성에 관한 주장을 가능하게 만든 것은 물론 신적인 교제의 실재였고, 이는 참된 삼위일체 신조의 형식으로 표현될 수 있다.[30] 우리가 삼위일체 교리의 출현에 대한 지지울라스의 설명에 동의하든 않든 간에, 그 설명이 입증하고 있는 신앙과 행습의 관계는 보다 일반적인 차원에서 개연성이 있다.

그렇지만 생활방식에 시간적인 우선권을 주고, 일련의 믿음에 논리적 우선성을 부여하는 입장에 아도가 만족스러워할 것 같지는 않다. 그는 아주 동일한 선의 선택이 "지극히 다양한 철학적 담론에 의해 정당화될 수 있다"고 믿는다.[31] 상황이 변함에 따라 (지배적인 개연성 구조에 의거하여) 일련의 믿음도 변할 터이고, 주어진 선의 선택을 "정당화할" 수 있으려면 그렇게 변할 것이다.

그러면 이것이 기독교 신앙과 행습 간의 관계에 모델 역할을 하겠는가? 그렇게 생각하는 신학자들이 있다.[32] 그들이 옳은지 여부는 우리가 신학과 신학의 우선적 주제인 하나님의 관계를 어떻게 이해하느냐에 크게 달려있다. 내가 앞에서 주장했듯이, 행습이란 것은 하나님이 세상과 맺는 관계를 "반향"하는데 한해서만 기독교적이다. 그런데 우리는 "하나님의 세상과의 관계"를 어떻게 이해해야 하는가? 무엇보다도, 이런 담론은, 인간의 불완전한 관념으로, 그 관계의 진상과 성경의 증언에 따라 그리스도 안에 나타난 하나님의 자기계시에 부합한 것을 한 번 진술해 보려는 시도가 아닌가?

나는 신학을 신앙 공동체가 하나님에 관한 언어를 사용하는 방식에 대한 성찰에 불과하다고 생각하지 않는다. 즉, "하나님에 관한 담론에 대한 비판적 담론"이 아니라는 뜻이다. 단지 하나님에 관한 인간의 담론이 아니라 하나님이 신학의 고유한 대상이다. 만일 이게 사실이라면, 하나님에 대한 기독교 신앙은 아도의 철학적 담론과 비슷하지 않다. 물론 우리가 행습에 관여하면 하나님에 대한 관심이 일깨워지고 그분에 대한 이해가 깊어지기 마련이다. 그러나 우리는 하나님을 위해 행습에 관여하는 것이다. 우리는 일련의 행습에 관여하는 것을 정당화하기 위해 하나님의 이미지를 추론하는 것이 아니다. 하나님은 지고의 선(善)인 만큼 선호하는 생활방식을 위해서가 아니라 하나님 자신을 위해 중요한 분이다. 우리는 믿음을 통해, 주로 하나님의 자기계시에 대한 정경의 증언을 통해 하나님이 누군지를 인식하기 때문에, 하나님에 대한 적절한 믿음은 궁극적으로 어떤 생활방식에 근거할 수 없는 법이다. 오히려 생활방식이 하나님에 대한 적절한 믿음에 기초해 있어야 한다.[33]

만일 기독교 신앙이 기독교적 행습의 궁극적 토대라면, 신학은 스스로를 "하나님"이란 존재의 중요성과 우리의 생활방식을 위해 "하나님이 행한" 일에 국한시킬 수 없고, 하나님에 관한 진리를 둘러싼 논쟁들도 그 관심사로 삼아야 한다. 그리고 **바람직한 생활방식을 위해서라도 그렇게 할 필요가 있다.** 예컨대, 인간이 하나님의 피조물인지, 아니면 하나님이 인간의 피조물 즉, 우리의 최고의 이상을 투사한 존재이거나 우리의 무능함을 교정해주는 상상의 존재인지는 생활방식에 굉장한 중요성을 갖는다. 포이에르바하와 칼 마르크스와 프리드리히 니체는 인간이 하나님의 피조물이 아니라 하나님이 인간의 피조물이라고 믿는 그들의 입장에 비추어, 기독교 전통에서 물려받은 인간 역사와 우주에 관한 설명과는 다른 어떤 설명을 제공할 필요성을 당연히 느꼈던 것이다.

하나님에 관한 진리에 관심을 둔다는 것은 또한 하나님 및 하나님과 세계와의 관계에 관한 믿음들이 어떻게 그 자체로 또 인간이 보유한 다른 믿음과 조화를 이루는지에 관심을 갖는 것을 뜻한다. 그런 믿음들이 서로 꼭 들어맞든지(그 모든 것을 단 하나의 복합적인 믿음으로 환원할 수 있을 정도로), 아니면 느슨하든지(그것들을 한 이야기의 틀 속에, 혹은 사실적으로는 연관되어 있으나 논리적으로는 서로 독립된 이야기의 틀 속에 둘 수 있을 정도로) 간에[34], 어쨌든 서로 조화를 이뤄야 한다. 기독교 신앙의 진리가 정말로 중요하다면, 당신이 성만찬을 이해하는 방식은 그리스도의 죽음에 대한 당신의 설명과 조화를 이뤄야 하고, 이 교리는 당신의 삼위일체 교리와 조화되어야 하며, 이 모두는 당신이 자연과 인간의 곤경에 대해 이해하는 방식과 조화를 이뤄야 한다.

더 나아가, 기독교 신앙은 세계에 대한 다른 신조들(우주의 미래에 관한 주장에서부터 뉴런들이 인간의 뇌 속에서 하는 일에 관한 이론에 이르는)과 공존하고 있는 만큼, 기독교 신앙과 다른 신조들 간의 관계에 대해서도 의문을 제기해야 한다. 신학은 진리의 문제를 추구하되 다른 학문분야들과 동떨어지지 않고 그 분야들과 협력하는 가운데 그것을 추구해야 한다. 한 마디로 말하면, 기독교 신앙은 하나님 및 하나님과 세계와의 관계에 관한 진리를 내포한 잘 짜인 일련의 신조들로서 일상적인 행습들과 관계를 맺고 있는 만큼, 신학자들은 신앙이 일상적인 행습과 어떤 관계에 있는지에 관심을 둘 뿐 아니라 바로 그 일상적인 행습을 위해 관심을 둘 필요가 있는 것이다.

사도 바울, 신학, 행습

사도 바울은 어쩌면 최초의 기독교 신학자였고 초기 기독교 신학자들 중에 가장 큰 영향을 미쳤던 인물임이 확실하다. 결론적으로, 신학과 생활방식의 관계에 대해 내가 앞서 개발한 모델을 바울의 신학 연구 방식과 간략하게 비교하는 것도 유익하리라 믿는다. 오늘날의 신학자들이 중요한 면에서 바울과 다른 것은 사실이다. 부활한 주님이 바울에게 나타났고 그의 저술은 정경의 지위를 갖고 있기 때문이다. 이로 인해 신조는 바울의 신학 연구 작업보다 우리의 작업에 더 중요한 의미를 갖는다. 그렇긴 하지만 바울의 신학 작업과 우리의 작업은 유사점이 많은 편이다.

역사적으로, 오랫동안 신약 학자들은 바울의 저술에서 "직설적인" 부문과 "명령적인" 부문을 구분해 왔는데, 나는 그것이 잘못되었다고 생각한다. 이 구분에 따르면, 직설적인 부문이 먼저 나온다. 이 부문은 기독교 신앙을 설명하는 교리적인 내용을 담고 있고, 이는 토대를 이루는 것이다. 명령적인 부문은 그 다음에 나온다. 이는 기독교적 행습을 실천하도록 훈계하는 윤리적인 내용을 담고 있는데, 그것은 믿음에 기초해 있기 때문에 부차적인 중요성을 갖는다. 믿음은 행습과 관계없이 그 자체로 설명될 수 있고 또 그래야 한다. 하지만 행습은 믿음과의 관계 속에서만 이해될 수 있을 뿐이다. 이런 그림에 따르면, 바울은 이른바 "조직신학"과 윤리학 및 "실천신학" 간의 구분과 비슷한 틀을 갖고 움직였으며, "자립적인" 신조와 "파생된" 행습을 명확히 구분하는 방식을 취한 셈이다.

이 그림이 전부 잘못된 것은 아니다. 로마서 12장 1절에 나오는 중요한 부사인 "그러므로"가 입증하듯이(그러므로 형제들아 내가 하나님의 모든 자비하심으로 너희를 권하노니 너희 몸을 하나님이 기뻐하시는 거룩한 산 제물로 드리라), 바울이 보기에는 하나님 및 하나님이 행하신 일에 대한 믿음이 그리스도인들이 그들 사이에 그리고 외부인과 관계를 맺는 방식을 정당화하는 역할을 한다. 그렇지만 이 문제를 여기서 끝내는 것은 너무 단순화시킨 나머지 그것을 왜곡시키는 결과를 초래한다. 트로엘스 잉버그 페더슨(Troels Engberg-Pedersen)이 『바울과 스토아 사상』(*Paul and the Stoics*)에서 보여 주었듯이, 권면을 담은 부분은 단순히 교리적인 부문에 따라오는 것이 아니다. 오히려 "가장 근본적인 차원에서, 그리고 처음부터 끝까지" 바울의 편지들은 일종의 "권면의 실행"이다. "권면은 두 가지 구성 요소, 곧 교리적인 부분과 윤리적인 부분으로 되어 있는데", 그 내용을 보면 "바울이 수신자들에게 과거에 일어났던 일을 **상기시키고**, 그들에게 그것을 실행에 옮기도록 **호소하는 것**"으로 구성되어 있다.[35]

중요한 점은, 과거에 일어난 일 즉, 바울과 그의 독자들을 위해 하나님이 행하신 일과 앞으로 행하실 일에 대한 묘사가 "우리가 인간학적 측면이라 부를 수 있는 것, 곧 하나님이 진행시킨 '객관적인' 그리스도 사건이 바울과 그의 수신자들에게 의미했던 것으로 편향되어 있다"는 사실이다. 이 "편향"이 필요한 이유는 바울이 하나님이 행하신 일을 "그들(그의 수신자들)에게 그것을 실행에 옮기도록 호소하는 근거"로 사용하고 있기 때문이다. 그런즉 바울은 믿음으로서 실천의 형태를 규정한다. 하지만 그는 믿음을 생활방식의 선택 이후에 그것을 정당화하는 것으로 생각하지 않는다. 잉버그-페더슨이 말하듯이, "그 '객관적인' 틀은 물론 제 자리에 확고하게 서 있다. 그리스도 사건 안에서 무언가를 행하신 분은 하나님이고, 장차 무언가를 행하실 분은 하나님과 그리스도이다."[36]

잉버그-페더슨의 견해대로, 바울은 하나님이 인류를 위해 행하신 일에 대해 현실주의적 관점을 갖고 있었다. 그는 동시에 오늘날 바울을 해석하는 우리는 하나님 및 하나님과 세상과의 관계에 대한 바울의 주장을 "형이상학적 '구성물'"로 환원시키고, 그것을 "그의 윤리 사상에 존재론적 실체를 부여하는 것"으로 본다고 말한다.[37] 현대의 바울 해석가들이 바울의 가르침을 어떻게 자기 것으로 수용하고 있는지에 관한 잉버그-페더슨의 제안은 구조적으로 고대의 영성 훈련을 수용하는 법에 대한 아도의 권고와 비슷하다. 한 마디로, 어떤 것을 정당화시키는 고대의 철학적 담론은 버리고 그 도덕적 비전을 보존하라는 것이다.

이런 식의 접근이 기독교 신학에는 어울리지 않는다. 믿음의 위상에 대한 그런 설명은 기독교적 행습의 본질 자체에 크게 어긋난다. 기독교적 행습은 하나님이 세상의 생명을 위해 행하신 일에 대한 반응으로 행하는 것이고, 기독교의 핵심 신조는 그런 사역을 표현하고 있기 때문이다. 바울처럼 우리도 단연코 신학의 역할을 행습을 섬기는 것으로 봐야 마땅하고, 바로 이런 이유로 하나님에 대한 성찰에 집중하되 우리가 그리스도인다운 생활방식을 영위하고 또 신학자로서 기독교 신앙을 설명하는 일에 참여하는 것은 그 하나님을 위한 것임을 잊지 말아야 한다.

이런 식으로 신학을 생각하면 신학은 과연 "실제" 생활과 흡족한 관계를 맺을 수 있을까? 글쎄, 우리가 신학자로서 지향하는 하나님만큼 그러진 못하겠지만, 신학의 비적실성에 대해 염려하는 사람들을 만족시켜줄 만큼은 충분히 그럴 수 있다고 나는 믿는다.

PART 2
다원주의 세계와 신앙 공동체
COMMUNITIES OF FAITH IN A PLURALISTIC WORLD

CHAPTER 3.
온건한 차별성:
베드로전서에서의 교회와 문화

복음, 문화, 교회

과거 100년 동안 복음과 문화의 관계에 대한 현대 사상에 어느 누구 못지않게 큰 영향을 미친 인물은 독일 신학자인 에른스트 트뢸치(1865-1923)이다. 한 가지 예를 들자면, 영어권 세계에서 이 주제와 관련하여 가장 영향력이 컸던 책 중의 하나는 리처드 니버(H.Richard Niebuhr)의 역사적 연구와 신학적 연구를 담은 고전 『그리스도와 문화』(*Christ and culture*, 한국IVP 역간)인데, 이 저서는 어떤 의미에서 트뢸치의 책 『기독교회의 사회적 가르침』(*The Social Teaching of the Christian Churches*)을 "보충하고 부분적으로 수정한 저서에 불과하다."[1] 그러면 어째서 트뢸치는 그토록 폭넓은 독자를 갖게 되었는가?

트뢸치는 사회학자인 막스 베버(1864-1920)의 발자취를 좇아 "교회"와 "교파"(sect, 배타적 종교공동체-편집자 주)를 구별하는 유명한 업적을 이루었다(그는 세 번째 범주로 "신비주의 집단"을 더했지만, 여기서 나의 관심사는 기독교 공동체이므로 그것은 제쳐놓을 생각이다). 베버가 말했듯이, 양자는 다음과 같은 식으로 구별된다. 당신은 태어나면서 교회의 일원이 되지만 교파는 당신이 가입하는 곳이다. 좋은 어머니처럼 교회는 당신의 행실과 상관없이 당신을 포용하겠지만, 엄한 아버지처럼 교파는 당신이 엄격한 윤리 강령을 따르도록 만들 것이다.[2]

교회와 교파를 나눈 베버의 구별은 종교 집단이 더 넓은 세계와 어떤 관계를 맺는지를 보여주는 모델로서 순전히 사회학적 구별에 불과했다. 그런데 트뢸치는 베버를 뛰어넘어 신학을 사회학에서 분리시킬 수 없다는 통찰력 있는 논평을 했다. 그 모든 아들과 딸을 포용하고 싶은 교회는 변함없이 "은혜"를 선포하겠지만, 소수의 엘리트만 속한 교파는 "율법"을 강조할 것이다. 교회는 "세상"을 긍정하겠지만, 교파는 세상에서 물러나거나 이따금 세상을 공격함으로써 "세상"을 부정할 것이다. 교회는 세상에서 권력을 추구하여 그것을 성취하고 필요한 타협을 맺을 것이다. 이에 비해 교파는 희석되지 않는 순수성을 고집하며 변두리에 머물 것이다. 교회는 성례와 교육을 강조하겠지만, 교파는 회심과 헌신에 가치를 둘 것이다.

트뢸치는 권위 있는 저서인 『기독교회의 사회적 가르침』(The social Teaching of the christian churshes)에서 교회와 교파에 관한 가르침을 역사적으로 분석한 뒤에 "기독교 사상과 도그마의 세계"는 "기본적인 사회학적 조건과, 어느 주어진 시기에 지배적이었던 교제(fellowship)의 관념"에 의존해 있다는 결론을 내렸다.[3] 트뢸치는 사회적 결정

론자가 아니었다. 하지만 그는 기독교의 "관념"이 오랜 세월 기독교 신앙을 살아남게 해 준 세 가지 사회적 형태(교회, 교파, 신비주의 그룹) 모두를 탄생시켰다고 믿었다. 그렇지만 이런 사회적 형태들은 거꾸로 그 중심에 있는 기독교 교리를 만들었다. 예를 들어, 교회의 그리스도는 어느 교파의 그리스도와는 다른 존재다. 전자는 은혜로운 "구속자"인데 비해 후자는 위풍당당한 "군주"이다. 이와 비슷한 교회와 교파 간의 차이점은 다른 교리들과 관련해서도 찾아볼 수 있다. 누구든지 어떤 논점들에 대해서는 트뢸치와 의견을 달리할 수 있지만, 그의 전반적인 논지는 설득력이 있다. 기독교 공동체의 믿음과 행습은 사회적 실체로서의 특성과 불가분의 관계에 있다. 당신이 어느 하나를 바꾸면 조만간 다른 하나도 변하게 될 것이다.

기독교 공동체들의 사회적 형태와 그들의 교리 및 행습의 상호관계에 대한 트뢸치의 논지가 복음과 문화의 주제에 어떤 함의를 갖고 있는지 주목해 보라. "복음"은 단순히 "좋은 소식"이 아니고 일련의 신조에 의해 지탱되는 좋은 소식도 아니다. "복음"은 언제나 기독교 공동체(넓은 의미에서, 다양한 수준의 헌신을 포함하는)로서의 주어진 사회적 환경 내의 어떤 생활방식을 내포하고 있다. 복음과 문화의 관계에 대해 묻는 것은 곧 특정한 문화적 상황에서 기독교 공동체로서 살아가는 법을 묻는 것이다. 복음과 문화에 대한 성찰은 교회와 문화에 대한 성찰이 없으면 불완전할 수밖에 없다. 사실 복음의 사회적 구현체가 주어진 문화와 어떤 관계를 맺고 있는지를 성찰하지 않고는 복음과 문화에 대해 제대로 성찰할 수 있는 길이 없다.

그래서 **교회**와 문화가 내가 다루고 싶은 주제다. 나는 현대 사회에 몸담은 기독교 공동체의 본질과 기독교적 정체성과 차별성의 특성을 탐구하고 싶다. 이를 위해 이 주제와 관련된 성경 한 권(베드로전서)에 대해 "신학적 석의와 사회학적 석의"를 시도할 생각이다. 나는 단순히 베드로전서의 텍스트를 검토할 생각은 없고 수신자인 베드로전서 공동체의 상황을 조사할 생각도 없다. 오히려 그 상황에 대한 저자의 반응에 관심이 있다. 하지만 베드로전서의 저자는 비록 그 공동체에서 떨어져 있지만, 깊은 의미에서, 여전히 그 공동체의 일부라고 나는 가정하고 있다.

그런데 하필이면 왜 베드로전서인가? 니버는 교회 역사에서 발견되는 그리스도와 문화 간의 관계의 다양한 유형이 어떻게 초기 기독교 공동체가 만든 다양한 텍스트 안에 본보기로 나와 있는지를 보여 주려고 노력한다. "문화와 대립하는 그리스도"는 요한일서에, "문화에 속한 그리스도"는 영지주의 저술에, "문화 위에 있는 그리스도"는 마태복음에 있는 몇 가지 주제에(가령, 가이사의 것은 가이사에게 주라는 대목), "문화와 역설적 관계에 있는 그리스도"는 바울의 저술에, 그리고 "문화를 변혁하는 그리스도"는 제4복음서에 가장 잘 표현되어 있다고 한다.

나는 니버의 유형론이 흥미롭긴 하지만 설득력이 없다고 생각하고, 신약성경의 텍스트를 다룬 방식이 상당히 왜곡되어 있다고 말하지 않을 수 없다. 그러나 이 점을 여기서 길게 논하고 싶은 생각은 없다. 이보다 더 큰 관심사는 "그리스도와 문화"의 문제에 대해 더 날카롭고도 포괄적으로 다루고 있는 중요한 텍스트가 니버의 논의에 빠져있다는 점이다. 내가 언급하고 있는 책은 바로 비기독교적 환경에서 영위하는 그리스도인의 삶을 주제로 삼고 있는 편지인 베드로전서이다.[4] 니버가 왜 이 편지를 제외시켰는지는 정확히 모르겠다. 하지만 베드로전서가 그리스도와 문화의 관계에 대한 니버의 산뜻한 다섯 가지 모델뿐만 아니라 교회와 교파를 나눈 트뢸치의 구별까지 산산이 부술 것임은 확신하고 있다.

거류민과 나그네

최근에 라인하드 펠드마이어(Reinhaed Feldrneier)가 주장했듯이, 그리스도인과 문화의 관계를 표현하기 위해 베드로전서가 사용하는 핵심 은유는 바로 "거류민"(*paroikos*와 *parepidēmos*)[5]의 은유이다. 이 은유의 강력한 힘을 파악하려면 교회의 역사를 잠깐만 훑어보면 된다. 2세기에 이르면 "거류민"(aliens)이 그리스도인의 자기이해의 중심요소가 될 정도였다. 그리고 훗날 수도원 운동과 재세례파 운동의 본질적인 요소가 되었을 뿐 아니라, 아우구스티누스와 진젠도르프를 거쳐 우리 시대에는 디트리히 본회퍼(『진정한 사도가 되라』[*The Cost of Discipleship*, 보이스사 역간])나 짐 월리스(「소저너스」[*Sojourners*])나 스탠리 하우어워스(『하나님의 나그네 된 백성』[*Resident aliens*, 복 있는 사람 역간])의 경우에도 마찬가지다.

"거류민"의 은유가 그처럼 강력한 영향을 미친 것은 그것이 히브리 성경에 나오는 핵심 주제들을 요약해 주고, 그리스도인의 정체성과 차별성의 문제에 대한 신약성경 전체의 기본 관점을 표현해 주기 때문이다. 아브라함은 그의 고향과 친척과 아버지의 집을 떠나라는 부름을 받았다(창 12:1). 아브라함의 손자들과 그들의 자식들은 "애굽 땅에서 거류민"이 되었고(레 19:34), 아브라함과 사라의 후손인 이스라엘 민족은 바벨론의 포로로 살았다. 그리고 그들이 자기네 땅에서 안전하게 살 때에도 그들의 하나님인 여호와는 그들에게 주변 민족들과 다른 차별성을 보일 것을 요구했다.

그리스도인이 스스로를 거류민과 나그네로 이해하게 된 뿌리는 아브라함과 사라, 이스라엘 민족의 이야기에 있다기보다 오히려 예수 그리스도의 사명과 배척당한 사건(이는 결국 그를 십자가로 끌고 갔다) 등 그의 운명 안에 있다고 할 수 있다. "(그가) 자기 땅에 오매 자기 백성이 영접하지 아니하였다"(요 1:11). 그가 이 세상에 낯선 자가 된 것은 그가 찾아온 세상이 하나님에게서 소외되어 있었기 때문이다. 그리고 그를 따르는 사람들도 마찬가지다. "한 사람이 신자가 될 때는 먼 나라로부터 하나님의 이웃으로 이사하게 된다…그래서 그리스도인과 세상 사이에 서로 낯선 관계가 형성되는 것이다."[6] 그리스도인은 성령으로 태어난 자들이므로 "세상에서 온 자들"이 아니고, 예수 그리스도처럼 "하나님에게서 온 자들"이다(요 15:19).

여기에서 아브라함과 이스라엘 백성부터 예수 그리스도와 그의 교회에 이르는 궤적을 상세히 분석할 필요는 없다. 단지 베드로전서에 나오는 "거류민"의 은유를 꼼꼼하게 살펴보는 것으로 충분하리라. 하지만 이 은유를 이해하려면 그리스어인 파로이코스(*paroikos*, 거류민)와 파레피데모스(*parepidēmos*, 나그네)를 어원학적으로나 사회학적으로 분석하는 것으로 충분치 않다. 베드로전서에서 이 단어들의 의미는 **그 서신 전체가 그리스도인과 주변 문화의 관계에 대해 가르치는 내용**보다 더하지도 덜하지도 않기 때문이다. "거류민"이란 단어의 뜻을 알려면 우리의 시각을 넓혀서 이 서신 전체가 주어진 문화 속에 몸담은 그리스도인의 존재에 대해 말하는 바를 고찰할 필요가 있다.

비기독교적 환경 속에 사는 그리스도인의 문제에 관한 한, 베드로전서는 신약성경에 나오는 여러 목소리 중 작은 목소리에 불과한 것이 아니다. 이 서신은 비록 신약성경 전체에서 주변부에 자리 잡고 있지만, 신약성경 전체의 "본질적인 사회-윤리적 전통"을 잘 취합하고 있다.[7] 하지만 신중한 독자는 베드로전서 안에서 일종의 "편찬자"를 발견할 뿐 아니라, 트뢸치가 말한 사회적 특징들—종교 공동체들의 다양한 사회적 유형들이 제각기 갖고 있는—을 통합하는 능력이 있는 타고난 창조적 사상가도 찾을 수 있을 것이다.

종말론적 차별성

그리스도인을 거류민과 나그네로 부른다는 것(벧전 1:1, 2:11)은 "사회적 가치관과 이념들, 사회적 기관들과 정치로부터의 거리 등 사회와의 뚜렷한 거리를 유지한다"[8]는 의미를 내포하고 있다. 그런데 여기서 말하는 거리는 무엇을 뜻하는가? 어떤 의미의 거리이고, 무슨 이유로 거리를 유지하는가?

존 엘리엇(John H. Elliott)은 유명한 사회학적, 석의적 연구서에서 "거류민"이란 단어가 그리스도인들이 회심 이전에 경험했던 사회적 주변화(소외현상)를 묘사한다는 명제를 지지했다. 그리고 그들은 교회에서 자기를 보호해주는 '집'(*oikos*)을 발견했고, 거기에서 하나님의 새로운 종말론적 백성이라는 관념적 자기이해를 얻었다.[9] "집 없는" 사람이 교회라는 집에서 온기를 찾은 것이다. 사실 그랬을 가능성이 충분히 있다. 단, 우리가 관념이란 것을 그 속에 담긴 진리 주장과 상관없이 순전히 기능적으로만 이해하지 않는다면 말이다.[10]

그러나 이런 사회학적 관점은 중요한 면에서 일방적인 특징을 갖고 있다. 그것은 기독교적 생활방식-혹은 기독교의 "관념"-으로 극복할 수 있는 소외현상은 잘 포착하지만, **기독교적 생활방식이 창출하는 새로운 소외현상**은 과소평가하고 있다.[11] 베드로전서 공동체의 구성원 중 다수가 사회적으로 소외되어 있었기 때문에 그리스도인이 되었을 것이라는 명제는 현명한 가설처럼 보인다. 그들이 그리스도인이 되었을 때 새로운 방식으로 사회 환경에서 소외되기에 이르렀다는 것이 이 글이 명시적으로 진술하는 내용이다.[12] 회심 이전에는 그들이 그들의 이웃과 상당히 비슷했지만(4:3절 이하), 회심 이후에는 크게 달라졌고, 이런 차별성이 박해의 원인이 되었다는 것이다.[13] 여기서 우리의 주제는 회심의 심리사회학이 아니라 세상에 사는 그리스도인이란 존재의 성격인 만큼, 나는 그리스도인이 되는 바람에 생기는 새로운 거리에 초점을 둘까 한다.

그런데 이런 새로운 거리를 단순히 **종교적인** 것으로 묘사한다면 그것은 잘못이다. 이런 경우 "거류민"과 "나그네"란 용어들이 순전히 은유적으로만 사용되었으므로 "수신자들의 실제적인 사회적 조건을 가리키는 것이 아닐" 것이다.[14] 이런 견해는 종교를 사람의 마음 속 깊은 곳만 건드리는 순전히 사적인 문제로 생각한다. 이는 물론 잘못된 견해다. 종교가 단순히 벌거벗은 영혼과 그의 신 사이에서만 일어난다는 주장은 하나의 편견일 뿐이다. 이런 생각은 최근 현대사회에서 종교가 공적 영역 밖으로 밀려나는 사실에 의해 더욱 심화되었다. 그러나 심지어 개인 생활이나 가정, 친구 관계와 같은 영역에서도 종교는 **계속해서 사회적 세력으로** 작용하고 있다.[15] 종교는 본질적으로 보다 큰 사회적 맥락 내의 사고방식이고 생활방식이다. 그러므로 세상에서부터 종교까지의 거리는 언제나 사회적인 거리인 것이다. 적어도 기독교 신앙의 경우는 그렇다.

그러면 종교적 성격과 사회적 성격을 띈, 기독교와 사회 간의 거리는 어떻게 생기는 것일까? 베드로전서에 따르면, 먼저 **새로 태어나서 산 소망을 품게 됨으로써** 그렇게 된다. "우리 주 예수 그리스도의 아버지 하나님을 찬송하리로다 그의 많으신 긍휼대로 예수 그리스도를 죽은 자 가운데서 부활하게 하심으로 말미암아 우리를 거듭나게 하사 산 소망이 있게 하셨도다"(1:3). 우리를 선택한 자비로운 하나님(1:2)이 일으키는 새로운 탄생은 이중적인 거리를 조성한다. 첫째, 그것은 **새로운** 탄생이다. 이는 우리의 조상에게서 물려받고(1:18) 문화를 통해 전이된 옛 생활방식으로부터 거리를 두게 한다. 이 옛 생활방식은 하나님을 아는 지식의 결여와 잘못된 욕망(1:14)을 그 특징으로 한다. 둘째, 그것은 **산 소망**을 품도록 태어나는 일이다. 이는 모든 인간의 노력이 결국 죽음으로 끝나는 이 세상의 덧없음으로부터 거리를 두게 한다. 보다 추상적인 신학 용어로 말하자면, 산 소망으로 새로 태어나는 것은 사람들을 죄의 무의미함과 죽음의 절망에서 해방시킨다고 할 수 있다.

중생에 의해 거리를 두게 되는 이 과정은 어린 양의 피로 인한 구속(1:19)과 죽은 자 가운데서 일어난 예수 그리스도의 부활(1:3)을 통하여 이뤄 진다. 거듭나서 산 소망을 품게 된 사람들은 예수 그리스도의 초림, 그분의 말씀과 행위, 그리고 그분의 죽음과 부활과 함께 시작된 종말론적 과정에 참여한다. 그러므로 사회환경으로 부터의 그리스도인의 차별성은 종말론적 차별성이다. 그리스도인들이 몸담고 있는 세상의 한복판에서 그들은 하나님의 미래로부터 오는 새로운 집을 선물로 받는다. 새로운 탄생으로 이 집을 향한 여정은 시작된다.

여기서 이 새로운 탄생이 그리스도인의 사회적 정체성에 어떤 의미를 지니는지 주목해 보라. 그리스도인들은 외부에서 그 사회로 들어와서 이민 2세대처럼 새 집에 적응해서 살지도, 식민주의자들이 그러듯이 두고 온 집의 모양으로 집을 만들어 살지도, 거주 외국인이 그러듯이 옛 세계를 상기시키는 낯선 새 세계에서 작은 안식처를 만드는 사람들도 아니다. 그들은 내부인이 되려고 애쓰는 외부인도 아니고, 외부인의 지위를 유지하려고 열심히 노력하는 자들도 아니다. 그리스도인들은 다시 태어나는 바람에 그들의 문화에 등을 돌린 내부인들이다. 그리스도인은 그 정의상 과거의 모습과 같지 않은 존재요, 과거처럼 살지 않는 사람이다. 사회적 견지에서 말하면, 그리스도인의 차별성은 바깥으로부터 옛 것에 새 것을 삽입하는 것이 아니라, **옛 공간 내에서** 새 것이 생기기 시작하는 것을 일컫는다.

그러므로 비기독교적 환경에서 어떻게 살 것인가의 문제는 단지 기존 환경의 사회적 행습을 채택할 것인지 혹은 거부할 것인지의 문제로 환원되지 않는다. 이런 질문은 보통 그 문화 바깥에 있는 유리한 위치에서 문화를 관찰하는 외부인들이 던지는 것이다. 하지만 그리스도인들은 특정한 문화의 거주민으로서 새로운 탄생을 경험한 사람들인 만큼 그런 유리한 입장을 갖고 있지 않다.

그런즉 그들은 중요한 의미에서 내부인들이라 할 수 있다. 그들은 다시 태어남으로써 등을 돌리게 된 그 환경의 일부로서, 그들의 차별성이 사회적으로 그 환경의 내부에 있는 존재로서 이런 질문을 던지게 된다. "우리 자신이 새로운 탄생으로 재구성된 만큼 이제 우리 문화의 어떤 신념과 행습을 버려야 하는가? 어떤 것은 그대로 보유해도 무방한가? 우리가 하나님의 새 창조의 가치관을 더 잘 반영하기 위해 개조할 필요가 있는 것은 무엇인가?"

교회의 차별성

"새로운 탄생"에 관한 이야기는 문화로부터 거리를 두는, 순전히 개인적인 과정이란 인상을 풍길 수도 있다. 즉, 한 영혼이 세상으로부터 도피하여 영원한 하나님에게서 피난처를 찾고, 더럽지 않고 쇠하지 않는 유업으로 이주하여(1:4)[16] 죄와 죽음의 세상에 대해 낯선 자가 되는 것으로 생각할 수 있다는 말이다. 만일 "새로운 탄생"의 뜻이 이런 것이라면, 그리스도인의 차별성은 순전히 사적인 것에 불과할 것이다. 그렇다면 영지주의와 신비주의가 "기독교"라는 유명 브랜드 아래서 번성하게 되리라. 그런데 베드로전서의 텍스트는 이런 의미의 새로운 탄생을 지지하고 있는가?

"썩어질 씨로 된 것이 아니라…살아 있고 항상 있는 하나님의 말씀으로 된" 새로운 탄생(1:23)은 단지 내면에서 일어나는 사적인 사건이 아니다. 이 탄생과 세례 간의 불가분의 관계를 생각해 보라. 어떤 이들은 이 서신 전체를 세례용 전례문으로 추측한다.[17] 그럴지도 모르지만, 여기에 나타난 새로운 탄생과 세상 사이의 관계는 도무지 부정할 수 없고, 이는 중대한 결과를 초래하는 사실이다. 아무도 스스로에게 세례를 줄 수는 없다. 누구나 예외 없이 다른 사람에게 세례를 받고 기독교 공동체에 영입되기 마련이다. 그러므로 세례는 그리스도의 몸에 **편입되는** 의식이자 기독교 공동체에 들어가는 관문이다. 세례가 당신을 세상에서 멀어지게 해주진 않지만, 세상과 거리를 두는 진정한 기독교적 입장은 교회적 차원에서 일어난다는 점을 알려줄 것이다. 이런 삶은 더 넓은 사회 환경 내에서 "거류민"으로 살아가는 한 공동체 안에서 영위되는 것이다.

새로운 탄생은 우리의 진정한 속사람으로 귀의하는 것이거나 우리 영혼이 하늘의 영역으로 이주하는 것이 아니라, 세상 한복판에 세워진 하나님의 집(oikos tou theou) 속으로 옮겨지는 것이다. 그런즉 베드로전서에서, 하나님의 백성을 일컫는 히브리 성경의 **집단적인** 호칭이 교회에 적용되는 것은 놀랄 일이 아니다. "그러나 너희는 택하신 족속이요 왕 같은 제사장이요 거룩한 나라요 그의 수유가 된 백성이라"(2:9). 베드로전서에서 사회적 환경으로부터 거리를 두는 일은 단지 종말론적 성격만 가진 게 아니라 **본질적으로 교회론적인** 성격도 지니고 있다.[18] 이와 관계있는 것은, 넘을 수 없는 간격에 의해 이 세상으로부터 분리된 "우리 자신의 진정한 작은 목소리"나 모종의 "하늘의 집"이 아니라, 하나님의 새 창조를 소망하며 세상에 살고 있는 종말론적인 **하나님의 백성**이다.

따라서 우리는 베드로전서에서 무척 강조하는 그리스도인의 행실(anastrophē, 1:15, 17-18; 2:12; 3:1-2, 16)을 악한 세상으로부터 영혼을 정결하게 하는 법이나 "당신 자신을 사랑하고 당신 자신을 온유하게 대하고…서로를 돌보는"[19] 개인적 도덕적 가르침으로 이해해서는 안 되고, 일반 사회의 존재 방식과 구별되는 **교회의 존재 방식**으로 이해해야 한다. "행실"은 곧 기독교 공동체가 세상에서 살아가는 방식이다. 그리스도인들은 어디에 있든지-홀로 혹은 다른 신자들과 함께-그리스도인의 사회적 차별성이 거기에 명백히 나타나게 되어 있다. 거듭나서 그리스도를 따르는 자들의 공동체는 보다 넓은 사회의 정치적, 인종적, 종교적, 문화적 제도 내에서 대안적인 삶의 방식을 영위하는 것이다.

그렇지만 베드로전서에서 교회가 사회의 모든 영역을 규제하려고 노력하고 사회를 하늘의 예루살렘의 모습으로 개조해야 한다는 의식은 전혀 찾을 수 없다. 이런 사상이 베드로전서 공동체에서 생길 것을 기대하는 것은 물론 시대착오적인 견해라고 주장할 수 있다. 그들은 전근대적인 시대에 많은 차별을 받았던 소수파가 아니었던가? 그러나 그처럼 차별대우를 받았음에도 불구하고, 베드로전서 공동체는 에른스트 트룀치가 말하는 공격적인 교파의 냄새를 전혀 풍기지 않는다.

이 공동체는 자신의 뜻이나 하나님 나라를 세상에 강요하길 원치 않았고, 오히려 하나님에게 신실하게 또 하나님 나라의 가치관에 따라 살면서 다른 사람들에게도 그와 같이 살도록 권하고 있다. 그들은 자기네가 당하고 싶지 않은 일을 남에게 행하고 싶어 하지 않았다. 그 공동체는 은밀한 전체주의적 의제를 갖고 있지 않았던 것이다. 오히려 그 공동체는 현 사회 안에서 대안적인 삶의 방식을 영위하는 등 가능하면 사회를 속으로부터 변혁시키게끔 되어 있었다. 어쨌든 이 공동체는 사회적 압력이나 정치적 압력을 가하려고 하지 않았고 새로운 생활방식을 보여주는 공개적인 증인이 되려고 했다.

차별성과 정체성

2세기의 가장 유명한 기독교 비판가였던 켈수스는 이렇게 썼다. "만일 모든 사람이 그리스도인이 되기를 원한다면, 그리스도인들은 더 이상 그들을 원하지 않을 것이다."[20] 그의 주장인즉, 그리스도인들은 모든 사람이 공유하는 것을 거부하는데 너무나 매력을 느끼기 때문에, 만일 모든 사람이 그리스도인이 되기로 결단한다면 그들 자신은 더 이상 그리스도인이 되고 싶어 하지 않을 것이란 말이다. 그의 견해에 따르면, 그리스도인의 정체성의 일차적인 참조점은 비기독교 세계였다는 것이다. 그리스도인의 정체성은 스스로를 타인들로부터 구별시키는 부정적인 행위를 통해 확립된다. 그리스도인이 사회로부터 멀어지는 것은 자기네를 배척한 지배적인 사회질서에 대한 깊은 원한에 의해 부추겨지는, 차별성을 위한 차별성이다. 우리는 이것을 베드로전서에서 발견할 수 있는가?

베드로전서가 교회와 그 사회적 환경 간의 차별성을 강조하고 있는 것은 틀림없는 사실이다. 이 차별성은 "거류민"이란 은유가 암시하는 것이고, 이 편지 전체에 반복되고 있다.[21] 그런데 이 점은 그리스도인의 정체성과 관련하여 왜 중요한가? 내가 보기에 아주 중요한 질문은, 우리가 이 차별성을 어느 정도로 강조하는지가 아니라 그리스도인의 정체성이 무엇을 토대로 삼고 있는가 하는 것이다. 정체성은 상호연관이 있으나 뚜렷이 구별되는 두 가지 과정을 통해 세워질 수 있다. 하나는 타인의 믿음과 행습을 배척하는 부정적인 과정이고, 다른 하나는 무언가 독특한 것에 충성을 다하는 긍정적인 과정이다. 이와 관련하여 베드로전서가 줄곧 그 차별성을 부정적으로가 아니라 긍정적으로 세우고 있다는 것은 의미심장한 사실이다. 비그리스도인이 행하는 것처럼 행하지 말라고 직접 명령하는 구절은 하나도 없다. 오히려 차별성을 유지하라는 권면은 주로 거룩한 하나님(1:15-16)과 고난받는 그리스도(2:21절 이하)의 긍정적 모범을 중심으로 하고 있다. 이런 접근은 당시에 베드로전서 공동체가 처해있던 사회적 갈등 상황을 감안하면 참 놀라운 것이다. 우리는 세상의 길을 배척하라는 명령이 주어질 것으로 예상하지만 오히려 그리스도의 길을 좇으라는 권면을 발견하게 된다.

이제 나는 베드로전서에 나오는 악의 두 이미지-**마귀**와 **육체의 정욕**-를 살펴봄으로써 이 점을 더욱 강조할까 한다. 베드로전서의 저자는 악한 세상에 대해 전체주의적 담론으로 경고하지 않고, 그 공동체에게 우는 사자 같이 두루 다니며 삼킬 자를 찾고 있는 마귀를 대적하라고 촉구한다(5:8). 두루 다니는 마귀의 이미지에 따르면, 악은 교회의 벽 바깥에서 사방을 둘러싸고 있는 도무지 침투할 수 없는 짙고 짙은 어둠이 아니다. 오히려 악은 우리가 언제나 다루어야 하지만 어디서 어떻게 마주칠지 확실히 알 수 없는, 움직이는 세력이다. 비록 그리스도인들을 "하나님이 어두운 데서 불러내어 그의 기이한 빛에 들어가게" 한 자들로 묘사하는 진술(2:9)이 있긴 하지만, 베드로전서는 "하나님의 공동체"와 "사탄의 세계"를 확연한 반대관계로 설정하지 않는다. 이에 상응하여 저자는 공격적인 비그리스도인 이웃들에게 위협을 가하는데는 별로 관심이 없고,[22] 그리스도인이 하나님 앞에서 갖는 특별한 지위를 기뻐하는데 관심이 있다(2:9-10). 비그리스도인에 대한 정죄가 아니라 그리스도인의 소망이 이 편지에서 중심을 차지하고 있다(1:3; 3:15).[23]

이 편지가 그리스도인들이 행해서는 안 될 부정적인 본보기를 거론할 때는 비그리스도인의 생활방식보다는 영혼을 거슬러 싸우는 "육체의 정욕"을 주목하게 한다(2:11). 이 정욕은, 베드로전서가 명시적으로 지적하듯이, 그리스도인들 자신이 예전에 품었던 그런 정욕이다.[24] 여기서 주어진 권고의 강조점은 "네 이웃과 같이 되지 말라!"는 것이 아니라 **과거의 너희 모습과 같이 되지 말라!**"는 것에 있다.[25] 이런 관점은, 새로운 탄생은 사람들을 먼저 문화적으로 형성된 그들의 옛 자아에서 멀어지게 하고, 이런 식으로 세상과도 거리를 두게 한다는 견해와 잘 어울린다. 이런 논리는 새로운 탄생의 은유가 암시하는 것인 동시에 베드로전서의 다음 구절이 명시적으로 진술하는 것이기도 하다. "너희가 알거니와 너희 조상이 물려 준 (**너희의**) 헛된 행실에서 대속함을 받은 것이니라"(1:18) 이 편지의 지배적인 색채는 세상으로부터의 거리에 대한 집착이 아니라 종말론적 미래에 대한 뜨거운 열정이다.

그리스도인의 정체성이 사회 환경과 다른 차별성을 창출하는 것이지 후자가 전자를 만드는 것이 아니다. 베드로전서 공동체의 신앙은 남을 비난하는 이야기들보다 그 자체의 고유한 비전에 의해 더욱 자라고 있다.[26] 이제 나는 이 점을 다른 각도에서 강조해볼까 한다. 우리의 정체성을 주로 타인의 믿음과 행습을 배척하는 부정적인 과정을 통해 정립할 때는 폭력이 불가피한 듯이 보인다. 특히 갈등이 존재하는 상황에서는 더욱 그렇다. 우리는 타인을 밀어내어 그들과 일정한 거리를 유지해야 하고, 우리 자신을 타인에 물들지 않도록 순수하게 지키려면 그들로부터 스스로를 차단해야 한다. 이처럼 밀어내고 멀리하는 폭력성은 억제된 분노로 표출될 수도 있고, 공격적이고 파괴적인 행위로 폭발할 수도 있다. 베드로전서 공동체는 차별대우를 받았을 뿐 아니라 박해받는 소수파까지 포함하고 있었다. 추측컨대, 격분의 정서와 복수심이 일종의 위협거리로 잠재되어 있었음이 틀림없고, 그들의 적을 향해 공격을 퍼붓든가 적어도 그들이 받을 미래의 심판을 생각하며 즐거워할 준비가 되어 있었을 것이다. 그런데 우리는 베드로전서에서 무엇을 발견하게 되는가? 악을 악으로, 욕을 욕으로 갚지 말고, 도리어 악을 복으로 되갚으라는 권면이 눈에 띈다(3:9)! 대중 심리학이나 유사-혁명적 수사학의 관점에서 보면, 이처럼 분노를 분출하지 않고 복수를 거부하는 태도는 기껏해야 건강하지 못한 모습으로 치부되고, 최악의 경우에는 "비열한 잡놈"[27]에게나 어울리는 모습으로 간주될 것이다. 그러나 그것은 사실 탁월한 평정심을 일컫는 것이고 심오한 혁명이 일어나게 만든다. 축복이 분노와 복수를 대체할 때는 폭력을 당하는 사람은 똑같이 보복하기를 거부하고 폭력을 포옹으로 대처하기로 선택한다. 그런데 만일 어떤 사람의 정체성이 적의 믿음과 행습을 배척하는 일로 정립되어 있다면, 생명을 위협하는 갈등의 한복판에서 어떻게 폭력을 포기할 수 있겠는가? 자신의 정체성이 적에 의해 규정되길 거부하는 사람들만이 그 적을 축복할 수 있는 것이다.

차별성과 문화적응

베드로전서에는 차별성에 대한 강조와 문화적응의 노력 간의 이상한 긴장관계가 있다. 이 긴장은 이 편지의 전반적인 목적을 서로 상반되게 해석하는 결과를 가져왔다. 주된 은유로 등장하는 "거류민"은 분명히 차별성을 강조한다. 존 엘리엇은 이 은유에 집착한 나머지 베드로전서의 주요 목적은 비우호적인 환경에서 그리스도인의 정체성을 보호하려는 것이라고 주장한다. "베드로의 전략은 기독교 공동체의 독특한 정체성을 강화시킴으로써 사회적 분열의 세력을…피하려는 것"이었다고 그는 말한다.[28] 다른 한편, 우리가 이른바 "가정규례(household codes)"를 살펴보고 그것을 헬레니즘 전통에서 나온 비슷한 자료와 비교해 보면, 차별성에 대한 관심이 문화적 동화의 노력에 밀려나는 것처럼 보인다. 데이비드 발치(David L. Balch)는 가정규례는 베드로전서가 문화적응에 관심이 있음을 명백히 보여준다고 주장한다. 그래서 "베드로전서의 저자는 박해를 받고 있는 그리스도인들에게 사회적으로나 정치적으로 그 사회에 용납될 수 있는 방법을 가르쳐 주려고 이 글을 썼다"고 결론을 내린다.[29]

엘리엇의 생각과 발치의 생각은 양자택일-차별성인가, 아니면 문화적 동화인가—의 틀 안에서 움직인다(비록 양자 모두 이 두 가지 요소가 동시에 작동하고 있다는 점을 인식하고 있지만). 이런 입장의 배후에는, 베드로전서의 공동체가 하나의 "교파(sect)"였기 때문에 살아남으려면 동화의 압력을 받을 때 스스로의 권리를 주장하든지, 혹은 박해의 위협을 받을 때 타협하든지 둘 중 하나를 택해야 한다는 확신이 있다. 그런데 왜 굳이 양자택일에 초점을 맞춰야 하는가? 만일 차별성과 적응의 과정이 동시에 일어나고 있었다면, 그 과정들이 어떻게 서로 배합되었는지를 물어보는 것이 더 의미 있는 일이 아닐까? 차별성과 문화적응의 배합에 초점을 맞추려면, 베드로전서 공동체의 편에서 교파와는 달리 사회적 환경으로부터 거리를 유지한다고 가정해야 한다. 즉, 그 공동체는 주변 문화를 배척하거나 긍정해야 하는 양자택일의 압력으로부터 자유롭다고 생각해야 한다.[30] 만일 베드로전서에 나오는 사회적 환경에서의 거리가 일차적으로 세상에 대한 배척이 아니라 새로 태어나 산 소망을 품는 경험에서 나오는 긍정적인 것이라는 내 생각이 옳다면, 우리는 이 편지가 단순한 양자택일을 뛰어넘고 있다고 생각할 수 있다. 따라서 우리는 주변 문화의 특정한 면에 따라 배척하거나 적응하는 등 어느 편을 조금씩 선택하는 것을 고려해야 한다. 바로 이런 접근을 우리가 베드로전서에서 실제로 발견할 수 있다고 생각한다.

이 주장을 뒷받침하기 위해 나는 소위 "가정규례"라는 것, 데이비드 발치가 베드로의 적응 전략을 입증한다고 믿는 그 자료를 살펴보고 싶다. 내 주장은 베드로전서에 나오는 "가정규례"가 사실상 주변 문화에 대한 차별성 있는 수용과 배척을 보여주는 본보기라는 것이다.

만일 우리가 스스로 순종하라(2:13, 18; 3:1), 부당한 고난을 참으라(2:19), 혹은 온유하고 부드럽게 대하라(3:4, 8)등의 반복되는 권고만 생각한다면, 발치가 주장하듯이 베드로전서에서 "그리스 정치"가 실제로 "모세의 구원 이야기", 선지자적 전통, 예수의 가르침 등을 이기고 승리한 것처럼 보일 수 있다.[31] 그러나 우리는 이런 진술들의 사회적 맥락과 신학적 맥락을 잊으면 안 된다. 첫째, 베드로전서에서 보수적인 "헬레니즘의" 가르침이 교회 내에서의 상호관계와 관련된 것이 아니라(에베소서와 골로새서에 나오는 가정규례도 마찬가지다) 그리스도인과 비그리스도인의 관계와 연관된 것이다.[32] 둘째, 그리스도인은 그들이 도발하지 않은 갈등, 그들이 피할 수 없는 갈등, 그들이 억압받는 편에 서는 갈등에 연루되어 있었다. 셋째, 그들의 공동체적 정체성의 절대적 측면은 원수를 사랑하고 폭력을 행사하지 않겠다는 헌신이었다. 이 세 가지 요소를 모두 고려하면 이른바 "보수적인" 권면을 전혀 새로운 시각에서 볼 수 있다. "순종한다는 것"은 하나님의 종에게 있는 자유 안에서 행한다는 뜻이고(2:16), 또 다른 폭력을 불러 일으키는 대신에 선을 행함으로 폭력을 억제하는 것이다. 비록 이 세상에서는 선이 악을 이기고 승리할 것이라고 장담할 수 없기 때문에 우리는 어차피 고난을 당하게 될 것임을 알면서 말이다. 그런 갈등 상황에서 "순종한다"는 것은 십자가에 달린 메시아의 발자취를 따르고, 자동적인 복수—"악을 악으로, 욕을 욕으로 갚는 것"(3:9)-에 참여하길 거부하고,[33] 폭력을 참고 견딤으로써 폭력의 악순환을 깨는 것을 뜻한다. 순종하라는 명령이 처음에는 압제를 종교적으로 정당화하는 것처럼 보일지 몰라도, 사실은 **십자가에 달린 메시아의 정치의 이름으로 폭력의 정치에 대항하여 싸우라는 촉구**이다. 이처럼 부담스런 고난의 길을 단지 헬레니즘 세계의 지배적인 규범에 순응하는 태도로 본다면, 그것은 우리가 자유주의 문화의 편견에 눈이 멀었기 때문이다!

우리가 정치와 경제와 가정의 영역에서 "복종"을 기독교 신앙의 부인이 아니라 급진적 기독교의 표현이 될 수 있다는 점을 기꺼이 수용한다 할지라도, 베드로전서가 권력자의-황제와 그의 총독들의(2:13 이하), 노예주인의(2:18 이하), 그리고 남편의(3:1 이하)-억압적인 지배를 수용하는 것을 아주 자연스럽게 여기는 태도가 여전히 마음에 걸린다. 물론 베드로전서는 권력자에게 신학적 정당성을 부여하지 않는다. 이 편지의 어디를 보아도 그들이 하나님에 의해 그 자리에 앉았다고 또 그들이 하나님의 일을 행하고 있다고(롬 13:1-7) 말하는 곳은 없다. 더군다나, 베드로전서는 기존 질서에 불의한 요소가 있을 가능성에 대해 무척 예민하다.[34] 노예에 대한 "불의는 있을 수 없다"고 믿은 아리스토텔레스와는 반대로,[35] 베드로전서는 그리스도인 노예들이 부당하게 고난 받고 있다고 분명하게 진술한다(2:19).

그럼에도 이 억압적인 사회질서를 의문시하려는 마음은 전혀 감지할 수 없다. 왜 그럴까? 그것은 초기 그리스도인들이 소수파에 불과했기 때문일까? 우리가 도대체 무엇을 바꿀 수 있겠는가? 혹은 예수의 임박한 도래에 대한 기대감 때문일까(4:7)? 하나님의 새 창조가 가까이 왔는데 우리가 굳이 신경 쓸 필요가 있겠는가? 혹은 사회현실에 대한 전근대적인 이해 때문일까? 이 질서는 언제나 존재해 왔던 것이고 앞으로도 마찬가지일 것이다! 어쩌면 이 세 가지 모두가 원인일 수도 있다. 어쨌든 베드로전서는 기존의 사회 현실에 의문을 제기하는 동시에 거기에 적응하고 있는 것이 분명하다. 그러나 우리가 염두에 둬야 할 점은, 십자가에 달린 메시아를 따르라는 소명이 장기적으로는 혁명을 일으키라는 권고보다 불의한 정치적, 경제적, 가정적 구조를 바꾸는 데 훨씬 효과가 있었다는 것이다. 십자가에 달린 메시아에 대한 충성 즉, 십자가에 달린 하나님을 예배하는 일은 패권 정치를 그 중심으로부터 전복시키는 지극히 정치적인 행위이다.[36]

　오늘날과 같은 민주주의 사회에서는 우리가 직접 억압 구조를 붙들고 씨름해야 한다고 추론하는 것도 가능하다. 사회 구조들은 인간이 만든 것이므로 부당하다면 인간이 폐지해야 마땅하다. 만일 우리가 행동할 준비가 되어 있다면 그것은 칭찬받을 만한 일이다. 우리가 모든 것을 개조하려는 욕망을 갖고 있다면 그것은 위험한 생각일지도 모른다. 스티픈 툴민(Stephen Toulmin)은 『코스모폴리스 : 근대의 숨은 이야깃거리들』(*Cosmopolis*, 경남대학교출판부 역간)에서 그가 "백지 상태의 신화"라고 부른 근대성의 한 특징에 주목했다.[37] 마치 한 사람이 "예전에 거기에 있었던 모든 것을 무너뜨리고 처음부터 다시 시작하기만 하면" 합리적이 될 수 있는 것처럼, 한 사람이 처음부터 정치 상황을 개조하기만 하면 혁명가가 될 수 있다.[38] 예를 들면, 프랑스 혁명은 "모든 것에 손에 뻗쳤다…그것은 시간과 공간을 재창조했다…혁명가들은 시간을 그들의 생각에 따라 합리적이고 자연스러운 단위로 쪼갰다. 한 주를 10일로, 한 달을 3주로, 일 년을 12달로 각각 만들었다."[39] 새로운 시대의 선지자들은 근대에 사회변동은 거대담론의 연출이라고 깨끗한 백지 위에 썼던 것이다.

그러나 "백지 상태"의 개념은 위험한 신화인 것으로 증명되었다. 프랑스 혁명 기간과 특히 20세기에 들어와서, 우리는 바탕은 깨끗해질 수 없고 그것을 청소하는 과정에 굉장히 많은 오물-사실은 피의 강물과 산더미 같은 시체들-이 생긴다는 사실을 쓰라린 경험을 통해 배웠다. 이런 역사의 교훈을 생각하면, 베드로전서가 당시의 억압적 구조에 도전하지 못한 점에 문화적응과 더불어 어떤 지혜가 담겨있지 않을까 하는 생각이 든다. 우리가 그 텍스트로부터 배울 바는 물론 우리의 입을 다물고 팔짱을 끼고 있으라는 것은 아니고, 우리의 말과 행동을 보다 온건하게 취하고 그리스도의 명령과 모범에 맞춤으로써 더욱 효과를 발휘하게 하라는 것이다. 우리가 사회변동을 위해 노력할 때, 베드로전서는 우리에게 거대담론을 쓰는 펜을 손에서 놓고 그 대신 하나님과 그분의 미래 안에 있는 산 소망을 설명하라고(3:15; 1:5),[40] 처음부터 사회를 개조하려는 프로젝트를 그만두고 그 대신 우리가 현재 있는 곳에서 할 수 있는 만큼 개인적으로나 조직적으로 선행을 하라고(2:11) 촉구한다. "악을 악으로, 욕을 욕으로" 갚음으로 폭력을 영속화시키지 말고 부당하게 고난을 받고 불의한 자를 축복하라고(3:9), 욕구불만의 분노를 소망의 기쁨으로 대체하라고(4:13) 촉구한다.

온건한 차별성

베드로전서는 사회구조의 변화를 구상하지는 않지만 그리스도인들은 세상에서 수행할 사명이 있다. 그들은 "이방인 중에서 행실을 선하게 가져…(그들이) 너희 선한 일을 보고 심판하시는 날에 하나님께 영광을 돌리도록" 해야 한다(2:12, 참고. 3:1-2). 사실상 그리스도인의 존재 목적은 "너희를 어두운 데서 불러내어 그의 기이한 빛에 들어가게 하신 이의 아름다운 덕을 선포하는" 일이다(2:9). 거듭남으로 산 소망을 품게 되어 사회로부터 거리를 둔다는 것은 사회에서 고립되는 것이 아니다. 온 세계의 창조주이자 구원자인 하나님에 대한 소망은 끝이 없기 때문이다. 이 거리는 고립을 낳는 것이 아니라 선교의 전제가 된다. 만일 양자 간의 거리가 없다면, 교회는 타인이 그들을 위해 기록한 연설을 할 수 있을 뿐이고 타인이 그들을 이끄는 곳으로 갈 수 있을 뿐이다. 영향을 미치려면 차별성이 있어야만 한다.[41]

핵심 질문은 교회가 자신의 차별성과 사명을 어떻게 생각하고 삶으로 실천해야 하는가이다. 이 양자는 교회의 정체성이 지닌 절대적이고 상호 의존적인 측면들이다. 교회의 사명을 다룬 베드로전서의 중심 단락들 중에서 우리는 오늘날 평판이 나빠진 한 단어를 접하게 된다. 그것은 "온유함"이란 단어다(3:4, 16). 잘 알다시피, 어떤 종류의 온유함은 약자의 무기로 이용된다. 그들은 직접적인 충돌을 피하고 외견상 물결에 편승함으로써 하고 싶은 대로 한다. 그래서 베드로전서에 나오는 "온유함"은 무력한 자의 비천한 전략으로 해석될 소지가 있다. 말하자면, 온유한 태도가 당신이 적대적인 세상에서 원하는 바를 이룰 수 있는 유일한 길이기 때문에 온유하라고 명령하는 것으로 해석한다는 뜻이다.

그러나 누구든지 다른 손에 **기만**이란 무기를 쥐고 있을 때에만 그 대적을 온유함의 무기로 공격할 수 있다. 그런데 이 무기는 바로 베드로전서가 그 공동체의 손에서 빼앗고 있는 것이다(2:1-2, 22). 베드로전서는 구실을 만들어 적을 헷갈리게 하려는 기만(2:16) 대신에 투명하고 순결한 마음을 품으라고 촉구한다(1:22). 스스로 기만의 도움을 받지 않으려 하는 온유함은 약자의 전략이 될 수 없다. 그것은 타인을 공격함으로써 자신의 연약함을 뒷받침할 필요가 없는 강자의 공공연한 입장이다. 온유함은 타인에 대한 존경의 뒷면이다. 그러므로 그리스도인들에게 자기 속에 있는 소망을 설명하되 "온유와 두려움으로(경외하는 태도로)" 하라는 3장 16절의 권면에 온유함과 존경심이 함께 언급되는 것은 결코 우연이 아니다.[42]

여기서 베드로전서가 강조하는 선교적인 거리를 온건한 차별성(soft difference)이라 부르는 것이 적절하리라 생각한다. 이는 약한 차별성을 의미하는 것이 아니다. 베드로전서에 나오는 차별성은 결코

약하지 않기 때문이다. 그 차별성은 강하긴 하지만 딱딱하지는 않다. 자신과 자신의 정체성에 대한 두려움은 딱딱함을 낳는다. 이런 딱딱함과 손을 잡는 차별성은 언제나 타인에게 양자택일의 대안을 제시한다. 즉, 순종하든지 배척당하든지, "나와 같이 되든지 나를 떠나든지" 하라는 것이다. 세상에 대한 선교에서 딱딱한 차별성은 공개적인 혹은 감춰진 압력과 조작, 위협과 함께 작동한다. 다른 한편, 온건한 차별성을 택하겠다는 결심은 베드로전서가 독자들에게 반복해서 권유하는 두려움 없는 태도(3:14, 3:6)를 전제로 한다. 스스로 안성된 사람들 좀 더 정확하게는, 자신의 하나님 안에서 안정감을 찾은 사람들이 두려움 없이 온건한 차별성을 안고 살아갈 수 있다. 그들은 타인을 복종시키거나 비난할 필요가 없고, 타인에게 그들 나름의 존재가 되도록 공간을 허용할 수 있다. 온건한 차별성을 안고 사는 사람들의 경우, 선교는 기본적으로 증언과 초대의 형태를 취하게 된다. 그들은 압력이나 조작 없이 타인을 설득하려 하고, 때로는 "한 마디의 말도 없이" 그렇게 한다(3:1).

온유하게 하든 그렇지 않든 간에 식민지 건설은 어디까지나 식민지 건설이다. 그래서 츠베탕 토도로프(Tzvetan Todorov: 불가리아 출신의 구조주의 대가-역주)는 온건한 차별성으로 하는 선교에 대해서도 반발했다. "한 사람이 자신은 진리를 소유하고 있지만 타인들은 그렇지 않다는 확신에 이미 폭력이 내재하고 있지 않은가?"라고 인도인 친구 라스 카사스(Las Casas)의 선교 노력에 대해 논평하면서 수사적으로 물었다.[43] 보편적인 진리를 주장할 것이 아니라 타인의 타자성이 꽃피도록 애써야 한다고 했다. 그러나 마크 테일러가 말하듯이, "타인의 차별성을 높이는 일"조차도 "타인이 곧 타인이 되도록 밀어주는 해방 지향적 실천행위가 길잡이 역할을 해야 한다."[44] 하지만 타인들이 진정한 그들 자신이 되도록 밀어주는 것이 무엇이냐고 물을 때는 참과 오류, 자유와 속박, 어둠과 빛에 대한 판단이 개입되기 마련이다. 당신이 모든 것에 대한 불관용을 제외한 모든 것을 관용하려고 하지 않는 한, "타인이 곧 타인이 되도록 밀어주는 해방 지향적 실천행위"란 개념은 구체적인 타자로부터 진정한 타자를 제거한 뒤에 구체적인 타자는 비난하는 한편 당신의 추상적인 개념을 긍정하게 되기 때문이다. 예를 들어, 당신이 어떤 문화를 긍정할 수 있으려면 그에 앞서 그 문화에서 여성이 할례를 받는다는 사실을 제거해야 한다. 그러나 당신이 이런 식으로 타자를 긍정할 때는 사실상 그들을 긍정한 것이 아니고, 그들의 진정한 정체성에 대한 당신의 구성물, 진리와 가치에 대한 판단을 내포하는 구성물을 긍정한 셈이다. 그래서 우리는 타인들에게는 없는 진리를 선포하는 것으로 되돌아간다. 차이점이 있다면, 우리는 지금 그것을 은밀하게 하는 반면에 베드로전서는 우리가 공개적으로 하길 원한다는 것이다. 진리는 선포될 것이고 가치판단은 내려질 것이다. 문제는 그 방법이다. 공개적으로 혹은 은밀하게, 혹독하게 혹은 온유하게, 권력자의 입장에서 혹은 "약자"의 입장에서 하는 방법상의 차이다.

온유함이 단지 생존 전략에 불과한 것이 아니듯이, 온건한 차별성도 단지 선교의 방법에 불과한 것이 아니다. 오히려 온건한 차별성은 십자가에 달린 메시아의 발자취를 좇는 일의 선교적인 측면이다. 이것은 하나의 선택 사안이 아니라 그리스도인의 정체성의 본질적인 부분이다. 그리스도인이 된다는 것은 타인 앞에서 자신의 정체성에 따라 살되 타인의 신념을 존중하는 태도와 함께 자신의 신념이 진리임을 믿는 믿음에 합류하는 것을 의미한다. 그리스도인의 본질적인 특징이 되어야 할 부드러움-나는 이것을 "본질적인 온유함"이라고 부르고 싶다-은 심지어 타인이 틀렸거나 악하다고(우리의 관점에서) 확신할 때에도 포기해서는 안 된다. 우리의 차별성이 온건한 면을 포기하면 곧 예수 그리스도의 추종자로서의 정체성을 희생시키게 될 것이다.

차별성과 통약성

베드로전서에서 온건한 선교적 차별성에 대해 외부인이 보이는 두 가지 상반된 반응은 충격적이다. 한편으로, 비그리스도인들은 그리스도인이 더 이상 그들과 함께 "똑같은 지나친 방종"에 빠지지 않는다고 이상히 여기며 비방한다. 이런 그리스도인의 차별성은 차별 대우와 박해를 불러일으킨다. 더군다나, 베드로전서는 우리에게 비그리스도인들에게서 이런 부정적인 반응을 받을 것을 예상해야 한다고 일러준다. 그리스도인들은 스스로 견뎌야 할 "시련의 불길"을 보고 놀라서는 안 된다(4:12). 비그리스도인들의 부정적 반응은 오해에 근거한 것이 아니라 주변 문화의 가치관이 그리스도인의 가치관과 양립할 수 없는 듯이 보이기 때문에 생기는 것이다. 다른 한편, 베드로전서의 핵심 단락 중의 하나에 따르면, 바로 이런 그리스도인의 차별성-이는 그들의 선행이며 눈에 띈다-이 비그리스도인으로 하여금 진리를 보게 하고 결국에는 회심에 이르게 할 것이라고 한다(2:12, 15; 3:1, 16). 이런 기대감은 그리스도인의 가치관과 비그리스도인의 가치관이 어느 정도 중첩된다는 것을 전제로 한다. 그렇기 때문에 그리스도인의 선행을 비그리스도인이 높이 평가하고 또 매력적으로 여길 수 있는 것이다.

베드로전서에서는 그리스도인의 가치관과 비그리스도인의 가치관 간의 통약성(通約性, commensurability)과 비통약성이 서로 얽혀 있어서 양자가 동일한 문장에 동시에 나타나 있다. "너희가 이방인 중에서 행실을 선하게 가져 너희를 악행한다고 비방하는 자들로 하여금 너희 선한 일을 보고 오시는 날에 하나님께 영광을 돌리게 하라"(2:12). 만일 비그리스도인들이 비방하는 일을 그리스도인이 일관성 있게 행하면, 그들이 악행으로 비방하는 바로 그 행위가 마침내 그들에게 선행으로 인정받게 될 것이다. 비그리스도인들은 심지어 이런 선행으로 인해 회심하게 되리라. 서로 상반되는 듯이 보이는 두 가지 반응이 나란히 존재하고 있다! 이 양자를 서로 조화시킬 수 있을까?

이 문제를 해결하는 한 가지 방법은 **시각**(seeing)의 기적을 상기하는 것이다. 비그리스도인이 동일한 현상을 목격하지만 더 이상 분노를 일으키지 않는 것은 그것을 다른 관점에서 보게 되기 때문이다. 이는 신앙의 관점을 말한다. 그런데 시각의 기적은 본인이 이미 신앙을 갖게 되었을 때에만 일어날 수 있다.[45] 따라서 신앙을 갖게 되는 일은 선행을 목격한 결과가 아닐 터이고, 오히려 선행을 인식하는 일이 신앙을 갖게 된 결과일 것이다. 더 나아가, 이 해결책은 그리스도인의 가치관과 비그리스도인의 가치관이 서로 통약성이 없다는 것을 전제로 한다. 양자 사이에 다리도 없고 중복되는 부분도 없다. 본인이 할 수 있는 유일한 일은 가시적인 이유 없이, 혹은 어쩌면 불만족 때문에 한 가치관에서 다른 가치관으로 도약하는 것이다. 하지만 베드로전서의 의미심장한 점은 통약성과 비통약성이 동시에 일어나고 있다는 것, 선행 자체가 비방의 원인(4:4)인 동시에 하나님께 영광을 돌리게 하는 원인(2:12)이기도 하다는 것이다.[46] 어떻게 이런 일이 일어날 수 있을까?

그리스도인의 차별성이 강조되고 있음에도 불구하고, 베드로전서에서 "세상"은 획일적인 장소가 아닌 듯이 보인다. 우리는 그리스도인들을 박해하고 또 그들의 가장 거룩한 것을 비방하며 똑같은 짓을 계속하게 될 악한 사람들을 마주친다(4:4, 12). 우리는 그리스도인의 선행 때문에 입을 다물게 될 무지하고 어리석은 자들을 만난다(2:15). 우리는 옳은 일과 그른 일을 알고 그에 따라 그리스도인들과 관계를 맺게 될 사람들도 접한다(2:14). 끝으로, 우리는 눈으로 보고, 고맙게 여기고, 마침내 기독교 신앙을 갖게 될 사람들도 만난다(2:12; 3:1).[47] 그러므로 이 그림을 자세히 쳐다보면 극단적이고 서로 상반된 두 가지 반응보다 더 복잡하다는 것을 알 수 있다. 이는 곧 베드로전서가 사회적 환경의 복합성에 대해 무척 예민하다는 사실을 보여준다.

이제 사회적 세계에 대한 암묵적인 이해를 설명해볼까 한다. 이 세계는 다수의 "세계들"로 구성되어 있다. 이 세계들의 가치들은 빈틈없고 포괄적인 체계들로 짜여있지 않다. 그것들은 서로 접촉은 하지만 연결되지 않은 공들과 같지 않다. 오히려 각 세상은 자기모순이 없는 행습과 사고방식과 그렇지 않은 행습과 사고방식이 뒤섞여 있다. 뿐만 아니라, 이 세계들은 영구적인 사회적 상호교환이 일어나고 있는 곳이며, 이를 통해 가치들이 형성된다. 이 가치들 가운데는 상호교환 관계에 있는 사회적 세계들에게 공통적인 것들도 있고, 단지 양립만 하는 것들도 있으며, 서로 모순되는 것들도 있다. 이 상호교환의 본질적인 측면의 하나는 사회적 권력을 얻기 위한 싸움이다. 이 싸움에서 윤리적 입장들과 다양한 이해관계가 서로 충돌하는데, 이는 여러 파당들 사이에서 일어날 뿐 아니라 동일한 파당 내에서도 일어나며, 심지어는 동일한 인물 속에서도 발생한다. 장 프랑스와 리요타르(Jean-François Lyotard)는 이와 비슷한 극단적인 현상을 다음과 같이 묘사하고 있다.

> 사회적 주체 자체는 이런 언어 게임들이 널리 퍼지면서 분해되는 것 같다. 사회적 유대는 언어적이지만 단 하나의 줄로 엮여 있지는 않다. 그것은 서로 다른 규칙을 따르는 적어도 두 가지(현실에서는 불확정한 수의) 언어 게임들의 교차로 짜인 천과 같다.[48]

우리가 만일 주체의 분해에 대한 거론을 너무 심각하게 받아들이지만 않는다면,[49] 복잡한 사회적 상호작용에 대한 리요타르의 묘사는 정확한 듯이 보인다.

사회적 세계에 대한 이런 그림이 (교회와 같은) 독립된 사회집단들의 가치 체계들 간의 통약성의 문제에 어떤 결과를 가져오는지를 주목해보라. 이런 세계에서는 가치 체계들의 원칙에 따른 통약성이나 비통약성을 거론할 수가 없다. 물론 공동체들의 가치 체계들이 완전히 통약 가능하거나 완전히 통약 불가능한 상황은 상상힐 수 있나. 그러나 이런 이미지는 이론이지 현실이 아니다. 하지만 대체로 공동체들의 가치 체계들은 부분적으로 통약 가능하고 부분적으로 통약 불가능하다. 한 공동체나 한 사람 속에 있는 가치들이 서로 모순되는 한, 그것들은 통약 가능성과 통약 불가능성을 동시에 지닐 수 있다. 그런즉 우리가 베드로전서에서 통약 가능성과 통약 불가능성을 동시에 발견할 때, 너무 빨리 베드로전서가 일관성이 없다고 비난하면 안 되고, 혹시 일관성을 향한 우리의 충동이 우리의 인식과 사회적 현실을 왜곡하지 않는지 물어보아야 한다. 이 편지는 놀랄 만큼 사회 현실의 복잡성에 대한 감수성을 보여주고 있다. 그래서 완전한 흑백논리로 작동하는 사고방식을 무너뜨려 버린다.

통약 가능성과 통약 불가능성의 복잡한 상호작용은 비그리스도인과 복음의 다양한 관계를 설명해줄 뿐만 아니라, 그리스도인이 주어진 문화 전체와 관계를 맺는 합당한 방식이 단 하나만 있는 게 아니라는 점도 시사한다. 한 문화는 서로 조화되기도 하고 서로 모순되기도 하는 여러 상징과 신념과 가치와 조직의 복잡한 패턴인 만큼, 그 문화의 여러 측면을 수용하거나 배척하거나 전복하거나 변혁시키는 방법은 상당히 많은 편이다. 베드로전서가 복음과 문화의 관계에 대해 추상적으로 말하지 않는 것은 자명해 보이지만 결코 진부하지는 않다. 신약성경의 다른 책들과 마찬가지로 이 편지 역시 명시적으로 "문화"를 그리스도인이 침투해야 할 장소로, "사회"를 그리스도인이 책임져야 할 영역으로 다루지 않는다.[50] 그러나 특정한 시기에 소아시아에 사는 특정한 그리스도인들이 그들의 다양한 이웃과 어떤 관계를 맺어야 하는지에 대해 중요한 관점들을 제공한다. 문화와 관계를 맺는 방식을 추상적으로 다루는 것도 필요하고 또 그런 것을 보여주는 모델도 유용하지만, 주어진 문화 내에 존재하는 풍부한 다양성을 놓치면 안 되고, 따라서 복음이 그 문화와 관계를 맺는 여러 방식을 인식하는 일이 필요하다. 말하자면, "문화와 대립하고", "문화를 전환시키고", "문화를 전복하고", 그리고 때로는 "문화에 속하는" 것이 모두 동시에 일어날 수 있다는 것이다.

교회, 교파, 혹은 다른 어떤 것?

지금까지 베드로전서에 나오는 그리스도인의 정체성과 차별성을 석의적으로 또 신학적으로 분석했으므로, 이 결론부에 이르러 교회-교파 유형론을 다시 상기하면서 베드로전서에 묘사된 그 공동체의 성격에 대해 물어보자. 새로 태어나서 산 소망을 갖게 됨으로 하나의 "교파"가 탄생한 것 같다. 그런데 갓 태어난 아기가 첫 숨을 쉬기도 전에 그녀의 차별성과 생소한 모습이 너무도 명백했다. 그녀가 자라는 동안 주변 환경에 잘 어울리지 않았다는 것은 의문의 여지가 없었다.

얼마 지나지 않아 그녀는 목격자들을 그녀의 교파적인 정체성에 대해 헷갈리게 만들기 시작했다. 그녀는 사회 환경을 배척함으로써가 아니라 하나님의 구원의 선물과 그 가치관을 수용함으로써 자기의 정체성을 정립한 것처럼 보였다. 그녀는 "세상에 대한 긍정"vs"세상에 대한 부정" 중 하나를 택하는 양자택일의 틀 안에서 움직이길 거부하고, 차별성과 문화적응을 겸비한 이상한 모습으로 사람들을 놀라게 했다. 그녀는 세상의 구원을 위해 하나님의 위대한 일을 선포하는 것이 자기의 사명임을 확신했지만, 압력이나 조작행위를 사용하기 거부했다. 오히려 두려움이 없이 온건한 차별성에 따라 삶을 영위했다. 그녀를 둘러싼 사람들과 공동체들의 다양한 반응에 놀라지 않은 것은 사회적 세계들은 서로 같은 가치들, 서로 다른 가치들, 상호보완적인 가치들, 상반된 가치들이 뒤섞여 있는 복잡한 곳임을 의식하고 있었기 때문이다. 그래서 예수 그리스도의 부활을 통해 거듭나서 산 소망을 갖게 된 아이가 전혀 교파가 아니라는 사실이 점차 분명해졌다. 외모는 교파처럼 보였으나 교파처럼 행동하지 않았던 그 보기 드문 아이는 바로 기독교 공동체였다. 도덕적 규범을 따르길 거부하는 오늘날의 급변하는 다원주의 사회에서 그리스도인이 어떤 존재가 되어야 하는지를 생각하는 우리에게도 좋은 모델이 되는 교회의 모습이다.

CHAPTER 4.
특이한 정치:
요한복음, 이원론, 그리고 현대의 다원주의

사도 요한의 이원론과 오늘날의 다원주의란 주제가 무척 흥미로운 이유는 모호한 오랜 두 가지 가정(假定)에 편승하고 있기 때문이다. 첫 번째 가정은 요한복음(사실은 요한의 저술 전체)이 확연한 종교적 이원론을 옹호하는 반면에 문화적 다원주의는 현대 세계의 중요한 특징이란 것이다. 사도 요한의 세계와 오늘날의 세계는 서로 껄끄러운 관계다. 요한이 아는 세계는 순전히 부정적인 어둠과 순전히 긍정적인 빛만 있을 뿐 그 사이에는 아무 것도 없다. 전자를 일컬어 "이 세상"과 "아래편"이라 부르고, 후자는 "하늘의 세상"과 "위편"이라 부른다. 이와 대조적으로, 오늘날의 세계는 많은 색채로 구성되어 있고, 그 모두는 개별적으로나 종합적으로 아름다운 것으로 간주되고 있다. 게다가, 다수의 현대인은 위편의 세계를 있을 수 없는 세계로 여긴다. 현대는 페터 슬로텔디즈크(Peter Sloterdijk)가 말하듯이 "오직 이 세계밖에 존재하지 않는다는 것"을 기정사실로 간주하는 것 같다.[1] 두 번째 가정은 다원주의는 좋고 이원론은 나쁘다는 것이다. 후자는 이 세계의 복잡성을 불법적으로 축소시킨 만큼 지적인 의미에서 명백히 잘못된 것으로 간주된다. 이원론은 또한 언제나 악을 창조하기 때문에 도덕적 의미에서도 나쁜 것으로 여겨진다. 즉, 이원론은 합법적인 다원성을 양극화시키려 함으로써 그것을 억누른다는 것이다. 다른 한편, 다원주의는 이 세계의 복잡성을 인정할 뿐 아니라 적극적인 선으로 인정하는 등 그것을 존중하기 때문에 좋은 것이다.

이 두 가지 가정이 합쳐지는 바람에 요한복음은 비도덕적일 뿐 아니라 오늘날의 세계에 해로운 것이란 암묵적인 주장이 제기된다. 요한복음을 비판한 글 가운데, 내가 알기로는, 프리드리히 니체가 바울을 신랄하게 비판한 『적그리스도』[2](Anti-Christ)나 질 들뢰즈가 밧모 섬의 요한의 난폭함을 비난한 『니체와 바울, 로렌스와 밧모 섬의 요한』[3](Kleine Schriften)에 비교할 만한 것이 없는 것 같다. 그런데 요한복음이 과거에나 현재 얼마나 영향력이 컸는지(또 큰지)를 감안하고-지난 몇 십 년 동안 세계를 복음화하기 위해 요한복음이 담긴 소책자가 수백만 권이나 배포되었다는 것을 생각해보라!-또 이 복음이 현대의 문화적 풍조와 얼마나 껄끄러운 관계에 있는지를 고려하면, 냉혹한 비판의 대상으로 지목되지 않았던 것이 오히려 놀라울 뿐이다. 요한의 비평가는 물론 삶에 대한 적대감 때문이나(니체가 바울을 원한의 신학자로 비판한 것처럼) 적에 대한 종교적 폭력 때문에(들뢰즈가 밧모 섬의 요한을 이빨 사이에 단도를 문 신학자로 비판한 것처럼) 그를 비판할 수 있지만, 이보다 더 심각한 문제는 이 세상의 모든 다양성을 몽땅 묶어서 사탄의 지배 아래 있는 어둠과 증오의 영역에 몰아넣고 자신과 그의 공동체는 하나님의 지배 아래 있는 빛과 사랑의 영역에 속한 것으로 해석하는 행태다. 요한의 사상 중심에 있는 이런 엄청난 배타적 행위야말로 바울의 "증오"만큼이나 문제가 되지 않는가? 밧모 섬의 요한은 그래도 공개적으로 폭력을 옹호할 만큼 솔직했지만, 복음전도자 요한은 자기희생적인 사랑의 가면 아래 그의 배타성을 숨기고 있었다.

멀리서 보면, 요한은 현대 독자의 눈에 이런 식으로 비칠 것이다. 그러니까 성인다운 면모가 아니라 짐승 같은 모습으로 다가온다는 말이다. 나는 이 복음서의 수용에 관한 역사를 공부하지는 않았지만, 그의 뚜렷한 이원론이 많은 배타적 행위를 종교적으로 허락해 주는데 이용되었을 가능성이 많다고 생각한다. 그러나 우리가 요한에게 가까이 나아갈수록 이런 해석은 점점 설득력을 잃게 된다. 이 점을 내가 이 글에서 논증할 생각이다. 첫째, 내가 입증하려고 하는 것은 요한복음이 이원론적이지 않다는 점과 우리가 거기서 실제로 발견하는 대립적 이원성은 현대 문화의 특징인 다원성을 경축하는 입장보다 더 유익할 수 있다는—특히 다원성 자체를 꽃피우는 것보다 더 유익할 수 있다는—점이다. 둘째, 나는 요한의 대립적 이원성에 완전한 흑백논리만 있는 것이 아니라 회색의 그늘도 어느 정도 존재한다는 점을 보여줄 것이다. 이런 이원성의 긍정적인 목적 가운데 다원성의 운명에 특별한 관심을 보일 것이다.

먼저 나는 이 글의 목적상 "사도 요한의"(Johannine)라는 용어가 주로 요한복음의 사상을 언급하는 것이란 말을 해야겠다. 나는 요한복음과 예수의 원초적인 사상의 관계를 검토하는 일은 물론이고, 요한 공동체의 기원에 대한 역사적 탐구나 이 복음서가 기록될 당시의 상황에 대한 연구도 제쳐놓고, 이 복음서를 완성된 작품으로 읽을 생각이다. 아울러 어떤 편집자나 중요치 않은 기고가들이 덧붙였을 가능성이 있는 내용으로부터 요한이 본래 기록했을 내용을 따로 구별하지도 않을 것이다. 석의학자나 역사학자가 아니라 신학자인 내가 보기에, 이런 탐구와 구별작업을 통해 재구성하려는 행위에는 너무나 많은 억측과 순환논법이 개입되어 있어서 신학적 가치 내지는 지적인 가치가 별로 없는 것 같다. 나는 이제까지 우리가 보존한 텍스트를 있는 그대로 다룰 터인데, 이는 현대의 어떤 철학자가 플라톤이나 데카르트의 어떤 텍스트를 해석하는 방식과 전혀 다르지 않을 것이다. 이런 접근을 취한다고 해서 우리가 요한의 사상이 주어진 사회적 상황에서 어떤 기능을 하는지는 전혀 주목하지 않은 채 단지 요한을 "관념의 역사의 한 장(章)"으로만 취급해야 한다는 뜻은 아니다. 나는 요한의 관념과 그 관념의 기능 둘 다에 관심이 있다. 즉, 그 완성된 작품에 담긴 사상과 그 사상이 다양한 사회적 맥락에서 수행하는 기능 모두에 관심을 갖고 있다는 말이다.

방법론적으로, 그 텍스트를 완전한 덩어리로 취급하겠다는 결정은 매우 중요하다. 이런 결정은 해석 작업을 조금 덜어주고, 더 유익할 것으로 기대되지만, 다른 한편 어려움을 가중시킬 것이다. 왜 더 어려울 것 같은가? 이 복음서에는 서로 긴장관계에 있는 요소들이 많은데, 이런 긴장들은 다수의 저자들과 그들을 둘러싼 다양한 삶의 정황을 가정하고 또 이런 부분들은 훗날 서로 합쳐져서 지금의 텍스트가 되었다고 설명하면 쉽게 해소될 수 있다. 예컨대, 말씀(the Word)은 "참 빛 곧 세상에 와서 각 사람에게 비추는 빛"(1:9)이라는 보편주의적인 주장과, 자기가 곧 "길이요 진리요 생명이라"는 예수의 특수주의적인 주장 사이에, 혹은 "하나님이 세상을 사랑하셨다"(3:16)는 주장과 자기가 "기도하는 것은 세상을 위함이 아니라"(17:9)는 예수의 진술 사이에 긴장이나 모순이 있는 것으로 생각하는 사람들은 서로 다른 진술들을 서로 다른 저자들의 것으로 돌리면 말끔하게 그 문제를 해결할 수 있다. 그러나 이런 절차가 억측과 순환논법을 안고 있는 문제 이외에도 그것은 다소 지루한 해결책일 수 있다. 즉, 이 해석자는 결국 일련의 단조로운 입장들을 담고 있는, 역사적으로 재구성된 깔끔한 책을 갖게 될 것이다.[4] 반면에, 비록 우리가 이따금 통과할 수 없는 산맥 아래 터널을 파고 계곡을 가로질러 다리를 세워야 할지라도, 기존 텍스트의 풍부한 기복상태를 탐구하는 것이 종교적으로나 지적으로 더 유익하다고 생각한다.

이원론

종교적 이원론이란 무엇인가? 오늘날의 다원주의란 무엇인가? 요한은 이 양자와 어떤 관계에 있는가? 나는 먼저 이원론에 대해 간략하게 말한 뒤, 다원주의 및 요한과 다원주의와의 관계에 대해서는 좀 더 자세하게 논할까 한다.

잘 알려진 바와 같이, "이원론(dualism)"은 편리하게 이용할 만한 치욕스런 용어가 되었다. 흔히 용납될 수 없는 이원성(duality)은 이원론적인 것으로 배척된다. 이처럼 용납 불가능한 이원성을 상징하는, 텅 빈 이원론의 개념은 우리에게 이원론 그 자체보다 그 용어를 사용하는 사람의 입장에 대해 더 많은 것을 말해준다. 그래서 이보다 더 실질적인 개념이 필요하다. 우고 비앙키가 바로 그런 개념을 제공해준다.

> 종교의 역사와 현상학 내의 한 범주로서의 이원론은 세계의 존재 저변에 깔려있는, 두 가지 근본 원리의 존재를 가정하는 교리로 정의할 수 있다. 이에 덧붙여, 이원론적 교리들이나 세계관들이나 신화들은 세계나 사람의 기본적 구성요소들이 그 이원적 원리들을 특징짓는 존재론적 반립과 서로 다른 가치관에 참여하는 것으로 묘사한다.[5]

비앙키의 정의에 대해 두 가지 논평을 할까 한다. 첫째, 데카르트가 '생각하는 것'(*res cogitans*)와 '연장되는 것'(*res extensa*)을 본질적으로 구별한 것처럼, **형이상학적 축소 불가능성**(metaphysical irreducibility)은 그 자체로 어떤 입장을 이원론적으로 만들기에 불충분하다. 이유인즉 단일한 신적 존재가 형이상학적으로 축소 불가능한 실재의 모든 구성요소들의 기원일 수도 있기 때문이다. 둘째, 선과 악, 그리고 양자의 주창자들 간의 순전한 **도덕적 반립관계**는 그 자체로 이원론적이지는 않다. 비앙키는 "선과 악, 생명과 죽음, 빛과 어둠 등을 단순히 대비시키는 일은 사실상 종교 자체와 동연적(同延的, coextensive)이며, 이보다 훨씬 더 구체적인 이원론의 현상과 동일시될 수 없다"[6]라고 주장한다. 이런 이원성이 "세계와 사람을 존재케 할 책임을 진, 서로 상반된 존재론적 원리들"[7]과 연결되어 있을 때에만 이원론을 거론할 수 있다.

우리가 만일 비앙키가 내린 이원론의 정의를 받아들인다면, 요한의 복음서는 분명히 이원론적 문헌이 아니다. 물론 확고한 대립적 이원성이 그 텍스트의 구조를 이루고 있는 것은 사실이다. 위편과 아래편, 하늘의 영역과 세상, 빛과 어둠, 영과 육, 선과 악, 진리와 거짓, 하나님과 마귀, 하나님의 자녀와 마귀의 자녀 등. 그러나 이런 이원성들 중 어느 것도, 홀로 혹은 다함께, 이원론을 함축하고 있지는 않다.

첫째, 요한복음은 하나님이 말씀을 통하여 신적인 것을 제외한 모든 것을 **창조했다**는 주장과 함께 시작한다(1:3). 따라서 창조세계 전체는 "그의 (그 말씀의) 소유"(1:10)라고 묘사하는 것이 합당하다. 창조세계 내의 모든 대립적 이원성들은 물론이고 창조세계와 하나님 간의 이원성도 궁극적으로 하나님의 창조행위 때문에 존재하고 있다. 그렇다면 하나님이 "어둠"(1:5)을 창조하고 그 속에 말씀의 빛이 비치도록 한 것인가(쿰란 공동체가 하나님이 "그 사람에게 두 개의 영, 곧 진리의 영과 거짓의 영을 임명하사 그분이 찾아올 때까지 그 안에서 걷게 하셨다"[1QS 3.17-18]고 믿었던 것처럼)? 에른스트 케제만(Ernst Käsemann)은 그렇게 생각했다. 그는 요한의 이원론은 "형이상학적 이원론"이나 "결정의 이원론"(즉, 인간의 결정이 낳은 이원론)[8]이 아니라 "말씀이 낳은"[9] 이원론이라고 주장했다. 즉, 그 말씀(the Word)이 코스모스와 카오스, 빛과 어둠을 창조한다는 말이다. 그러나 이 입장은 옳을 수가 없다. 빛은 생명과 더불어 말씀 "안"에 있으므로(1:4) 창조에 선행하는 원초적인 실재이고, 창조세계 속의 한 요소가 아니라 창조를 가능하게 해주는 조건이다. 어둠은 피조물이 스스로를 빛으로부터 차단하는 자기모순이므로[10] 결코 말씀이 낳은 것일 수 없다. 빛은 어둠을 창조하는 대신에 그것을 쫓아낸다. 현명하게도, 요한은 어둠의 존재를 설명하지 않는다. 그런데 만일 어둠이 하나님에 의해 창조되지 않았는데도 여전히 존재하고 있다면, 우리가 형이상학적 이원론으로 돌아온 것이 아닌가? 아니다. 모든 것이 하나님에 의해 창조되었기 때문에 어둠은 "아무 것도 아닌 것(no-thing)", 곧 본래의 선한 창조의 부정일 수 있을 뿐이다.

둘째, 하나님은 창조자일 뿐 아니라 창조세계의 구속자이기도 하다. 하나님의 구속 활동의 목적은 대립적 이원성들 즉, 어둠과 빛, 아래편과 위편, 거짓과 진리를 극복하고 오직 조화로운 차별성만 들어설 여지를 남겨놓는 것이다. 말씀은 육신이 됨으로써 스스로를 하나님에게서 소외시킨 바로 그것과 친밀하게 연합했다(1:14). 더군다나, 하나님은 자기를 반대하는 세상을 사랑하셨고(3:16), 성육한 말씀은 "세상 죄를 지고 가는 하나님의 어린 양"이 되었다(1:29). 그 결과는 적어도 대립적 이원성을 비대립적 이원성으로 부분적으로나마 변화시키는 것이다. 즉, 하나님과 세상 사이의 이원성이 하나님과 예수의 제자들 간의 교제로 변모된 것이다. 따라서 창조세계 내의 대립적 이원성들도 극복되기에 이르렀다. 그리하여 남성과 여성 간의 적대감도 양성 평등의 공동체 안에서 극복되었고,[11] 유대인과 사마리아인, 유대인과 그리스인 간의 인종적 분열도 "영과 진리 안에서"(4:23) 하나님께 예배하는 단일한 공동체 안에서 해결되었다. 요한이 들려주는 창조와 구속의 이야기는 이원론적인 사고방식을 꺾어버린다. 루돌프 불트만이 정확하게 말했듯이, 우주론적 이원론은 "요한에 의해 세계가 계속 하나님의 창조물로 이해되고 있다는 사실과 그의 하나님 개념이…심판과 은혜의 역설적 개념을 담고 있다는 사실 안에서" 극복되고 있다.[12]

우리는 하나님이 아닌 모든 것의 기원을 하나님께 돌리는 일이 서문에만 나오고, 이는 이 복음서의 나머지 부분과 불편한 관계에 있다고 반론을 제기할 수 있다. 여기서는 내가 서문과 이 복음서의 나머지 부분 사이에 과연 긴장이 있는지 여부를 둘러싼 논쟁에 뛰어들 순 없지만, 하나님의 구속행위가 하나님의 창조행위에 의존하고 있는 것은 분명한 듯하다. 세상을 구원으로 이끄는, 세상에 대한 하나님의 사랑은-이 두 주제는 서문 바깥에서도 강조되어 있다-세상이 하나님의 창조물로서 그분께 속해 있다는 배경에 비춰 보면 충분히 이해할 수 있다.

또 다른 반론은 다음과 같은 식으로 제기할 수 있을 것이다. 하나님이 세상을 사랑하고 또 어린 양이 세상을 구원한다는 선언에도 불구하고, 세상과 하나님 간의 대립적 이원성은 거기서 파생되는 다른 모든 이원성들과 함께 이야기가 진전될수록 줄어들지 않고 오히려 증가하고 있다는 반론이다. 그러나 대립적 이원성의 증가는 그것을 확증하는 현상으로 읽을 수도 있고, 그것이 극복되는 선결조건으로 읽을 수도 있다. 요한복음은 후자에 해당한다. 특히 어린 양의 죽음을 통해 구속이 일어나려면, 긴장이 증가되는 것을 우리가 예상하지 않을 수 없다. 외견상 악이 선을 제거하는 일은 바로 하나님의 선한 행위에 의해 악이 극복되는 방식이다. 여기서는 이원론과 정반대되는 일이 일어나고 있다. 사랑이신 하나님은 세상의 손에 죽기 위해 육신을 입을 정도로 소외된 세상을 사랑하신다. 이런 식으로 하나님은 세상이 돌이킬 길을 열어 놓을 뿐 아니라 세상을 자신에게 돌아오도록 끌어 주시기도 한다. 하나님은 먼저 사랑하고 이 사랑을 십자가 위에서 보여 주시는데, 이는 인간들이 그 보답으로 하나님과 하나님의 피조물을 사랑하게 하려는 것이다(참고. 요일 3:8-10).

요한은 궁극적 의미의 이원론을 주창하지는 않지만, 신약성경의 저자들 중에 가장 강한 대립적 이원성의 일부를 내놓고 있다. 이처럼 요한복음을 이원론적으로 읽는 것을 거부할 경우, 요한과 다원주의의 관계란 문제는 완전히 사라지는 게 아니라 달라지게 된다. 그런데 우리가 이 문제를 어떻게 이해하고 다루느냐 하는 것은 우리의 다원주의 개념에 달려 있다.

정치 프로젝트로서의 다원주의

우리는 오늘날 "다원주의"라는 말을 서로 관계는 있으나 논리적으로 독립된 세 가지 방식으로 사용한다. 첫째는 사회적 현실로서의 다원주의다. 둘째는 철학적 입장으로서의 다원주의다. 셋째는 정치 프로젝트로서의 다원주의다. 요한은 이원론적이 아니라 대립적 이원성과 함께 움직인다는 내 주장을 감안하면, 내가 다루고 있는 질문을 바꾸어 말할 필요가 있다. 그것은 "요한의 대립적 이원성과 이 세 가지 형태의 다원주의는 어떤 관계에 있는가?"하는 것이다. 이제 마지막 형태와 함께 시작해 보자.

정치 프로젝트로서의 다원주의는 문화적으로 또 종교적으로 다원주의적인 사회에 가장 어울리는 정치 제도들을 수립하려고 한다. 니콜라스 월터스토퍼(Nicholas Wolterstorff)는 기독교적 정치관을 가진 철학자로서 그런 정치 제도의 한 유형을 제안한 바 있다. 바로 다원주의적 자유 민주주의이다. 이 제도가 다른 자유 민주주의 개념들, 특히 존 롤즈(John Rawls)의 개념[13]과 다른 점은 다음 두 가지다. 첫째, 공적 이성의 관념에 뿌리를 둔 공통된 정치적 기반의 개념을 필요 없게 한다. 그 대신 우리는 "다수의 공동체들의 정치와 함께" 사는 법을 배워야 한다고 월터스토퍼는 주장한다.[14] 둘째, 국가는 "사회에 존재하는 종교를 비롯한 여러 포괄적 관점들과 관련하여 중립적인 입장"을 견지해야 하고, 국가의 중립성은 "국가가 그 모든 포괄적 관점들에서 **분리되는** 것이 아니라 그것들과 관련하여 **공평한** 입장을 취하는 것"으로 이해해야 마땅하다.[15] 이런 자유 민주주의 개념은 단 하나의 공적 이성을 추정하지 않고 또 특정한 공동체의 이익을 전혀 증진하지 않는 국가도 추정하지 않는 만큼, 진정한 다원주의적 정치 제도를 추구하는 한 가지 좋은 방식이다. 이 점에서 나도 월터스토프의 견해에 동의한다.

요한의 대립적 이원성은 사실상 정치 프로젝트로서의 다원주의와 전혀 관계가 없다. 첫째, 정치 프로젝트로서의 다원주의 개념은 강한 대립적 이원성들-거룩한 교회와 죄 많은 세상, 선과 악, 하나님과 마귀-과 함께 움직이는 공동체들을 전혀 배제하지 않는다. 심지어는 철저한 이원론적 세계관을 가진 공동체들조차 배제하지 않는다. 이와 반대로, 이런 형태의 다원주의는 그런 대립적 이원성과 함께 움직이는 여러 공동체들과 그렇지 않은 (소수파) 공동체들을 모두 **대등한 것으로** 수용하게끔 되어 있다. (레이몬드 브라운[Raymond Brown][16]의 표현을 사용하자면) 나름의 삶과 취향을 지닌 그 사랑하는 제자(요한)의 공동체는 큰 정체(政體)에 속한 많은 공동체 중의 하나로서 그 존재가 허용될 뿐 아니라 심지어는 나름의 포괄적인 인생관을 추구하도록 **격려 받을** 필요가 있을 것이다. 둘째, 요한 공동체와 같은 공동체의 인생관에는 정치 프로젝트로서의 다원주의에 반론을 제기하는 면이 전혀 없다. 그 인생관에 팽배한 대립적 이원성들은 정치 제도의 차원과 다른 차원에 속하는 것들이다. 물론 신자 공동체와 불신자 세계 간의 비교적 뚜렷한 경계선과 지상의 영역보다 하늘의 영역을 중시하는 그 지향성이 그 구성원들에게 다원주의적 정치 제도를 열심히 선전하는 일을 만류하는 경향이 있는 건 사실이다. 그러나 이 공동체는 그런 제도를 거부하지는 않는 만큼 다른 어떤 정치 제도 즉, 비(非)다원주의적인 자유 민주주의든, 권위주의적 사회주의든, 로마 제국주의든 거부하지 않을 것이다. 그리고 만일 이런 공동체가 스스로를 반(反)문화적 공동체로 보았다면(요한 공동체가 그랬듯이), 고대 그리스 로마의 상황과는 다른 상황에서 그 공동체를 전혀 다른 공동체들-종교적 관점에서 양립 불가능하다 할지라도-과 대등한 자격을 갖도록 허용해 주는 정치제도를 선호하는 것이, 상당한 이해관계가 걸려있는 문제임을 충분히 알 수 있다.[7] 당시에 다원주의적 정치 제도가 존재했다면, 그것은 그 공동체가 반문화적 공동체로 번성하도록 허용해 주었을 것이기 때문이다. 그런 공동체는 정치 프로젝트로서의 다원주의와 함께 행복하게 살 수 있었을 터이고, 심지어는 다른 대안들보다 그 제도를 선호할 만한 내적인 이유를 갖고 있었을 것이다.

철학적 입장으로서의 다원주의

요한복음과 철학적 입장으로서의 다원주의는 어떤 관계인가? 니콜라스 레셔(Nicholas Rescher)는 『다원주의: 여론의 요구에 반하여』란 책에서 철학적 입장으로서의 다원주의는 네 가지 기본 형태를 지닌다고 주장했다. (1) **회의주의**: 어느 한 입장이 정당화될 수 없고 모든 대안들은 서로를 상쇄시킬 뿐이다. (2) **혼합주의**: 모든 대안은 정당한 것으로 수용되며 어떤 식으로든 합쳐지고 나란히 놓여야 한다. (3) **무관심한 상대주의**: 단 한 가지 대안만 수용되어야 하되 이 수용은 합리적으로 타당한 근거에 기초할 수 없고, 어떤 합리적 근거도 없는 고려, 즉 취향의 문제나 "개인적인 성향"이나 사회 전통이나 이런 종류의 고려에서 나오는 것이다. (4) **상황주의**(contexualism): 단 한 가지 대안만 수용되어야 하고, 이 수용은 그 근거가 비록 집단에 따라, 시대에 따라, 학파에 따라 관점상의 차이가 있을지라도 합리적 타당성에 토대를 두고 있다.[18]

이런 대안들 가운데 요한복음의 관점에서 수용할 만한 것은 물론 하나도 없다. 그 말씀은 "참 빛 곧 각 사람에게 비추는 빛"(1:9)이고, 다름 아닌 아버지의 독생자인 '육신이 된 말씀'은 "은혜와 진리가 충만하고"(1:14), 예수는 곧 "진리"(14:7)이고, 그는 빌라도 앞에서 "내가 이를 위하여 태어났으며 이를 위하여 세상에 왔나니 곧 진리에 대하여 증언하려 함이로라"(18:37)고 선언한다. 예수의 제자들 역시 진리를 알고 있다고 확신할 수 있다. "진리의 영"이 그들을 "모든 진리 가운데로" 인도할 것이기 때문이다(14:17; 15:26; 16:13). 요한복음에서 진리에 관한 담론을 경멸하고 권력관계에 관심이 있는 자는 예수나 그의 제자들이 아니라, 무죄한 예수를 십자가에 달도록 정죄하는 한 로마 통치자이다(18:38).

요한은 인간의 지식이 상황적 특성을 갖고 있다는 점을 모르고 있지 않다. 즉, 우리가 우리 세계의 특징인 다원성을 초월하여 하늘의 갈고리에 매달려 있지 않다는 사실을 인식하고 있다는 뜻이다. 요한에 따르면, 진리는 그저 지나가는 사람이나 도구를 가진 사람만이 딸 수 있는 잘 익은 열매가 아니다. 오직 "진리를 행하는" 사람만이 빛으로 나아오고 진리를 알게 될 것이다(3:21). 예수의 말이 진리임을 알려면 반드시 "진리에 속해야" 하는 것이다(18:37). 진리를 아는 지식은 부분적으로 그 인식자의 도덕적 성품에 달려 있고, 이는 부분적으로 그의 신앙심과 그가 속한 공동체에 달려 있다는 의미에서 상황적 특성을 갖고 있는 셈이다.[19] 한 사람이 진리에 대해 갖는 **친화성**이 진리를 아는 조건인 것이다.[20] 그렇지만 진리는 여럿이 아니라 하나일 뿐이고, 상대적이 아니라 절대적이며, 내재적이 아니라 초월적이다. 요한의 설명에 따르면, 진리는 개인적인 취향에 달려 있지 않고, 집단에 따라 달라지는 게 아니다. 그리고 진리에 대한 인간의 지식은 그렇다고 할 수 있다. 심지어는 제자들 앞에 "진리"인 예수가 있는 데도 불구하고(14:6) 그들은 여전히 모든 진리 가운데로 인도될 필요가 있다(16:13)!

하지만 요한복음과 철학적 입장으로서의 다원주의가 양립할 수 없는 것이 다원주의보다 요한의 탓인지 여부는 분명치 않다. 철학적 입장으로서의 다원주의의 모든 형태는 심각한 비판을 받을 소지가 있다. 레셔는 앞의 세 가지 형태에 대해 타당하게 논박했다. 회의주의적 다원주의는 여러 대안들은 서로를 상쇄하기 때문에 그 가운데 어느 것도 포용해서는 안 된다고 주장한다. 그런데 왜 그것들은 서로를 상쇄하는가? 이 입장은 "서로 다른 개인이나 집단이 서로 다른 대안을 선택하는 경우, 그들은 동일한 정당성을 갖고 그렇게 한다"고 추정한다.[21] 그러나 이런 추정이 실제로 옳다는 것을 보여 주는 증거는 없다. **혼합주의적** 다원주의는 모든 대안들이 똑같이 옳다고 주장하는데, 이는 자멸적 입장이다. "그것은 혼합주의적 다원주의 자체에 대한 대안들(회의주의, 절대주의 등)을 똑같이 타당한 것으로 보는 입장을 피할 수 없다. 그것을 포용하는 일은 그 자체를 공허하게 만들 뿐이기" 때문이다.[22] **상대주의적** 다원주의는 모든 입장을 취향과 선호의 결과로 만들어버린다. 그러므로 이는 상대주의 자체를 포함하여 그 어떤 합리적이고 타당한 주장도 펼 수 없는 입장이고,[23] 모든 논쟁을 권력 관계로 변형시켜 버린다.

상황적 다원주의는 레셔가 선택한 유형이지만 그가 비판하는 다른 대안들보다 나은 점이 없다. 레셔는 상황적인 면과 다원주의적인 면을 모두 갖고 싶어 한다. 그런데 상황적이 되려면, 여러 입장에 대한 타당한 정당화 작업은 반드시 그 상황에 달려 있고, 다원주의적이 되려면, 대안적인 철학적 입장들은 "외부의 관점에서 볼 때 동등한 지위"를 누릴 수 있어야 한다.[24] 여러 입장의 동등한 지위를 보여줄 외부적 관점은 어느 특정한 입장 바깥에 있는 전반적인 관점이라야 한다. 그러나 문제는 그가 상황주의를 주장하는 한, 그런 외부적 관점을 갖는 게 불가능하다는 점이다. 따라서 그는 상황주의나 다원주의 중 어느 하나를 포기하지 않으면 안 된다.

요컨대, 철학적 입장으로서의 다원주의는 개연성이 없다. 진리와 가치의 문제 즉, 진리와 거짓, 선과 악에서 대립적 이원성을 긍정하는 입장만이 실행 가능한 유일한 길인 듯이 보인다. 나처럼 하나님에 대한 고전적인 담론을 옹호하는 신학자들의 경우에는 더욱 그러하다. 뿐만 아니라, 진리와 거짓, 선과 악 사이의 대립적 이원성을 긍정하는 입장은 사회적 다원주의를 보존하고 그것을 꽃피게 하는 최상의 길이라고 여겨진다. 이것이 내가 다음 단락에서 논증하려고 하는 점이다. 진리와 가치의 문제와 관련하여 내가 철학적 입장으로서의 다원주의에 반론을 제기하고 대립적 이원성을 변호한다고 해서, 진리와 선에 대한 요한의 믿음이 옳다고 주장하는 것은 물론 아니다. 이 모든 논증은 요한이 진리와 가치의 문제에서 대립적 이원성과 함께 움직이는 것이 옳다는 점을 보여줄 뿐이다. 말하자면, 흔히들 주장하는 그의 이원론적 사고방식은 문제가 아니라 자산이라는 뜻이다.

사회현상으로서의 다원주의

내가 사용하는 "사회현상으로서의 다원주의"란 어구는 오늘날의 세계에 존재하는 현실로서의 문화적 다양성을 뜻한다. 우리 세계는 이 세 번째 의미에서 문화적으로 다원주의적이라고 말하는 것이 각 문화를 어떻게 평가해야 하는가(규범적 입장으로서의 다원주의)와 문화들이 어떤 상호관계를 맺어야 하는가(정치 프로젝트로서의 다원주의)를 규정하려는 것이 아니라 다양한 문화의 존재가 바로 사회적 현실임을 주목하는 것이다.

사람들은 세상이 이런 의미에서 갈수록 더 다원주의적이 되었다는 식으로 주장하곤 한다. 만일 "세상"이란 단어가 사람이 거주하는 온 땅을 의미한다면, 이 주장은 결코 사실이 아니다. 이와 반대로, 최근 몇 세기 동안은 먼저 국민 국가들에 의한 통일된 사회적 공간의 창조를 통해, 그 후 식민주의에서 현재의 탈식민주의 시대에 이르는 세계화에 의해, 우리는 문화적 다양성이 상당히 **축소되는** 현상을 목격해 왔다.[26] 만일 "세상"이란 단어가 "서양의 국가들"을 의미한다면, 지난 몇 십 년 동안 문화적 다양성의 일부 형태가 증가한 것은 사실이다. 예전의 소위 "기독교 국가들"이 문화적으로나 종교적으로 다원주의적인 국가들이 되었다. 현재 우리는 풍습과 가치관과 전반적인 인생관이 우리와는 확연하게 다른 사람들, 자신의 목소리를 높일 만큼의 사회적 권력을 갖고 자신의 집단적 결정으로 공적인 영향력을 행사할 만한 그런 사람들과 함께, 혹은 그들 가까이 살고 있다.

문화적 다양성이란 서로 "타자"의 입장에 있는 사람들이 관계를 맺는 아주 다양한 방식을 모두 포괄하는 일반적인 용어다. "타자"는 단순한 의미에서 우리와 다를 수 있다. 이를테면, 크로아티아어나 이탈리아어 대신에 헝가리어나 슬로베니아어를 쓰는 사람들이 이런 경우다. 혹은 그들은 우리의 타자성을 이루는 특징을 반대할 수도 있다. 예컨대, 무슬림은 우리의 알코올 사용을 용인하지 않고, 특정한 아프리카 부족에서 시행되는 여성 할례 풍습도 그런 특징에 해당한다. 혹은 타자는, 우리가 그들에게 죄를 범한 것처럼, 우리에게 죄를 범한 사람들일 수도 있다. 예를 들면, 수십 만 명의 투치족을 살해한 후투족과 아일랜드에서 서로를 죽인 가톨릭교도와 프로테스탄트가 이에 해당한다. 어떤 경우에는 타자라는 말이 이 세 가지를 모두 포함하기도 한다.

    요한복음에 나오는 대립적 다원성은 사회현상으로서의 다원주의와 어떤 관계에 있는가? 만일 "만물이 그(그 말씀)로 말미암아 지은 바 되었으니 작은 것 하나도 그가 없이는 된 것이 없다"(1:3)는 게 사실이라면, 사회현실로서의 다원성은 형이상학적 현실로서의 다원성과 더불어 긍정해야 마땅할뿐더러 그 기원을 하나님의 창조행위에서 찾을 수 있다. 개별적인 피조물이든, 남성이나 여성이든, 언어든, 어떤 형태의 다원성이 없이는 하나님 바깥에 어떤 사물도 있을 수 없을 것이다. 요한의 경우, 사물의 다양성은 하나님에게 근거를 두고 있는 만큼 암묵적으로 선한 것으로 인정되고 있다. 요한에 따르면, 하나님과 피조세계 간의 비대립적 이원성은 다원성을 부인하기는커녕, 사실상 남성과 여성 간의 비대립적 이원성과 같은 피조세계 내의 다양한 이원성을 포함한 모든 자연적, 사회적 다원성이 존재할 수 있는 전제 조건이다.[26]

    그런데 대립적 이원성-진리와 거짓, 신자 공동체와 세상 등-에 이르면 문제가 더 복잡해진다. 원칙적으로는 대립적 이원성이 다원성을 배제하지 않는다. 진리는 비록 하나지만 여러 형태로 올 수 있고, 거짓은 잘 알다시피 다수의 형태를 지닌다. 우리가 살펴보겠지만, 신자 공동체는 요한복음에서 내부적으로 분화되어 있다. 불신자들이 세속적이 되는 방법은 여럿 있으며, 신자 공동체는 다양한 모습과 피부색을 갖고 여러 언어를 사용하는 이들로 구성되어 있다. 따라서 악하고 거짓된 세상에 대한 언급은 분명히 다원성을 인정하고 있다. 그럼에도, 대립적 다원성을 얘기하는 취지는 악과 거짓을 제거하고 모든 형태의 세속성의 규범적 합법성을 부정하기 위함이다. 만일 요한의 뜻대로 된다면, 문화적 형태들은 그대로 남겠지만 모든 사람은 스스로 유일한 진리, 유일한 선, 그리고 유일한 하나님의 편에 설 것이다. 문화적 차이 때문에 생기는 폭넓은 물결은, 유일한 하나님이 자기를 계시하는 예수 그리스도 안에서 규정한 진리와 선으로 채색된 곳을 향해 방향을 맞출 것이다. 그러면 비대립적 이원성(다원성을 확증하고 긍정하는 것)과 대립적 이원성(다원성을 부정하고 극복하려고 하는 것) 사이에 긴장이 있는 것일까? 적어도 하나님과 선과 진리의 편에 서지 않는 형태의 대립적 이원성에 대해서는 그렇지 않을까? 아니면 요한의 대립적 이원성이 본래 하나님의 창조세계를 특징짓는 다원성을 섬기는 역할을 하는 것일까?

"유대인"과의 충돌

요한복음에 나오는 예수와 "유대인"의 악명 높은 대결을 예로 들어 보자. 이 복음서에서 가장 극단적인 대립적 이원성들이 이보다 덜한 대립적 이원성들과 함께 이 충돌에 동원되고 있다. 예수는 위로부터, 곧 하나님에게서 오는 반면, "유대인"은 아래로부터 온 이 세상 왕의 자식들이다. "너희는 너희 아비 마귀에게서 났으니 너희 아비의 욕심대로 너희도 행하고자 하느니라"고 요한복음의 예수가 말한다. "그는 처음부터 살인한 자요 진리가 그 속에 없으므로 진리에 서지 못하고 거짓을 말할 때마다 제 것으로 말하나니 이는 그가 거짓말쟁이요 거짓의 아비가 되었음이라"(8:44-45). 이런 언어는 문자적으로 유대인 전체를 악마화하는, 극단적으로 불쾌한 표현으로 보인다. 여기에서 대립적 이원론은 기존의 사회적 다원성을 이루는 합법적인 한 멤버, 곧 히브리 성경이 하나님의 택한 백성이라 부르는 그 멤버를 아주 파격적으로 배제시키는 역할을 하는 것일까? 나는 그렇게 생각하지 않는다. 적어도 우리가 이 복음서 텍스트를 해석하는 차원에 머물 경우에는 그렇지 않다는 말이다.

첫째, 예수의 유대인에 대한 부정적인 묘사는 그들이 그를 귀신 들린 자로 묘사한 대목 뒤에(7:20; 8:48, 52; 10:20), 그리고 더 중요한 점은, 그들이 그를 죽이려는 시도(5:18; 7:1, 19, 25, 30; 8:37, 40; 11:53) 뒤에 **따라온다.**[27] 예수가 안식일에 병 고치는 일이 있기 전만 해도 유대인에 대한 부정적인 호칭은 없었고 단지 중립적이거나 긍정적인 호칭만 있었다. "유대인"에 대한 모든 부정적인 진술은 예수를 죽이려는 그들의 시도를 배경으로 삼고 있다.[28]

둘째, 요한복음에서 "유대인"이 부정적 의미로 사용되는 경우를 보면 분명히 유대 민족 전체를 일컫는 말이 아니다. 압도적 다수의 경우에 이 단어는 유대 당국을 지칭한다.[29] 레이몬드 브라운이 말하듯이, "요한은 '유대인'과 대제사장과 바리새인을 번갈아 언급할 수 있고(18:3절과 12절, 8:13절과 22절을 비교해 보라)…요한은 공관복음서들이 산헤드린을 거론하는 대목에 '유대인'을 거론한다(요 18:28-31과 막 15:1을 비교해 보라)."[30] 이 모든 경우에 "유대인"이란 용어는 예수와 충돌하고 있는 **구체적인 사람들**을 일컫는다. 요한복음에서 극단적인 충돌이 보이지 않는 대목에 유대인에 대해 부정적으로 언급하는 경우는 하나도 없다. 다른 한편, "유대인"이 중립적 의미로 사용되는 경우, 예컨대 요셉과 니고데모가 예수를 유대인의 장례법대로 장사지내는 대목(19:40)이나, 확실히 긍정적 의미로 사용되는 경우, 이를테면 구원이 유대인에게서 난다고 말하며 예수가 스스로를 유대인과 동일시하는 대목(4:22)은 상당히 많은 편이다.

이 복음서에 의하면, 왜 예수는 "유대인"의 미움을 받게 되었는가? 먼저 그들의 종교 의식이 그 어떤 일도 해서는 안 된다고 말하는 안식일에 예수가 한 사람을 고쳐 주었기 때문이고, 무엇보다도 자신을 터무니없이 높이 평가하여 하나님과 동등하다고 주장하는 등 그들의 종교 의식에 따르면 신성모독의 죄를 범했기 때문이다(5:18; 10:33). 예수가 체포된 뒤에 유대 당국 앞에서 재판을 받을 때는 그 초점이 소문에 따른 그의 악행이나 "범죄"가 아니라 그의 "가르침"에 맞춰졌다(18:19). 그러면 예수는 자기를 죽이려는 여러 번의 시도에 어떻게 반응했는가? 그는 폭력을 사용하지 않았을 뿐 아니라 이따금 위험한 지역에서 물러나곤 했다. 가장 의미심장한 사실은, 이 복음서가 유대 당국의 손에 희생된 예수의 죽음을, 그 자신이 **자기에게 부당한 짓을 행한 자들을 위해** 자기 생명을 바친 것으로 해석한다—그리고 이런 해석을 예수가 친히 말한 것으로 기록하고 있다(10:17)—는 것이다! 그들 역시 하나님이 사랑한 이 세상에 포함되어 있었고(3:16), 예수는 세상의 구원자였으며(4:42), 그들의 죄를 예수가 지고 갔기 때문이다(1:29). 예수가 유대 당국과 충돌할 때 보인 유일한 반발은 그들과 그들의 행실에 대해 평가적 판단을 내리는 일이었다. 즉, 그들을 마귀의 자식으로 부른 것이었다.

　이는 너무도 가혹한 판단이었던가? 우리라면 유대인들처럼, 엉뚱한 날에 사람들을 돕고, 자신에 대해 지나치게 높이 평가하는 것 말고는 다른 사유가 없이 남을 해치려는 사람들을 어떻게 부르겠는가? 우리라면 그들 자신의 관점에서 볼 때 이상한 종교적 견해를 가진 것 말고는 다른 사유가 없이 남을 죽이는 사람들을 어떻게 생각하겠는가? 우리는 그들을 그저 관용이 없는 자라고 부르지 않는다. 오히려 그들을 악하다고 부른다. 아니, 적어도 그렇게 불러야 한다. 그리고 그들이 만일 대량살상 계획을 추진한다면, 심지어 세속화된 유럽 국가들의 주민들조차, 전 유고슬라비아에서 일어난 전쟁이나 르완다에서의 대량학살의 경우에 그랬듯이, 서슴지 않고 "악마적"이란 용어를 사용할 것이다. 여기에서 선과 악, 진실과 거짓, 위편과 아래편, 경건한 것과 악마적인 것 등과 같은 말을 일체 사용하지 않고, 그 대신 자유주의적 관용이나 후기 구조주의적 "절대적 환대"란 이름으로 양극성 자체를 무너뜨리려고 노력해 보라.

그리하면 당신은 살해자들의 계략에 빠지게 될 뿐더러 유익한 사회적 다원성의 적이 되어 버렸음을 알게 되리라.[31]

요한복음의 예수는 가장 부정적인 대립적 이원성을, 문화적 공간에 다른 포괄적 인생관을 도입함으로써, 살해의 의도를 품은 채 그 공간의 다원화를 저지했던 자들을 위해 예비해 두었다. 그런데 놀라운 사실은, 이 복음서에 따르면, 예수는 자기를 살해했던 자들, 그 죄를 그토록 강경하게 비난했던 자들의 구원을 위해 자기 생명을 내주었다는 것이다. 이 점에서 요한복음은 신약성경의 나머지 부분이 예수의 십자가 죽음과 그리스도인이 원수를 대해야 할 방식에 관해 말하는 내용과 별로 다르지 않다. 요한의 이야기 전체는 초기 기독교의 놀라운 특징의 하나를 확연하게 보여주고 있다. 그것은 서슴지 않고 악행을 일삼는 자들에게 어울리는 이름을 부르는 도덕적 명료성과 그들을 위해 기꺼이 생명을 희생하는 뜨거운 연민을 겸비하고 있다는 것이다.

요한복음이 지닌 이런 초기 기독교의 놀라운 특징이 명백히 보여 주듯이, 요한복음에서 대립적 이원성들을 발견하고 그것들이 그 복음서의 보다 큰 이야기에서 어떤 위치를 차지하고 있는지를 고려하지 않은 채 그 자체로만 분석하는 일은 큰 잘못이다. 이렇게 할 경우에는 이런 이원성들의 구체적인 (요한복음적인) 형태와 기능을 탐구하지는 않고, 그것들이 이용되고 오용되는 방식과 함께 그 추상적인 윤곽만 살펴보게 될 것이다. 우리가 일단 요한의 대립적 이원성들을 보다 큰 이야기 즉, 그것들과 상관이 있는 상황에 대한 이야기와 그것을 사용하는 주인공의 보다 큰 행동 및 사고 패턴 속에 두게 되면, 문제는 더 이상 이런 이원성들이 유익한지 그렇지 않은지 여부가 아니다. 매우 중요하고도 지극히 어려운 문제는 구체적인 상황 속에서 무엇을 "아래로부터", "거짓된", "악한" 등과 같이 묘사하는 것이 정당한지를 제대로 파악하는 일이다. 우리가 제기할 핵심 질문은 요한복음에 나오는 것과 같은 대립적 이원성들을 사용해야 하는지 여부가 아니라, 그것들을 어떻게 지혜롭게 사용할 것인가 하는 것이다.

종교적 다원주의

"종교적 다원주의"는 모호한 용어다. 한편으로, 이 용어는 한 사회 공간 안에 많은 종교가 공존하는 현상을 가리킬 때 사용될 수 있는데, 이 경우는 일종의 사회현실로서의 다원주의에 해당한다. 현대 세계는 문화적으로 다원적일 뿐 아니라 종교적으로도 그렇다. 사실 문화적 다원성을 지닌 부분적인 이유는 종교적으로 다원적이기 때문이다. 우리가 세계적 차원에서 생각해 보면, 문화적 다원성이 전반적으로 감소한 결과, 종교적 다원성이 감소하고 있는지 아니면 기독교 안팎에서 새로운 종교 운동들이 출현하는 바람에 오히려 다원성이 증가하고 있는지는 분명치 않다. 그러나 서양 국가들만 보면 종교 다원주의에 대한 인식이 점차 증가하고 있는 건 틀림없는 사실이다. 이는 매스미디어가 다른 종교들에 대한 정보를 전달하고 또 서양의 문화 공간 내에 다른 종교들이 전파된 현상에 따른 것이다.[32]

다른 한편, "종교적 다원주의"는 한 종교의 신자들이 자기네 종교와 다른 종교들이 어떤 관계를 맺어야 할지를 가리키는데도 사용될 수 있다. 이런 의미의 종교 다원주의는 일종의 철학적 입장으로서의 다원주의에 해당하며, 다양한 종교가 공존하는 현실에 대한 하나의 반응이라고 할 수 있다. 신학계의 문화는 "종교 다원주의"를 주로 이런 의미로 사용하고, 이로써 모든 주요 종교들은 구원에 이르는 길로서 동등한 지위를 누린다는 견해를 표명한다. 즉, 어느 하나가 옳고 다른 모두가 틀린 것이 아니라, 모두가 옳고, 모두가 거의 동일한 정도로 옳다는 것이다.

그러면 요한은 규범적 입장으로서의 종교 다원주의와 어떤 관계에 있는가? 그는 이런 다원주의와 아무런 관계도 맺지 않을 것이다. 물론 요한은 종교 다원주의를 축소시키기 위해 폭력을 사용하거나 정치적 혹은 사회적 압력을 가하는 것도 옹호하지 않는다. 비록 경계선은 부지런히 지키고 있지만, 어느 참 종교를 다른 사람들에게 강요하려는 의지는 전혀 찾아볼 수 없고, 다만 다른 사람들이 힘으로 요한 공동체의 자유로운 종교 활동을 제한하려는 것에 저항하는 몸짓만 있을 뿐이다.[33] 그러나 만일 타종교에 대한 여러 입장을 정리한 유형학-이미 잘 알려져 있지만 여러 면에서 부적절하다고 내가 생각하는-을 따른다면, 아마 요한은 다원주의자나 포용주의자가 아니라 특별한 종류의 배타주의자로 분류되는 것이 적절할 것이다. 다른 많은 배타주의자들과 마찬가지로, 요한에게도 그런 딱지가 어울리지 않는 이유는 그것이 순전히 어떤 종교가 타종교와 관계 맺는 방식을 어떻게 인식하느냐에 달려있기 때문이다. 이보다 요한에게 더 잘 어울리는 것이 있는데, 그것은 이 복음서의 입장을 특수주의(particularist)라고 부르는 일이다. 이 텍스트는 다른 종교들이 구원의 길임을 부정하는 일보다 예수 그리스도란 특정 인물을 보편적인 구원자로 긍정하는 일에 더 관심이 있기 때문이다. "나로 말미암지 않고는 아버지께로 올 자가 없다"(14:6b)는 주장은 예수가 곧 "길이요 진리요 생명이라"(14:6a)는 주장에 따른 결과이지, 후자가 전자의 결과는 아니다. 사실상, 배타주의 입장의 강조점이 부정에 있는데 비해 특수주의 입장의 강조점이 긍정에 있다는 점만 빼면 두 입장은 매한가지다.

요한복음의 모든 요소는, 세계의 모든 종교가 거의 똑같은 진리고 똑같이 구원에 이르는 길이라고 여기는 견해에 반론을 제기한다. 다원주의적 입장은 아예 배제되어 있다. 그리고 포용주의 입장도 마찬가지다. 유대교를 제외하고, 요한은 다른 종교들이 그리스도 안에서 성취되는 단편적인 진리들을 담고 있다고 생각하지 않는 것 같다. 우리에게 "참 빛"인 그 말씀이 "각 사람"에게 비춘다(1:9)는 주장을 포용주의적인 방식으로 읽고 싶은 생각이 들 수도 있다. 모든 사람은 그 말씀으로부터 오는 빛을 받았고, 모든 종교는 이 빛이 그 종교를 비추는 만큼 참되다고 할 수 있다. 그렇다면 "길이요 진리요 생명인"(14:6) 예수는 그 유일한 보편적인 빛이 구체적으로 성육한 최고의 인물일 것이다.[34] 반면에 요한복음을 포용주의적으로 읽는 입장은 그의 대립적 이원성에 걸려 넘어진다. 그 말씀이 모든 사람을 비추기는 하지만, 예수를 믿지 않고 어둠에 남아있는 바람에 하나님의 진노의 대상이 되는 사람들이 존재한다(3:36). 그들은 실질적으로 스스로를 그 빛으로부터 차단한 것이다(혹은 요한의 선택 신학을 감안하면, 하나님이 그들을 그 빛으로 이끌지 않았다고 할 수 있다).

그러면 우리는 요한의 배타주의를 어떻게 생각해야 할까? 흔히들 모든 형태의 배타주의를 문젯거리로 생각하곤 한다. 그러나 나는 다원주의와 포용주의가 그보다 덜 문제가 된다고 생각하지 않는다. 세계 종교에 대한 다원주의적 접근-그 종교들이 대체로 동등하다는 점을 강조하는 접근-은 모든 종교들 뒤에 우리가 알 수 없는 "실체"(Real)가 존재한다고 가정하거나,[35] 적어도 모든 종교를 보다 넓은 의미의 틀 속에 끼워 넣어야 한다.[36] 둘 중 어느 경우든 다원주의는 명확함에 있어서 그 종교들을 존중하지 못하는데, 전자는 그 종교들의 핵심을 놓치고, 후자는 그들을 더 포괄적인 것으로 만들기 때문이다. 뿐만 아니라 다원주의는 배타주의를 복권시키지 않을 수 없다는 점이 또한 중요하다. 단지 그 속에 포함되는 것의 범위가 넓어졌을 뿐이다. 일부 종교들은 여전히 다른 종교들보다 더 동등한 편이다. 어떤 다원주의적 견해에 따르면, 예컨대 불교도는 참 종교를 신봉하는데 비해 브랜치 다비디안(Branch Davidian: 제7일 안식교에서 갈라져 나온 한 교파-역주)과 같은 신자들은 그렇지 않다.[37]

세계 종교에 대한 포용주의적 접근-다른 종교에서 발견되는 참된 것은 모두 그리스도인이 예배하는 하나님에게서 온다고 강조하는-은 다른 종교 속에 그 종교를 믿는 신자의 자기이해와 바람에 반하여 은근히 기독교 신앙을 심어 준다. 선심을 쓰는 식으로 다른 종교를 대변하는 사람들을 "무명의 그리스도인들"이라고 부르는 것은 크게 마음에 걸린다. 그리고 물론 포용주의 입장이 배타성을 금하는 것은 아니다. 기독교의 규범적 계시를 따르지 않는 모든 것은 배제되기 때문이다. 다원주의와 포용주의는 모두 "배타주의의 하부 유형들"이라고 가빈 드코스타(Gavin D'Costa)는 옳게 주장하고 있다.[38]

특이한 종류의 배타주의

일부 형태의 배타주의는 아주 괜찮은 것이다. 배타주의자는 이 점을 옳게 인정하고 또 그렇게 주장한다. 배타주의는 또한 다른 종교들의 자기이해를 존중하고 그 진리 주장의 수준에서 그들과 진지한 관계를 맺는 장점이 있다. 그것은 물론 우월감을 낳을 수도 있지만, 만일 절대주의를 견지하지 않는다면, 적어도 그 자체가 잘못될 수도 있고 경쟁자들이 옳을 수도 있다는 가능성을 열어놓을 것이다. 배타주의는 또한 비폭력적 입장을 수반하지 않는다면 다른 종교들을 난폭하게 억압할 수도 있다. 요한의 배타주의가 절대주의적인지 아닌지를 판단하는 일은 결코 쉽지 않다. 하지만 요한이 비폭력적 입장에 있다는 점은 의심의 여지가 없다(18:36).

타종교에 대한 요한복음의 태도를 "배타주의"로 부르는 것은 그것이 타종교를 부인한다는, 부정적인 면에 초점을 맞추는 것이다. 그러나 종교의 중요한 점은 그 종교가 (구원의 길로서의) 다른 경쟁자들을 어떻게 보는가 하는 것뿐 아니라, 무엇보다도 그 종교가 그들과 관련하여 스스로의 정체성을 어떻게 이해하는가 하는 것이다. 정체성은 대립적이고 배타적으로 규정될 수 있다. 즉, 나는 스스로 닫혀 있고, 나는 타자가 아닌 존재라고 말하는 것이다. 그리고 정체성은 비대립적이고 포용적으로 규정될 수도 있다. 즉, 나는 처음부터 타자가 살고 있는 존재이고, 나는 부분적으로 타자인 존재라고 말하는 것이다.[39] 정체성의 대립적 정의와 비대립적 정의의 핵심은 자아 속에 타자성이 있는지 여부가 아니다. 어느 정도의 타자성은 언제나 자기 속에 있기 때문이다. 그 핵심은 오히려 자아 편에서 자기 속에 있는 타자성의 현존을 인식하는 일이다.

그러면 요한은 다른 "종교들"과 관련하여 그리스도인의 정체성을 어떻게 해석하는가? 이 질문에 답하려면 요한과 유대교의 관계를 살펴보는 수밖에 없다. 내가 앞에서 주장했듯이, 우리는 유대인에 대한 부정적인 묘사를 예수를 박해하고 있던 자들을 언급하는 것으로, 즉 유대 민족이나 유대 종교를 가리키지 않는 것으로 읽어야 한다. 전반적으로 요한은 유대의 종교제도를 긍정적으로 묘사한다. 물론 예수는 "자신은 마치 유대인이 아닌 것처럼"[40] "너희 율법"(8:17; 10:34; 7:19, 22)이란 말을 사용하는 게 사실이다. 그러나 이처럼 거리를 두었던 것은 두 공동체가 서로 충돌하는 논쟁 상황이었기 때문이라고 부분적으로 설명할 수 있는 만큼, 요한이 율법을 포함한 히브리 성경을 그리스도인들에게 실효성이 없는 것으로 믿었다고 추정할 필요는 없다. 사실 요한은 예수에 대한 율법의 증언과 모세의 증언에 호소하고 있지 않은가! 성전에 대한 요한의 태도도 이와 비슷하다. "참되게 예배하는 자들은 영과 진리로 예배할 때가 온다"는 예언(4:19-24)에도 불구하고, 요한은 예수의 성전 청결 사건을 성전을 배척하는 행위로 해석하지 않고 "주의 전을 사모하는 열심"으로 해석하며, 예수가 그것을 "내 아버지의 집"으로 묘사한 것으로 기록한다(2:16-17). 아울러 "예수가 온 민족을 위하여 죽을 것이라고 예언한"(11:51) 대제사장 가야바의 역할에 대해서도 생각해보라. 그는 발람의 당나귀처럼 그의 직분과 상관없이 하나님의 쓰임을 받은 것이 아니었다. 요한은 그의 직분에 힘입어 그렇게 예언했다고 말한다. 말하자면, 그 인물은 분명히 배제되었지만 그의 직분은 요한이 긍정적으로 높여야 했던 것이다.[41] 가장 중요한 점은, "구원이 유대인에게서 난다"(4:22)고 명백히 말하고 있는 인물은 신약성경의 저자들을 통틀어 오로지 요한밖에 없다는 사실이고, 그 과정에서 요한은 "우리(유대인)는 아는 것을 예배한다"(4:22)고 주장하며 그 자신을 유대인과 동일시하고 있다. 학계는 최근에 요한복음의 유대적인 특성을 인정했다.[42] 요한복음의 예수가 "나로 말미암지 않고는 아버지께로 올 자가 없다"(14:6b)고 주장했음에도, 요한은 기독교 신앙의 기원이 유대교에 있다는 점, 유대교의 뼈대가 기독교 신앙에 중요하다는 점, 기독교 신앙과 유대교의 공통분모 등을 의식했고 또 긍정했다.

놀라운 점은, 이런 유대교와의 긍정적인 관계를 회당에서 멀리 떨어진 안전한 곳에서 진술한 게 아니라, 요한 공동체가, 그 나름의 관점에서 볼 때, 유대 당국에게 박해를 당하고 있는 상황에서 진술했다는 사실이다. 요한의 대립적 이원성은 종교적 타자성을 부정함으로써 연마되는 게 아니라 타자성이 그 공동체의 경계선 내에 존재하는 것을 편하게 느끼는 그런 공동체적 정체성을 수용할 수 있는 것이다. 내가 아래에서 주장하겠지만, 이 복음서에는 이런 종류의 공동체적 정체성을 가리키는 다른 강력한 증거들도 존재한다.

교파주의?

요한복음에 대립적 이원성들이 있다는 점을 부각시킨 채 그것들의 특성과 기능을 이해하는 것으로 충분치 않다고 내가 주장한 만큼, 이제는 그 이원성들의 구체적인 모양에 주의를 기울일 필요가 있다. 요한의 대립적 이원성들을 돋보기로 살펴보는 한 가지 방법은 최근 몇 십년 동안 친구와 적이 내놓은 논지, 곧 요한은 교파주의자란 명제를 검토하는 것이다. 이어지는 내용에서 나는 요한이 교파주의자가 아니라고 주장하지는 않을 것이다. 어쩌면 "교파"라는 현대어가 다른 어떤 범주보다도 요한 공동체를 더 잘 묘사해 줄지도 모른다. 나는 요한이 교파주의자인지 아닌지를 둘러싼 논쟁에 아무런 이해관계가 없다. "교회"(혹은 교단)의 이념형과 "교파"의 이념형을 나누는 선이 세계를 완전히 부정하는 입장에서 완전히 수용하는 입장에 이르는 연속체 위에 자의적으로 그어진 것을 감안하면, 어떤 해답이 나와도 명료하게 밝혀주는 것이 별로 없다.[43] 그러나 만일 요한이 교파주의자라면, 그는 상당히 놀라운 종류의 교파주의자일 것이라고 나는 주장한다.

요한이 교파주의자라고 주장하는-내가 교파주의 논지(sectarian thesis)라고 부르는 것을 옹호하는-대다수의 사람들은 그를 아주 전형적인 교파주의자로 생각한다. 아니, 이념형에 가까운 교파주의자로 취급한다. 로버트 건드리(Robert H. Gundry)가 좋은 예인데, 그는 『교파주의자인 요한에 따른, 말씀인 예수』(*Jesus the Word According to John the Sectarian*)라는 책에서 요한은 "오로지 흑과 백으로만 본다"는 주장을 명료하고 설득력 있게 폈다.[44] 하지만 이 주장은 정밀 검사를 견딜 수 없다. 우리는 그 경계선의 양편 모두에 회색의 그늘이 있는 것을 실제로 보게 된다. 달리 말하면, 요한의 대립적 이원성들은 교파주의 논지의 주창자들이 허용하는 것보다 내부적 차별화에 훨씬 더 열려 있고, 따라서 다원성에도 열려 있다는 뜻이다. 나는 요한 공동체에 관한 다음 세 가지 이슈를 탐구함으로써 이 개방성을 입증하려고 한다. 이 이슈들은 서로 연결되어 있으나 각각 별개의 것들이다. 첫째는 이 공동체와 외부인과의 관계이고, 둘째는 그 경계선의 성격이며, 셋째는 그 정체성의 특성이다.

외부인

먼저 요한과 외부인의 관계를 생각해보자. 많은 석의학자들은 요한이 "세상"-세상의 사물과 사람들-에 대해 완전히 부정적인 견해를 갖고 있다고 주장한다. 저 바깥은 어둠과 거짓과 악이 있는 사탄과 죽음의 왕국인 반면에, 이 안쪽은 빛과 진리와 선이 있는 하나님의 생명의 왕국이라는 것이다. 예수는 결코 세상을 사랑하라고 말한 적이 없다. 요한복음에는 요한일서에서처럼 신자들에게 세상을 사랑하지 말라고 대놓고 명령하는 구절은 없지만, 세상을 사랑하라고 명시적으로 권하는 구절도 없다. 이 세상은 악한 만큼 세상에 대해 반감을 품어야 한다고 말한다. 이런 입장을 옹호하는 자들도 악한 세상을 향해 동정하는 태도의 말씀도 있다는 것을 시인한다. 이를테면, 하나님은 세상을 사랑하고(3:16), 예수는 세상의 생명을 위해 자신을 내어준다(1:29, 6:51). 그런데도 교파주의 논지의 주창자들은 이런 예들을 요한 공동체의 역사에 속하는 것으로 보면서 "그 공동체가 자신의 과거를 지우지 않는다는 사실을 보여주는 또 다른 예"로 해석하거나,[45] 신자들이 전반적으로 세상에 가치를 부여하기에는 너무 하찮은 예들로 간주한다.[46]

그러나 세상을 향한 동정의 말씀을 이런 식으로 읽는 것은 결코 옳지 않다. 세상을 향한 하나님의 사랑과 세상 죄를 지고 가는 예수를 이 복음서에 포함시키는 것은 과거를 지우지 말라는 뜻일 뿐 아니라 과거가 현재를 빚어내게 하려는 뜻이 담겨 있다. 그 텍스트는 이런 구절들에 버려진 과거라는 딱지를 붙이지 않기 때문이다. 이와 반대로, 그 구절들은 이 복음서의 전반적인 내러티브에 매우 중요한 역할을 한다. 하나님이 세상을 사랑한다는 말과 하나님의 아들이 세상의 구원을 위해 세상에 왔다는 말을 생략해보라. 그러면 십자가와 부활을 향한 발걸음을 움직이는 주된 모터가 고장 나기 때문에 이 복음서 전체가 무너지고 만다.[47]

세상을 향한 동정의 태도를 보여주는 두 번째 방식, 세상에 대한 하나님의 사랑이 신자의 세상에 대한 가치평가에 아무런 영향을 주지 않을 것이란 주장은 전혀 개연성이 없어 보인다. 어쨌든 하나님의 아들이 하나님 아버지의 보냄을 받은 것 "같이" 신자들은 세상으로 보냄을 받지 않았는가(17:18; 20:21)? 예수는 선행을 통해 굶주린 자를 먹이고(6:5-16), 병든 자를 치료하고(4:46-54; 5:2-9; 9:1-7; 11:11-27), 가난한 자에게 돈을 주고(13:29절에 암시되어 있듯이) 궁극적으로는 세상의 구원을 위해 자기 목숨을 내어줌으로써 세상을 향한 하나님을 사랑을 실현했다. 예수가 보냄을 받은 것처럼 보냄을 받은 신자들은 그와 똑같은 일을 하라는 명령을 받았다.[48] 예수와 신자들이 이 모든 일을 한다는 것은 사실상 세상을 사랑하는 것이다. 요한이 반복해서 강조하듯이 그들에게 적대적인 세상을 사랑한다는 말이다.[49] 세상을 사랑하라는 명령이 없다고 해서(혹은 이와 관련하여 요한일서에 세상을 사랑하지 말라는 명령이 있다고 해서) 신자들은 불신자를 향해 자비와 선행을 베풀어서는 안 된다는 말인가? 나로서는 이 복음서에 근거해서 어떻게 이런 주장을 펼 수 있는지 모르겠다.

그런데 요한복음에서 예수는 세상을 위해 **기도**조차 하지 않는다. 그래서 이런 입장을 가진 자들은 자기네 견해가 입증되었다고 믿는다. "내가 그들을 위해(즉, 믿은 사람들을 위해) 비옵나니(기도하옵나니) 내가 비옵는 것은 세상을 위함이 아니요 내게 주신 자들을 위함이니이다 그들은 아버지의 것이로소이다"(17:9). 일부 주석가들에 따르면, 이 구절은 예수가 이 특별한 경우에 한해서 기도하지 않는 것이 아니라 대체로 세상을 위해 기도하기를 거부한다는 것을 의미한다고 한다.[50] 하지만 이런 해석은 설득력이 없다고 나는 생각한다. 루돌프 불트만이 지적하듯이, 예수는 사실상 이 기도의 뒷부분에서 결국 세상을 위해 기도하는 것으로 끝나지 않는가? "…세상으로…믿게 하옵소서…세상으로 알게 하려 함이로소이다"(17:21, 23).[51] 제자들의 보존과 하나됨을 위한 예수의 기도가 지향하는 한 가지 명백한 **목표**는 "최종적인 **세상**의 구원"이다.[52]

더 나아가, 아버지와 아들과 신자들 간의 관계에 대한 요한의 묘사는 세상을 향한 하나님의 사랑을 긍정하는 동시에, 세상을 향한 예수와 신자들의 사랑을 부정하는 일을 불가능하게 만든다. 세상을 사랑하는 아버지는 그저 명령만 하고 아들과 신자들은 단지 순종만 하는 것이 아니기 때문이다(10:18; 14:31). 이 셋의 관계가 단지 순종으로 엮어진 관계이기만 했다면, 아버지는 세상을 사랑할 터이고, 아들과 신자들은 그 사랑을 공유하지 않은 채 순종하는 자세로 그냥 그 사랑을 실행하게 될 것이다. 그러나 이 복음서에서 순종보다 더 중요한 것은 이 셋 간의 상호내주의 관계이고, 이는 논리적으로 명령과 순종의 관계를 선행한다. 아버지는 아들 안에 있고, 아들은 신자들 안에 있기 때문에(17:21), 그들 사이에 차별성이 있음에도 불구하고, 아버지의 행동은 아들의 행동으로(14:10), 그리고 아들의 행동은 신자들의 행동으로 묘사될 수 있는 것이다. 아들의 행위는 아버지의 행위와, 그리고 신자들의 행위는 아들의 행위와 묶여있는 것으로 해석된다면, 우리는 요한복음에서 세상에 대한 사랑이 아버지에게는 있지만 아들과 신자들에게는 없는 것으로 도무지 해석할 수 없다.

우리는 어쩌면 세상을 사랑하라는 명령의 부재를 불신자들과 어울리지 말라는 금지로 이해할 수도 있다.[53] 그러나 이런 해석 역시 개연성이 없다. 예수와 그의 제자들은 불신자의 결혼식에 참석했을 뿐 아니라, 예수는 물을 포도주로 바꿈으로써 그 자리를 더욱 유쾌한 곳으로 만들기도 했다(2:1-12). 처음에 예수가 기적을 행하기를 꺼려했던 것을 보면, 그는 초대를 받아 그 결혼식에 참석했던 것이고(2:2) 애초에는 기적을 행하여 자기 영광을 나타낼 의도가 없었던 것 같다(2:11). 공관복음서들은 예수가 그의 사명의 일환으로 세리와 죄인과 어울리고 먹는 모습을 줄곧 그리고 있지만(막 2:15-17), 요한복음에서는 그가 불신자의 잔치에 참석하는 일이 그의 사명과 분리되어 있는 듯이 보인다. 적어도 처음에는 세상의 구원자로서가 아니라 불신자의 친구나 친척의 자격으로 참석했다. 마침내 예수가 행한 기적이 "그의 영광을 나타냈다"고 해서, 그리고 이 기적이 유대교(물)를 복음(포도주)으로 변화시키는 것을 상징한다고 해서, 그가 그 잔치에 참석한 행위의 성격이 변하는 것은 아니다. 그렇다면 요한은 불신자와 어울리는 행위를 금하지 않는 것이 분명하다. 오히려 암시적으로 그것을 격려하고 있다.

이 세상의 물질적 행복과 영적인 행복을 증진하고 세상의 잔치에 참석하는 일은 우리가 세상을 완전히 부정적으로 보는 사람들에게 기대할 만한 모습이 아니다. 우리는 또한 그들이 세상을 정죄하는 일을 삼갈 것으로 기대하지도 않을 것이다. 그 대신 그들이 세상을 향해 하나님의 진노를 들먹이며 위협을 가할 것이라고 예상할 것이다. 그러나 요한복음의 예수는 그렇게 하지 않는다. 하나님의 심판이란 주제는 거기에 있다. 예수는 불신자에 대한 하나님의 진노를 얘기했고(3:36), 그 자신을 마지막 때에 그 심판의 집행자로 이해했다(5:27-29). 그렇지만 그는 세상을 심판하려고 온 게 아니라 구원하러 왔다는 것을 되풀이해서 강조했다(3:17;12:47). 물론 그가 세상에 온 사건이 이에 대한 사람들의 반응에 따라 심판을 초래한 것은 사실이다(3:17-21). 그런데 중요한 점은 바로 이것이다. 그가 적극적으로 심판하는 게 아니라, 그의 말과 행동이 사람들의 반응에 따라 심판한다는 점이다(3:17-21). 요한은 얼마든지 세상에 대해 부정적으로 말할 수 있었지만, 놀랍게도 그런 부정적인 면을 세상에 대한 반감이 아니라 세상을 향한 사랑의 태도와 연결시키고 있다.

경계선

요한은 신자와 불신자 간의 경계선에 대해 어떻게 말하고 있는가? 대립적 이원성은 면도날처럼 날카로운 경계선을 예상하게 한다. 만일 요한이 양극화된 사고방식만 갖고 있다면, 그 공동체와 나머지 세상을 나누는 선이 무척 가늘 터이고 어느 편에든 회색 지대가 없을 것이다. 그러나 우리가 이 복음서에서 보는 그림은 이와 다르다. 부정적인 편을 보면, 그 텍스트가 명시적으로 마귀의 자식으로 묘사하는 사람들(유대인, 8:44)과 나란히 회색지대가 존재하고 있다. 바로 이 지대에 세례 요한의 신봉자들이 들어 있다. 이들의 선생은 신자 편에 포함될 가능성이 많지만(3:25-36), 이들은 그 바깥에 있는 듯이 보이는데도 부정적으로 묘사되지는 않고 있다. 더 나아가, 예수의 제자들 중에는 믿지 않는 자들도 있고 불완전한 믿음을 가진 자들도 있다(6:60-66). 그리고 회당 안에 은밀한 그리스도인으로 남아있는 자들도 있다. 이들은 "출교를 당할까" 두려워하고 있었지만(12:42-43) 예수의 제자일 뿐 아니라 그를 믿고 있었다. 우리는 또한 군중들 가운데서도 예수에 대한 의견이 분분했던 것을 잊으면 안 된다. 예수를 선지자나 메시아로 생각하는 사람들은(7:40-43) 유대 당국의 편에 서서 그를 귀신 들린 자로 보고 체포해서 죽이려고 했던 자들만큼(7:19, 40) 부정적으로 묘사되지는 않는다. 끝으로, 내가 앞에서 주장했듯이, 이 회색 지대에는 가야바까지 속해 있다.[54] 이처럼 예수에 대한 다양한 반응을 부각시키는 취지는 세상에 다원성이 존재하고 있음을 보여주기 위함일 뿐 아니라, 요한이 여러 방식으로-대체로 긍정적으로-이런 다양성을 명시적으로나 암시적으로 **평가하고** 있음을 상기시키기 위해서다.[55] 이 사람들 가운데 구원에 이르는 믿음을 가진 자는 하나도 없을지 모른다. 그러므로 중요한 의미에서 그들은 바깥에 속해 있을지도 모른다. 그렇지만 이 복음서는 그들을 차별화시켜 언급한 뒤에 순전히 부정적으로만 보는 게 아니라 부분적으로 긍정적 견지에서도 보고 있다.

이처럼 부정적인 편에 존재하는 회색의 그늘보다 더 중요한 점은 긍정적인 편에 있는 짙은 회색 지대이다. 이를 대표하는 인물은 레이몬드 브라운이 "사도적인 그리스도인들"이라고 부른 사람들, 곧 열두 제자 가운데 베드로를 비롯한 여러 사도들이다. 그들은 이 사랑받는 제자(요한) 공동체의 바깥에 있지만 신자 공동체의 밖에 있는 것은 아니다. 요한 공동체에 속한 그리스도인들은 사도적인 그리스도인보다 우월하다고 느꼈을지 모르지만 후자를 외부인으로 생각하지는 않았다. 설사 요한복음에 사도적인 그리스도인이 존재할 개연성이 없다 하더라도, 내부에 속한 자들 사이에 차별성이 존재한다는 사실은 변함이 없다. 유다를 제외한 모든 제자들이 내부에 속하는 것이 분명한 사실인데도 불구하고(17:12), 어쩌면 사랑받는 제자를 제외한 나머지 제자들은 "그 점을 깨닫지" 못하는 듯하다. 그리고 스티븐 모티어(Stephen Motyer)가 주장했듯이, 이 복음서의 후반부에서는 예수의 몇몇 제자들(도마, 빌립, 유다)이 전반부에 나오는 예수의 대적들과 같은 모양으로 그려지고 있다.[56]

그리고 니고데모라는 인물도 있다. 이 복음서를 보면 그가 내부에 있는지 혹은 외부에 있는지가 분명하지 않고, 이런 명료성의 부재는 의미심장한 사실이다. 그는 밤에 예수를 찾아와서 처음부터 "예수님은 하나님께로부터 온 선생입니다"(3:2)라고 인정하고는 탐구하는 자세로 예수와 토론을 한 뒤에, 의견이 다른 상태로 그냥 예수를 떠나지 않는다. 다음에 등장할 때는 자기가 속한 바리새파 앞에서 예수를 변호하고 있으며(7:53), 그 후 예수를 제대로 매장하도록 돕기 위해 "몰약과 침향 섞은 것 약 45킬로그램"을-이 엄청난 양은 예수에 대한 헌신을 보여주는 확실한 표시다-가지고 온다. 그러면 그는 은밀한 제자라서 바깥에 속한 사람인가? 요한이 니고데모와 함께 예수를 장사한 아리마대 요셉은 은밀한 제자로 묘사하고 있지만, 니고데모에 대해서는 그렇게 말하지 않는다. 그러면 그는 신자인가? 요한은 그렇다고 말하지 않는다.[57] 요한은 니고데모를 그 경계선을 흐리게 만드는 인물로 그리고 있다. 이는 오직 흑백논리로만 생각하는 사람의 특징이 아니다.[58] 물론 요한은 "선택받은 사람"과 "선택받지 못한 사람"을 나누는 이원론을 견지하고 있으므로, 궁극적으로는 전자와 후자를 분리하는 확고한 선이 존재하는 것은 사실이다. 그러나 그 선이 어디에 있는지는 오로지 하나님만 알 뿐이다. 이 복음서의 저자는 분명치 않은 상태로 그냥 두는 것을 괜찮게 여기는 것 같다. 적어도 몇 가지 사례에서는 그렇다는 말이다.

정체성

요한의 대립적 이원성의 특성에 대해 가장 큰 통찰력을 주는 것은 **그가 사용하는 '내부'란 말의 뜻**이다. 왜냐하면 이 내부를 배경으로 삼아 외부를 부정적인 견지에서 평가하기 때문이다. 그래서 대립적 이원성들의 본질을 잘 이해하려면 그것들의 **긍정적인** 기둥의 본질을 신중하게 공부해야 한다. 그 속에서 우리는 요한이 말하는 "이 세상"과 대립되는 또 다른 세상의 그림을 볼 수 있다.

대립적 이원성들과 함께 움직이는 공동체, 따라서 교파주의적 특성을 갖고 있을 것으로 예상하는 그런 공동체는 특히 다음 두 가지 요소가 결여되어 있다. 그 조직이 성격상 위계적이든 민주적이든 상관없이, 도덕법에 대한 강조와 교회조직에 대한 강조가 그것이다. 교파에 법과 조직이 필요한 이유는 간단하다. 행동의 규율과 그 규율을 강요하는 권위적인 방법이 없으면 경직된 경계선과 대립적 입장을 견지하기가 어렵기 때문이다. 요한복음의 경우, 경계선을 유지하고 내적 통일성을 확보하는 부담은 하나님과 서로에 대한 신앙(예수에 대한 특정한 믿음과 그에 대한 개인적 충성으로 이해되는)과 사랑에 떨어진다. 사랑이 무엇인지에 대한 규정이 없고 좇아야 할 예수의 모델만 있다면(13:14; 15:9-17), 그리고 정통교리를 강요할 지배자는 없고 온 공동체가 그 구성원들을 "모든 진리 가운데로" 인도할 성령을 받았다면(16:13), 그 공동체의 삶은 반드시 고도의 유통성을 그 특징으로 삼을 것이다. 그 결과 영구적인 불안정성과 큰 유연성은 있되 교파주의적 경직성은 존재하지 않을 것이다. 요한일서에 나오는 날카로운 교리적 분열은 강요할 만한 규율과 절차가 없어서일 가능성이 많다(요일 2:18-27; 4:1-3). 그런데 요한복음에 나타나 있듯이 그 공동체가 경계선을 유지하는데 어려움이 있다면, 이 복음서는 지나치게 교파주의적인 글이란 비난이 아니라 충분히 교파주의적인 글이 아니라는 비난을 받아야 마땅하리라.

사랑에 대한 강조 및 법의 부재와 밀접한 관계가 있는 것은 요한이 이해하는 정체성 내지는 정체성의 훈련이다. 이 복음서의 어디에도 이런 것을 주제로 삼는 곳이 없기 때문이다. 앞에서 대립적, 배타적 정체성과 비대립적, 포용적 정체성을 서로 구별한 것을 상기해보라. 빛의 영역과 어둠의 영역 간의 대조는 그 공동체 안에서 어느 정체성의 개념이 작동하고 있는지에 따라 달리 보일 것이다. 나는 요한이 개인 및 공동체의 정체성에 대한 비대립적이고 포용적인 개념과 함께 움직인다고 주장하는 바이다. 뿐만 아니라, 요한에 따르면, 이런 종류의 정체성은 인간뿐 아니라 만물의 창조주의 특징이기 때문에 존재 그 자체의 핵심에 놓여 있다고 한다.

아버지는 아들 안에 그리고 아들은 아버지 안에 있다고 요한은 거듭해서 주장한다. 아버지는 단순히 아들의 타자가 아니고, 아들은 단순히 아버지의 타자가 아니다. 아버지는 아들과 차별성이 있음에도 불구하고, 바로 아들 속에 살아있고 또 그 속에 아들이 살아있는 자로서의 아버지다. 아들은 아버지와 차별성이 있음에도, 아버지 안에 살아있고 또 그 속에 아버지가 살아있는 자로서의 아들이다.[59] 이와 비슷하게, 아들은 신자들 안에 있고, 신자들은 그 아들 안에 있다(17:21-23). 아버지의 보냄을 받은 자로서 그 아들의 정체성은 신자들을 포함하도록 열려 있다. 이 신자들은 아버지가 아들에게 준 자들이고, 아들을 영접한 자들이며, 그들의 정체성은 아들이 그들 속에 살아있다는 사실에서 비롯된다. 끝으로, 이와 비슷한 관계는 신자들 사이에도 존재한다. 그들의 하나됨은 바로 아버지와 아들의 하나됨을 본받는 것이기 때문이다(17:20-21). 이 세 가지 차원 모두에서-신의 내부, 신과 인간, 인간 내부 등-정체성은 결코 단순한 이원적 대립성을 의미하지 않는다. 각 행위자의 정체성을 형성하는데 한 행위자 이상이 내포되어 있음을 감안하면, 어느 정체성도 사전에 완전히 고정되어 있을 수 없고 그 인격들 간의 상호작용에 따라 변하게 될 것이다.[60]

이 복음서에서, 각 차원과 그 차원들 사이에 존재하는 인격들 간의 하나됨은 존재론적으로 그들의 상호내주에 근거하고 있다. 따라서 그 연합은 그와 같은 정체성의 설명과 밀접한 관계에 있는 것이다. 이에 덧붙여, 이 하나됨은 자기희생적인 사랑이 보증하는 것이다. 아들은 아버지를 사랑하므로 세상을 위해 자신을 내어준다. 그리고 아버지는 아들을 사랑하므로 모든 것을 그의 손에 맡긴다(17:24). 또 아들은 신자들을 사랑하므로 그들을 위해 자신을 내어준다(10:11; 5:13). 신자들은 아들을 사랑하므로(21:15) 그 안에 거하고 그의 본보기를 따른다(15:1-17). 신자들은 아들이 그들을 사랑하는 것 같이 서로를 사랑한다(13:34; 15:12).[61]

내적인 공동 정체성의 대립적 이원성-아버지 대 아들, 아들과 아버지 대 신자들, 한 신자 대 다른 신자-을 이미 극복한 정체성의 훈련은 법의 지배가 아닌 자기희생적 사랑에 대한 강조와 결합하여, 두 왕국 -하나님이 지배하는 진리와 빛과 생명의 왕국과 사탄이 지배하는 거짓과 어둠과 죽음의 왕국-사이의 큰 대립적 이원성의 긍정적인 면이 지닌 중요한 차원이다. 요한이 세상에 대해 부정적 평가를 내리는 것은 부분적으로 바로 이와 같은 개인적 및 공동체적 정체성을 긍정하는 것을 그 배경으로 한다. 내가 주장했듯이,

이것이 옳다면, 요한의 대립적 이원성들은 정치 프로젝트로서의 다원주의와 사회현실로서의 다원주의 중 어느 것도 부정하지 않으며, 나로서는 이런 이원성을 유익한 것이라고 부르지 못할 이유가 없다고 생각한다. 사실 우리는 구원이 이런 이원성들의 긍정적인 면을 인정할 뿐 아니라 부정적인 면을 부정하는 것에도 달려 있음을 알게 되리라.

특이한 정치

요한복음을 다른 어떤 문서로 보든지 간에-이는 여러 각도에서 읽을 수 있는 복합적인 텍스트다-그것이 또한 **정치적인** 문서라는 것도 확실하다. 이 문헌은 비록 정치권력의 행사를 정당화하거나 정치적인 강령을 담고 있지는 않지만, 사람들과 공동체 간의 권력관계를 규제하려고 한다. 그러므로 요한복음은 넓은 의미에서 정치적이라고 할 수 있다. 대립적 이원성은 요한 정치의 본질적인 부분이고, 요한의 비판가들이 내놓는 비판의 목소리도 이런 이원성이 주는 정치적 영향을 겨냥하고 있다. 요한은 온 세상을 향해 적대감을 드러내는 급진적 배타주의자이고, 자기 공동체의 미덕에 대해선 거만하기 짝이 없는 인물이라고 그들은 말한다. 이제 요한의 이원론에 대한 나 나름의 해석을 마무리하면서 앞에서 논의한 내용을 모두 정리하고 약간의 상상력을 동원하여 요한의 정치를 검토할까 한다. 내 입장을 테스트하기 위해 요한복음에서 안과 밖 사이에 존재하는 극단적 형태의 긴장을 이용할 예정이다.

당신이 어떤 공동체에 속해 있다고 상상해보라. 미국과 같은 초강대국이든, 최근에 독립을 선언한 크로아티아 같은 나라든, 이스라엘과 같이 적대적인 환경에 둘러싸인 불안정한 강국이든 아무 상관이 없다. 당신은 방금 다른 나라의 공격을 받았고, 그로 말미암아 당신의 지도자가 살해되는 일도 일어났다. 이 사건은 이대로 끝나지 않고 적대적인 공격이 계속 이어질 전망이 다분하다. 이런 상황에 당신은 어떻게 반응하는가? 다음과 같은 반응을 상상해보라.

당신이 이런 이론을 개발한다고 치자. 즉 당신의 적에게 당한 당신의 지도자의 부당한 죽음은 당신의 공동체에 유익을 주었을 뿐 아니라(그가 다수의 국민 대신에 죽었으므로), 신비롭게도 당신의 적을 위해서도 그가 죽었다고 말이다. 실은 당신의 지도자가 그들을 위해 자기 목숨을 내어 놓았던 것이다. 당신은 종교적인 사람이라 하나님께서 마지막 날에 살해자들의 악행에 대해 그들을 심판하실 것을 알고 또 그렇게 말은 하지만, 그 형벌을 집행하는데 참여하려고 애쓰기는커녕 장래의 형벌을 운운하며 그들을 위협하지도 않는다. 그 대신 당신의 친구가 되어 달라고 그들을 설득하려고 애쓴다. 당신은 적들이 행한 짓은 정죄하지만 물리적인 힘이나 사회적 압력을 동원하여 그들과 싸우지는 않는다. 다만 그들의 행위를 악한 것으로, 그리고 배후의 선동자와 범죄자를 악마적인 인물이라고 부를 뿐이다. 그러나 당신의 설득에 넘어와서 죽은 지도자와 그의 이상에 충성심을 보이는 모든 적에 대해서는 당신이 즉시 당신의 공동체의 일부로 영접하고 그들을 형제나 자매로 생각한다. 그들이 과거에 당신에게 엄청난 폭행을 저질렀든지 단지 적 진영에 속해 있었든지 상관없이 그들의 과거 때문에 그들을 배척하지는 않는다. 당신은 그들에게 폭행을 가하거나 그들의 권력을 박탈할 방법을 찾는 대신에 그들에게 풍성한 은혜를 베풀기로 결심한다. 그리하여 굶주린 자를 먹이고, 병든 자를 치료하고, 가난한 자에게 돈을 준다. 심지어 증오심을 품으라는 압력을 받아도, 복종을 강요하고 안보를 보장하는, 엄격한 규율을 가진 그런 조직을 만들지 않고, 당신의 길은 서로서로 사랑하는 길, 당신의 목숨조차 서로를 위해 기꺼이 내어줄 수 있는 그런 사랑의 길이라고 주장한다. 당신이 미쳤든지 다른 행성에서 오지 않았다면 이와 같은 일을 할 수 없을 것이다. 혹은 요한의 정치가 당신의 모델이 되지 않는다면 그런 시나리오는 불가능할 것이다.

갈등 상황에 놓인 국가들이 실제로 행하는 것과 비교하면-권위주의 국가나 독재는 말할 것도 없고 정치를 도덕에서 분리시키길 원치 않는 탄탄한 민주주의 국가들도 포함하여-이런 시나리오는 한갓 유토피아로 보일 것이다. 우리는 보통 적과 싸우고, 우리 지도자를 죽이려는 시도에 대해 지극히 가혹한 형벌을 내리고, 우리 지도자들이 싸우지 않고 죽는 것을 결코 허용하지 않기 때문이다. 우리로서는 하나님이 우리의 불공대천의 원수를 사랑한다고 공공연하게 선언하기는커녕 그런 것을 생각하기조차 어렵다. 우리는 그들에게 친구가 되기보다 복수를 하고 싶기 때문이다. 우리는 우리의 경계선을 지킨다. 혹시라도 예전의 적을 우리의 공동체로 영접하는 일이 일어난다면, 그것은 그들의 충성심을 폭넓게 시험한 뒤에야 가능할 것이다. 우리는 공격을 많이 받으면 받을수록 우리 집단의 결속을 더욱 강화시킨다. 그리고 적의 문제를 해결하려고 노력하지 않을 것은 뻔하다.

혹자는 각 집단에 대한 묘사는 옳지만 그런 비교 자체는 잘못된 것이라고 주장할지 모르겠다. 이유인즉 내가 사과와 오렌지를 비교하고 있기 때문이다. 즉, 한편에는 종교적 공동체를 놓고, 다른 편에는 국가를 놓고 서로 비교하고 있는 것이다. 그럼에도, 이 비교는 유효하다. 가장 중요한 차이점은 힘의 사용을 결정하고 독점하는 권한의 정도이다. 당연히 국가는 힘을 행사하고 독점하는 권한이 매우 큰 반면에, 종교 공동체는-특히 소수파의 지위를 가진-무력한 상태에 있다. 따라서 무력한 종교 공동체는 대적에 대해 강력한 국가보다 이원론적 방식으로 관계를 맺기가 더 쉬울 것이다. 한 국가 내에 존재하는 많은 종교 공동체와 비종교 공동체들(학문 공동체도 포함한!)이 갈등 상황에 처할 때 국가와 비슷한, 때로는 더 나쁜 방식으로 처신한다는 것을 보여주는 일은 결코 어렵지 않다. 이처럼 여러 공동체들이 갈등 상황에서 그들의 적에 대해 행동하는 방식과 그들의 정체성을 해석하는 방식을 비교해 볼 때, 요한은 무척 성인(聖人)다운 면모를 보이고 있다는 게 내 주장이다.[62] 그래서 성(聖) 요한이라고 부를 만하다.

PART 3
하나님과 맘몬
OF GOD AND MAMMON

CHAPTER 5.
하나님은 사랑이라: 이슬람과의 대화에 비춰본 기독교 기본진리에 대한 성경적 성찰

그리스도인에게, "하나님은 사랑이라"는 진술은 가장 짧게 내릴 수 있는 하나님의 "정의(定義)"에 해당한다. 이 어구는 짧아도 그것이 묘사하는 "대상"은 이루 헤아릴 수 없는 존재며, 모든 유한한 것과 개별적으로 또 종합적으로 관계가 있을 뿐더러 실로 무한한 존재라는 말이다. 그런데 그토록 엄청난 주제를 어떻게 몇 페이지로 다룰 수 있을까? 더군다나 이 공동의 말씀(Common Word)에 대해 무슬림과 그리스도인 간의 대화의 맥락에서 내가 글을 쓰고 있으니 더더욱 어려운 일이 아닐 수 없다.

달리 말하면, 하나님과 이웃을 사랑한다는 말의 뜻과 관련하여 이 두 종교 간의 차이점과 유사점을 이해해서 설명하려고 긴장이 가득한 지적 씨름의 공간에서 글을 쓰고 있다는 뜻이다. 먼저 정교한 말을 지나치게 늘어놓는 걸 피하기 위해 할 수 없이 부족하나마 몇 가지 간략한 진술만 할까 한다.

그리스도인들이 하나님은 사랑이라고 말할 때 이는 무슨 뜻인가? 이 질문에 간단하게 대답하려면 본래 이 문구가 등장하는 성경 텍스트로 돌아가는 게 최선일 것이다. 이제 요한일서 4장 7-12절을 보자.

사랑하는 자들아 우리가 서로 사랑하자 사랑은 하나님께 속한 것이니 사랑하는 자마다 하나님으로부터 나서 하나님을 알고 사랑하지 아니하는 자는 하나님을 알지 못하나니 이는 하나님은 사랑이심이라 하나님의 사랑이 우리에게 이렇게 나타난 바 되었으니 하나님이 자기 독생자를 세상에 보내심은 그로 말미암아 우리를 살리려 하심이라 사랑은 여기 있으니 우리가 하나님을 사랑한 것이 아니요 하나님이 우리를 사랑하사 우리 죄를 속하기 위하여 화목 제물로 그 아들을 보내셨음이라 사랑하는 자들아 하나님이 이같이 우리를 사랑하셨은즉 우리도 서로 사랑하는 것이 마땅하도다 어느 때나 하나님을 본 사람이 없으되 만일 우리가 서로 사랑하면 하나님이 우리 안에 거하시고 그의 사랑이 우리 안에 온전히 이루어지느니라.

차별성과 걸림돌

제대로 이해하면, 이 텍스트는 기독교 신앙 전체를 요약하고 있다. 아울러 그리스도인과 무슬림 사이의 주된 차별성을 담은 여러 기독교적 신념을 열거하고 있기도 하다. 어떤 이들은 종교 간에 대화를 하는 마당에 논란이 되는 기독교적 신념을 이처럼 단도직입적으로 언급하는 텍스트를 거론하는 것은 지혜롭지 못하다고 주장할 터이다. 그러나 이런 신념을 거론하지 않는다고 해서 그것이 성경에서 혹은 그 단락을 읽는 그리스도인 독자들의 마음에서 사라지지는 않을 것이다. 이 두 종교의 차별성을 덮어놓는 것은 대부분 일종의 비의도적인 거짓과 선의의 위선이다. 이로부터 선한 것은 전혀 나오지 않는다. 그 대신, 공동선과 다른 종교인에 대한 배려를 동기로 삼아 그런 차별성(그리고 유사점도)을 공공연하게 내놓고, 그것을 정확하게 이해하려고 노력하고, 불필요한 걸림돌 없이 제시하고, 서로서로 배우려고 해야 마땅하다.

흔히 인정하듯이, 예수 그리스도를 "그 아들(the Son)"로 부르고 하나님이 "그의 독생자"를 보내셨다고 묘사하는 대목은 무슬림에게 큰 걸림돌이다. 코란은 예전부터 예수를 "하나님의 자식"으로 부르는 자는 불신자($k\bar{a}firs$, infidels)와 닮은 것으로 간주한다(Surat al-Tawha 9:30). 대다수의 무슬림은 "하나님의 아들"이란 말을 들으면 예수 그리스도가 하나님과 한 여자의 육체적 결합에서 태어난 자식이므로, 하나님의 "동료"라고 주장하는 것은 신성모독이라고 여긴다.

기독교적 관점에서 보면 이것은 커다란 오해가 아닐 수 없다. 그런데도 많은 무슬림이 깊은 심리적 차원에서 그렇게 느끼고 있으니 참으로 불행한 일이다. 그리스도인들은 영원한 아들은 말할 것도 없고 예수 그리스도가 하나님과 하나님의 피조물 간의 육체적 결합으로 생긴 자식이라는 개념을 명백하고도 단호하게 거부하고,

그 영원한 아들을 하나님의 "동료"로 보는 개념 역시 똑같이 거부한다.

성경에서 ("하나님의 아들"이란 어구에 나오는) "아들"은 성육한 말씀인 예수 그리스도와 하나님 간의 특별히 가까운 관계와 하나님을 계시하는 자로서의 특별한 신분(마 11:25-27; 요 14:9)을 가리키는 하나의 은유이다. 이후의 전통에서, ("아들이신 하나님"이란 어구에 나오는) "아들"은 영원 전부터 하나님과 함께 계셨던 그 말씀(the Word)이 하나님과 연관된 낮은 신이 아니라 하나님과 동일한 "본질"을 갖고 있으며, 따라서 유일한 하나님의 존재 자체에 속해 있는 분이라는 확신을 표현하는 하나의 **은유**이다. 이 특정한 걸림돌의 아이러니는 그리스도인들이 "하나님의 아들"이란 어구를 대다수의 무슬림이 생각하는 것과 다른 뜻으로 사용할 뿐 아니라, 그리스도인들이 이 어구를 대다수의 무슬림이 표현한다고 생각하는 바를 부정하는데 실제로 사용한다는 것이다!

다음에 나올 요한일서 4장 7-12절에 대한 설명은 석의적인 성격보다는 신학적인 성격을 띨 것이다. 이 설명은 성경 전반에 대한 해석과 그런 해석에 기초한 위대한 기독교 교사들이 개발한 일련의 확신에 근거하고 있다. 이는 역사비평적 방법을 사용하는 현대의 석의학자들보다는 고대의 주석가들과 성 아우구스티누스(354-410)나 마르틴 루터(1483-1546)와 같은 교회 지도자들이 취했던 해석 방법과 맥을 같이한다.

신적인 존재

이 텍스트의 중심축과 기독교 신앙의 중심축은 바로 하나님은 사랑이라는 단순한 주장이다.[1] 혹은 나지안지스의 그레고리(Gregory of Nazianzus)가 좀 더 시적으로 표현하듯이, 하나님의 "이름은 사랑이다"[2]라고 말할 수도 있다. 요한일서의 저자와 그의 독자들은 이 주장에 대해 너무도 강한 확신을 품고 있기 때문에, 그는 그것을 종속절에서 소개할 수 있을 정도다(몇 문장 뒤에서는 그것을 주절에서 다시 되풀이할 테지만 말이다[16절]). "하나님은 사랑이라"라고 말하는 것은 "하나님은 사랑하신다"는 말과 같은 정적인 표현이 아니다. 저자가 하나님은 사랑하신다고 단언한 것은 분명한 사실이다. 이 텍스트에서 두 차례나 명시적으로(10절, 11절), 그리고 이 편지 전체에서 46번이나 진술하고 있다! 사실 우리가 다루는 텍스트의 한 가지 요점은 하나님은 사랑하신다는 것이다. 그것도 능동적으로(하나님은 "우리를 살리려고" 인간과 관계하신다[9절]), 그리고 풍성하게(사랑하는 마음에서 하나님은 "자기의 독생자"[9절], 곧 하나님 자신을 보내신다) 그렇게 하신다.

하지만 '하나님은 **사랑이라**'라는 주장은 '하나님은 사랑하신다'는 진술보다 더 많은 것을 말한다. 이는 단지 하나님의 활동의 성격뿐만이 아니라 하나님의 존재의 특성을 일컫는다. 이는 하나님의 사랑의 강물이 흘러나오는 신적인 원천을 묘사한다. 하나님의 존재 자체가 곧 사랑이다. 그렇기 때문에 위대한 교부 성 아우구스티누스는, 어쩌면 너무 대담하게도, 이 주장을 뒤집어서 "사랑은 하나님이다"라고 쓰고 있다.[3] 물론 모든 종류의 사랑이 그렇다는 뜻은 아니고, 단지 인간 상호간에 나누는 행위로서의 사랑을 가리키는 것도 아니다. 먼 훗날 19세기의 위대한 종교비평가인 루트비히 포이에르바흐(Ludwig Feuerbach)가 출현하여 하나님에 관한 모든 주장을 인간에 관한 주장으로 변형시키는 일이 일어났다.[4] 그러나 올바로 이해된 사랑은 곧 하나님이고, 하나님은 곧 올바로 이해된 사랑이다.

하나님의 존재와 하나님의 활동 간의 관계는 무척 복잡한 문제이고 어느 중요한 의미에서는 "하나님은 존재하신다"는 말과 "하나님은 사랑하신다"는 말은 동일한 것이다[5]. 여기서 우리가 이 문제에 매달릴 필요는 없다. 다만 인간에 대한 하나님의 사랑의 행위는 사랑이신 하나님의 존재에 뿌리박고 있다는 주장이 낳는 한 가지 중요한 결과에 주목하는 것으로 충분하리라. 영원한 하나님은 곧 사랑인 만큼, 하나님은 창조세계의 존재이든 비존재이든 상관없이 사랑하신다. 요한복음이 표현하듯이, 그 "아버지"는 창세 전부터 그 "아들"을 사랑하셨다(요 17:24). 만일 하나님의 사랑이 어떤 식으로든 창조세계와 묶여 있다면, 창조세계는 하나님이 사랑이 되는데 필요할 것이다. 그러나 창조세계는 하나님에게 필요한 존재가 아니고, 하나님은 창조세계가 생성되는 것과 함께 사랑이 되는 것은 아니다. 오히려 이 의존적인 세계는 이미 사랑이신 하나님에 의해, 그리고 하나님이 곧 사랑이기 때문에 창조되었다.

프로테스탄트 종교개혁가인 존 칼빈(1509-1564)은 요한일서 4장 9절에 이런 주석을 달았다.

혹시 왜 세계가 창조되었는지, 왜 우리가 이 땅을 다스리도록 거기에 배치되었는지, 왜 우리가 수많은 복을 누리도록 생명이 보존되고 있는지, 왜 우리가 빛과 깨달음을 얻게 되었는지 그 이유를 묻는다면, 하나님의 값없는 사랑 이외에는 다른 어떤 이유도 내놓을 수 없다.[6]

이와 비슷하게, 위대한 기독교 신비주의자인 노르위치의 줄리안(Julian of Norwich, 1342-1416)은 창조의 근거를 하나님의 사랑에서 찾는다.

그리고 이 사랑 안에서 그분은 모든 일을 행하셨고, 이 사랑 안에서 그분은 모든 것을 우리에게 유익하게 만드셨고, 이 사랑 안에서 우리의 삶은 영원히 이어진다. 우리의 창조는 출발점이 있었지만, 그분이 우리를 창조할 때 품은 그 사랑은 영원 전부터 그분 안에 있었다. 이 사랑 안에 우리의 기원을 두고 있고, 이 모든 것을 우리는 하나님 안에서 한없이 보게 될 것이다.[7]

온 창조세계, 하나님이 아닌 모든 것은 하나님의 존재 자체를 규정짓는 사랑, 이미 존재하고 있던 하나님의 사랑으로 인해, 그리고 그 사랑의 무대 안에서 창조되었다. 하나님의 존재의 특성에 해당하는 하나님의 사랑은 하나님과 같이 영원하다.

그런즉 하나님은 사랑이고, 따라서 그분은 피조물을 사랑하신다. 하나님은 사랑이고, 따라서 하나님의 사랑은 그 어떤 피조물의 존재보다 선재한다. 그런데 창조 이전에 하나님이 사랑하는 자는 누구인가? 그 사랑의 대상은 하나님의 자아 그 자체와 다를 수 없는 법이다. 그렇다면 하나님의 사랑(하나님의 자기사랑) 역시 여전히 **사랑**이라고 부를 수 있는가?

하나님의 차별화

많은 신학자들은 오랜 세월에 걸쳐 하나님은 사랑이라는 주장과 하나님은 거룩한 삼위일체라는 주장 사이에 밀접한 관계가 있다는 것을 알았다. 사랑은 어떤 대상을 수반한다. 아니, 필요로 한다. "사랑하다"는 타동사다. 만일 사랑이 하나님이 아닌 모든 것의 존재와 관계없는 하나님의 본질적 속성이라면, 그 하나님이 유일한 하나님으로서 그 존재 내에서 어떻게든 분화가 되지 않으면 어떻게 사랑일 수 있는가? 우리의 텍스트는 세상을 향한 하나님의 사랑의 드라마에 등장하는 두 배우의 이름을 거론하고 있는 점에서 암묵적으로 신의 자기분화란 주제를 떠올리고 있다. 그 두 배우는 바로 하나님과 하나님의 아들이다(이 아들은 내가 앞서 말했듯이 "자식"이나 "동료"가 아니고, 내가 다음에 설명하는 내용도 이 점을 분명히 할 것이다). 이 텍스트 자체는 삼위일체 교리가 정립되기 전에 기록된 것이지만, 그 내용을 제대로 이해하려면 하나님이 거룩한 삼위일체임을 전제할 필요가 있다. 세계와의 관계에서도 그렇거니와, 세계와 별개로 하나님의 존재 자체도 그러하다.

유일하신 하나님의 사랑과 삼위일체 간의 관계를 살펴보기 전에 반드시 알아야 할 것이 있다. 이는 특히 무슬림과 그리스도인 간의 대화의 맥락에서 중요한 것인데, 기독교 신학자들이 하나님은 삼위일체라고 말할 때 어떤 것을 의미하지 않는지를 명백히 밝히는 일이다.

첫째, **하나님은 한 분이라는 것은 타협할 수 없는 진리다.** 그리스도인이 하나님의 삼위일체성을 주장한다고 해서 하나님의 통일성을 부정하는 것은 아니다. 1세기에 삼위일체를 둘러싼 온갖 논쟁이 벌어진 것은 바로 교부들이 하나님의 통일성에 관해 타협하기를 거부했기 때문이었다. 어쨌든 예수도 자기가 속한 유대 민족의 핵심적인 고백-"주 곧 우리 하나님은 유일한 주시라"(막 12:29)-을 인정하지 않았던가! 하나님은 유일한 분이든지 아예 존재하지 않는 분이든지 둘 중 하나다. 둘이나 셋, 혹은 그 이상 존재하는 것은 무엇이든 하나님일 수 없는 법이다. 하나님의 유일성은 위대한 기독교 사상가들의 전통에서 너무도 중요했기 때문에, 그들은 세 명의 신적 "위격들"(hypostases)이 단 하나의, 수적으로 동일한 신적 실체 안에 존재하고 있다고 주장한 것이다.

둘째, **하나님은 완전히 유일무이한 분이다.** 오직 하나님만이 하나님이다. 그밖에 존재하는 모든 것은 하나님이 아니다. 더 나아가, 하나님과 세계 사이에는 양적이거나 질적인 차이는 물론이고 절대적인 차이가 있다. 하나님은 이 세계에 존재하는 다른 실체들과 더불어 한 집안에 속한 구성원이 아니다. 하나님은 완전히 유일무이한 분이다. 우리가 다루고 있는 이 텍스트는 "어느 때나 하나님을 본 사람이 없다"(요일 4:12)는 단순한 주장으로 이 사상을 표현하고 있다. 하나님을 본 사람이 하나도 없는 이유는 사람들이 열심히 관찰하지 않았기 때문이 아니고, 하나님을 포착할 수 있을 만한 장소에 도달할 수 없었기 때문도 아니다. 오히려 하나님은 신체적인 눈으로는 전혀 볼 수 없는 그런 분이기 때문이다. 그래서 아우구스티누스는 "눈이 아니라 마음으로 그분을 찾아야 한다"[8]고 말한 것이다. 그리고 마음의 눈으로 하나님을 보는 조건은 전 인격이 "하나님과 같이" 변화되는 것이다(요일 3:2).

셋째, **하나님은 숫자를 초월한 분이다.**[9] 이 주장은 하나님의 절대적 유일성으로부터 나온다. 하나님을 셀 수 있는 다른 많은 것들 중의 하나로 세는 것은 불가능하다. 세상에 존재하는 온갖 다양한 것들에다 더할 수 있는 분이 아니고, 그 모든 것 중에서 가장 큰 존재도 아니며, 그 모든 것을 포함하고 있는 존재도 아니다. 그러므로 우리가 하나님은 한 분밖에 없다고 말하는 것은 태양이 하나뿐이라든가 우주가 하나밖에 없다고 말하는 것과 같은 의미가 아니다. 이와 비슷하게, 과거의 위대한 신학자들은 엄밀히 말해 하나님에 속한 것을 계산하는 일이 불가능하다고 믿었다. 하나님 안에 있는 다양한 "것들"을 별개의 "사물들"인 것처럼 하나씩 이름을 말하는 것이 불가능하다는 뜻이다. 그래서 우리가 하나님 안에 "세" 위격이 있다고 말하는 것은, 이를테면, 예수가 변화산에 세 제자들을 데리고 올라갔다고 말할 때의 뜻과 같지 않은 것이다. 하나님의 하나됨과 삼위일체에 관한 언어를 포함하여 하나님에 관한 모든 인간 언어는 부적절하다. "하나"와 "셋"에 관한 이야기가 하나님에게 적용될 때는 유추적인 성격을 띠기 때문이다.

만일 유일한 하나님이 완전히 유일무이하고 숫자를 초월한다면, 그리스도인들은 왜 신의 삼위일체성에 관해 말하는 것일까? 그리스도인들은 그 말씀(the Word)이 예수 그리스도 안에서 육신이 되었다고 믿는다(요 1:1-18; 요일 4:2-3). 이 믿음에 근거하여, 모든 계산을 초월한 완전히 유일무이한 하나님이 그 내부에서 화자(the Speaker)와 말씀(the Word)과 숨(the Breath)으로 분화된다는 사상이 나온다. 이는 우리가 요한복음 1장 1절 ("태초에 말씀이 계시니라 이 말씀이 하나님과 함께 계셨으니 이 말씀은 곧 하나님이시니라")에 근거하여 하나님의 삼위일체성을 말하는 것과 같다.

우리 텍스트는 하나님이 그 아들을 보내는 것에 관해 말할 때 신약성경과 그 전통에 흔히 나오는 이름을 사용한다. "아버지"와 "아들"이란 이름을 사용하고, 거기에다 다른 텍스트들과 중요한 교리에 기초하여 "성령"이란 이름을 덧붙인다. 그들이 사용하는 명칭들은 다를지 몰라도 그 대상은 언제나 동일하다. 바로 숫자를 초월하고 하나님이 아닌 다른 모든 것과 절대적으로 구별되는, 그 유일한 하나님의 내적 분화에 이름을 붙이는 것이다.

그러면 유일한 하나님의 내적 분화는 하나님은 사랑이라는 주장과 어떤 관계에 있는가? 만일 하나님의 존재가 내적으로 분화되지 않는다면, 우리가 어떻게 다음 두 가지 사항을 말할 수 있겠는가? 첫째, 하나님은 그 자체의 영원한 존재 내에서 사랑이시며, 둘째, 하나님은 하나님과 세계(이 세계는 필수적이기보다 의존적이기 때문에)와의 관계와 별도로 사랑하는 분이라고 말할 수 있겠는가? 결코 말할 수 없다. 내적인 분화가 없다면, 하나님은 단지 하나님 자신을 사랑할 뿐이고, 이 경우에는 사랑이라기보다 자기 사랑으로 묘사하는 편이 더 적당할 것이다. 하나님은 비할 데가 없는 유일무이한 통일체이긴 하지만 내적으로 분화된 통일체이다. 말하자면, 유일한 하나님 안에 "타자"가 있다는 뜻이다. 그리고 하나님 안에 "타자"가 있기 때문에 진정한 사랑이 있을 수 있다. 이는 단지 자신을 긍정하고 기뻐하는 사랑이 아니라, 타자에게 주고 타자로부터 받는 사랑이다.[10] 성 아우구스티누스는 거룩한 삼위일체에 관한 유명한 책에서 "당신이 사랑을 보면 삼위일체를 보는 셈이다"라고 썼다.[11]

먼저 주는 사랑

하나님은 거룩한 삼위일체인 만큼 하나님의 영원한 사랑은 자기중심적인 사랑이 아니라 자기를 내어주는 사랑일 수 있다. 따라서 인류를 향한 하나님의 사랑은, 사랑의 대상이 사랑하는 자를 위해 마련하는 혜택 때문에 생긴 사랑이 아니라 값없이 주어지는 사랑이다. 유일한 참 하나님은 인간에게 무엇이든 받을 필요가 없는 스스로 완전한 존재이되, 자기가 주고 타인에게 받는 사랑의 풍성함에는 폐쇄적이지 않다. 유일한 하나님의 존재와 동일한 이 순환하는 사랑은 이 세계-이는 피조물이므로 근본적으로 다른 하나님의 타자이다-와 세계가 주는 모든 혜택의 원천이다.

만일 영원한 하나님이 그 자체로 그리고 창조세계와의 관계에서 사랑이시라면, 한 가지 중요한 결과가 도출된다. 하나님의 사랑은 반응적 사랑(reactive love)이 아니라는 것. 이 점은 곧바로 우리가 다루는 텍스트로 이어진다. "사랑은 여기 있으니 우리가 하나님을 사랑한 것이 아니요 하나님이 우리를 사랑하셨다"(요일 4:10). 몇 절 뒤에 요한은 하나님의 사랑은 언제나 "먼저"이지 두 번째가 아니라고 쓰고 있다(19절). 사도 바울은 로마 교인에게 보낸 편지의 정점에서 이와 비슷한 주장을 한다. 하나님은 결코 "답례"로 주시는 분이 아니라는 것이다(롬 11:35). 그러므로 하나님의 사랑은 언제나 먼저 주는 사랑이다. 이 사랑은 결코 하나님 "바깥"에 있는 어떤 사물의 특성이나 행위에 대한 반응이 아니라는 말이다. 사실 사랑이 영원한 하나님의 존재 그 자체라면 그렇지 않을 수 없다.

위대한 프로테스탄트 종교개혁가인 마르틴 루터는 『하이델베르크 논쟁』(Heidelberg Disputation)에서 피조물을 향한 하나님의 사랑과 인간의 사랑을 아주 뚜렷하게 대비시켰다. "하나님의 사랑은 기뻐할 만한 것을 찾지 않고 창조한다. 사람의 사랑은 기뻐할 만한 것을 통해 생긴다."[12] 인간은 기뻐하는 것과 만나면 사랑이 생긴다. 우리가 사랑할 만한 것을 경험하면-맛있는 음식을 먹는 일, 아름다운 예술품을 감상하는 일, 갓난아기를 안아 주는 일-우리 속에 사랑이 태어난다. 하나님은 이와 다르다고 루터는 주장했다. 사물들이 그 속성으로 하나님의 사랑을 불러일으키는 것이 아니다. 오히려 하나님의 사랑이 그런 속성을 지닌 사물을 모두 창조한다. 그리고 만일 하나님이 어떤 사물에서 기뻐할 만한 것을 찾지 못하면-만일 인간들이 경건치 못한 존재가 되었다면-하나님은 그 사물이 그 성품을 바꿀 때까지 혐오감을 느낀 채 그것을 버리는 분이 아니다. 그 대신 하나님은 다시 사랑할 만한 존재가 되도록 그것을 재창조하려고 하신다.

하나님은 "먼저" 우리를 사랑하셨다. 우리가 하나님을 사랑하기 전에 그랬다는 말이다. 이 주제는 구약성경에 흔히 나온다. 하나님의 사랑은 이스라엘 민족의 특별한 장점 때문에 생긴 것이 아니다(신 7:7-8). 이보다 더 파격적인 점은, 호세아 선지자에 따르면, 하나님의 사랑은 이스라엘의 악행에도 불구하고 여전히 첫째로 남아있다는 것이다(11:1-11). 신약성경도 사람이 하나님을 버려도 하나님의 사랑은 여전하다는 구약성경의 흐름을 이어받아 그 점을 부각시킨다. 로마서에서 사도 바울은 "약한 자"와 "경건치 않은 자", "죄인"과 "원수"를 향한 하나님의 사랑에 관해 쓰고 있다(5:6-10). 이와 비슷하게, 요한은 사랑하는 마음에서 하나님이 예수 그리스도를 세상에 보낸 것은 "그로 말미암아 우리를 살리기"(요일 4:9) 위함일 뿐 아니라, 무엇보다도 "우리의 죄"(10절)와 온 세상의 죄(2:2)를 위한 화목 제물이 되게 하기 위해서라고 강조한다. 하나님의 사랑은 심지어 죄인들과 경건치 않은 자들과 악행을 범하는 자들을 위해서도 "먼저" 주어지는 것이고, 그것은 그들이 행한 어떤 것-하나님을 가까이 하

려는 움직임이나 하나님에 대한 사랑이 싹트는 모습-에 대한 반응이 아니다.[13]

무한한 사랑

대체로 무슬림과 그리스도인은 그리스도가 십자가에서 죽었는지 여부에 대해 의견을 달리하고,[14] 설사 그가 죽었더라도, 그가 인류의 죄를 위한 화목 제물로 죽었는지 여부에 대해 의견을 달리한다. 하지만 여기는 이 중요한 이슈를 다룰 자리가 아니다. 우리의 관심사는 "하나님은 사랑이라"는 말의 뜻인 만큼, 나는 그리스도의 화목 제사가 하나님의 사랑의 특성에 대해 어떤 함의를 갖고 있는지 살펴볼 생각이다.[15]

첫째, 하나님의 사랑은 도무지 **헤아릴 수 없다**. "그가 우리를 위하여 목숨을 버리셨으니 우리가 이로써 사랑을 안다"(3:16). 이와 비슷하게, 요한복음에서 예수는 제자들에게 말하는 대목에서 "사람이 친구를 위하여 자기 목숨을 버리면 이보다 더 큰 사랑이 없다"(요 15:13)고 말한다. 이처럼 가장 위대한 인간의 사랑은 하나님의 무한한 사랑을 보여주는 창문인 셈이다.

둘째, 하나님의 사랑은 **전혀 값없는** 사랑이므로 **완전히 무조건적**이다. 하나님은 그 사랑을 받을 만한 사람만 사랑하지 않고 아무런 차별 없이 모든 사람을 사랑하신다.[16] 마태복음에 따르면 예수 그리스도가 말한 것처럼, 하나님은 "그 해를 악인과 선인에게 비추시는" 분이다(마 5:45).

셋째, 하나님의 사랑은 **보편적이다**. 이 유일한 하나님은 모든 인류의 하나님이다. 그러므로 하나님의 본질인 그 사랑은 인간 사이에 존재하는 모든 차별성이나 분열과 상관없이 모든 인간을 향하는 사랑이다. 어느 누구도 하나님의 사랑에서 결코 배제되지 않고, 그 어떤 행위라도 그 행위자를 하나님의 사랑을 받지 못하게 배제시킬 수 없다. 비록 구속받을 수 없는 범죄자는-만일 이런 사람들이 존재하는 것이 입증된다면-하나님의 사랑의 세계[17]인 "하늘"로부터는 배제될 터이지만 말이다. 그리고 그런 사람들은 하나님의 사랑이 보편적임에도 불구하고 배제되는 게 아니라 보편적이기 때문에 배제되는 것이다.

넷째, 하나님의 사랑은 모든 사람과 모든 행위에 대해 **무차별적으로 용서한다**. 하나님은 불의한 자들에까지 관대한 분일 뿐더러 그들이 회개하여 예전에 버렸던 선(善)으로 돌아오게 하려고 그들의 불의를 용서하는 분이다. "만일 우리가 우리 죄를 자백하면 그는 미쁘시고 의로우사 우리 죄를 사하시며 우리를 모든 불의에서 깨끗하게 하실 것이다"(요일 1:9).

끝으로, 하나님의 사랑의 **목표**는 곧 **사랑**이다. 요한일서가 이 목표를 표현하기 위해 사용하는 단어는 "사귐"이다(1:3). 이는 인간과 하나님의 교제, 하나님과 인간의 상호내주(4:13-15), 그리고 인간들 상호간의 교제(1:7)를 말한다.

사랑과 심판

하나님의 사랑은 헤아릴 수 없고, 무조건적이고, 보편적이며, 용서하는 사랑이라는 점이, 하나님은 사랑이라는 단순한 사실로부터 나오는 것이다. 그렇다면 사랑이 많은 하나님은 불경건한 모습과 악행을 눈감아 주는 등 인간의 죄에 무관심하다는 말인가? 그렇지 않다. 하나님은 불경건한 모습과 악행에 무관심한 분이 아니다. 이 편지는 빛과 어둠(요일 2:8), 사랑과 미움(2:9-10), 진리와 거짓(2:21), 하나님과 마귀(3:10), 그리스도와 적그리스도(2:22-23), 생명과 죽음(2:25) 사이를 뚜렷하게 구별하고 있다. 그러므로 우리 텍스트 몇 절 뒤에 요한이 하나님의 **심판**에 대해 쓰고 있는 것(4:17-18)은 놀랄 일이 아니다.

하나님의 사랑은 하나님의 심판과 어떤 관계가 있는가? 하나님의 사랑은 사람들의 인격적 방향성과 행동의 도덕적 성격에 따라 그들에게 다른 영향을 미친다. 우리가 올바른 일을 행할 때는(즉, 우리가 사랑할 때는) 하나님의 얼굴이 "우리에게 비춰어" 하나님의 사랑을 기쁨과 칭찬의 형태로 경험한다. 우리가 악한 일을 행할 때는(즉, 우리가 무관심하거나 남을 해칠 때는) 하나님의 사랑을 진노와 정죄의 형태로 경험한다. 왜 진노와 정죄인가? 하나님이 우리를 사랑하지 않기 때문이 아니라, 사랑의 하나님이 우리를 우리가 이탈한 선(善)으로 되돌려놓기 위해서다.[18]

하나님이 우리에게 화를 내든 우리를 기뻐하든, 우리를 칭찬하든 정죄하든, 하나님은 우리를 하나님의 존재 자체에 뿌리박고 그와 동일한 변함없는 신적 사랑으로 사랑하신다. 그렇기 때문에 "사랑 안에 머무는" 자들, 그래서 "하나님 안에" 머무는 자들은 심판의 날에 "담대함"을 품고 두려워할 필요가 없는 것이다(4:17-18).

하나님을 아는 지식

하나님은 사랑이라는 주장은 하나님을 아는 지식에 어떤 결과를 낳는가? 한 가지 결과는 자명하다. 기독교적 관점에서 보면, 하나님이 사랑이란 것을 부인하는 자들은 하나님을 올바로 알지 못한다는 것이다. 마르틴 루터는 하나님의 성품을 사랑으로 아는 일에 큰 관심을 갖고 있었다. 사실 종교개혁 전체는 하나님의 성품을 사랑으로 이해하는 일을 둘러싼 싸움이었다고 해도 과언이 아니다.

루터는 하나님에 관한 두 가지 잘못된 형태의 "앎"에 대해 강력하게-내가 보기에, 때로는 지나치게 열심히-저항했다. 이 양자는 모두 하나님은 사랑이란 진리를 부정하는 것이라고 믿었기 때문이다. 첫째는 하나님이 죄인인 인간을 향해 악의를 품고, 그들의 죄로 인해 그들을 미워한다는 단순한 믿음이다. 하나님은 사랑이시기 때문에 그럴 수 없다. 하나님은 죄인들을 사랑할 수밖에 없고, 바로 그들을 사랑하기 때문에 그들의 죄를 미워하신다. 하나님에 대한 두 번째로 잘못된 견해는, 하나님은 "나의 노력과 행위로 인해 나에게 호의를 베푸는" 분이라는 생각이다.[19] 하나님이 사랑으로 보답할 것을 기대하며 고상한 행실과 선행과 함께 하나님께 나오는 일은 단번에 세 가지 잘못을 범하는 것이다. 첫째, 인간과 인간의 선행에 관한 잘못된 생각이다(실은 하나님의 선물인데 자기의 소유라고 주장함으로써). 둘째, 하나님의 성품에 관한 잘못된 생각이다(하나님은 "사랑밖에 없는 분"[20]임을 부인함으로써). 셋째, 하나님의 사랑에 관한 잘못된 생각이다(하나님의 사랑은 노력으로 얻을 수 있는 게 아니라 완전히 "값없이"[21] 온다는 것을 부인함으로써)

루터는 비록 무조건적 사랑이 하나님의 본성을 묘사한다는 사상을 열렬히 옹호했지만, 이 점에서 그와 의견을 달리하는 동료 가톨릭 신자는 물론이고 유대인과 무슬림이 거짓 신을 믿는다고 생각하지는 않았다. 그는 "대교리문답"(Large Catechism)에서 유대인과 무슬림은 비록 "그들을 향한 하나님의 마음을 알지" 못하지만 여전히 "유일한 참 하나님을 믿고 예배한다"고 주장했다.[22] 즉, 그들의 신앙에 대한 루터의 이해에 따르면, 그들은 비록 그들을 향한 하나님의 사랑이 완전히 무조건적이라는 것을 믿지 않지만 여전히 참 하나님을 믿는다고 본 것이다.[23] 하나님이 순전한 사랑임을 부인하는 자들이라고 해서 거짓 신을 믿는 것은 아니다. 그 대신, 그들은 (부분적으로) 유일한 참 하나님을 잘못 묘사하고 있는 것이다. 이것은 루터에게 중대한 문제였다. 하나님이 당신에게 은혜로운 분임을 믿지 않고 또 신뢰하지 않는 것은 은혜로운 하나님을 모시지 않는 셈이기 때문이다! 그런데도 루터는 (그와 같이) 하나님의 무조건적인 사랑을 긍정하는 자들과 하나님의 무조건적인 사랑을 부정하는 자들(가톨릭 신자, 유대인, 무슬림)이 동일한 하나님을 믿지 않는 것이라고 암시한 적이 없다! 그가 무슬림과 유대인 모두에 대해 매우 부정적인 견해를 갖고 있었던 것을 감안하면, 이는 더더욱 놀라운 일이 아닐 수 없다.

하나님을 아는 것과 이웃을 사랑하는 것

요한일서 4장 7-12절은 하나님의 성품에 대한 올바른 지식의 중요성을 전제하고 있지만, 주관심사는 다른 데 있다. 즉, 우리가 하나님에 대해 어떻게 생각하느냐가 아니라 이웃에게 어떻게 행하느냐에 있다. "사랑하는 자마다 하나님으로부터 나서 하나님을 안다"(7절)는 말은 사랑하지 않는 자는 누구나 하나님으로부터 나지 않았다는 뜻을 내포하고 있다.

그러면 왜 하나님을 사랑하는 것으로 충분하지 않은가? 이유는 간단하다. 하나님의 사랑은 삼위일체 안에 갇힌 사랑이 아니라 피조물을 향해 흘러넘치는 사랑이기 때문이다. 따라서 "하나님으로부터" 왔다고 자처하는 인간의 사랑은 하나님의 사랑처럼 타인을 향해, 이웃을 향해 흘러야 한다. 단지 하나님께만 돌려지는 사랑은 신적인 사랑을 닮지 않은 사랑이다. 반면에 이웃에게 전해지는 사랑은 하나님의 사랑을 닮은 것이다. 그렇기 때문에 하나님으로부터 난 사람은 사랑하게 되고, 사랑하는 사람은 누구나 하나님에게서 난 것이다. 이를 간단하게 이웃을 사랑하지 않으면 하나님으로부터 나지 않았다로 표현할 수 있다.

이와 비슷하게, 이웃에 대한 사랑이 없으면 하나님을 아는 지식도 없다.[24] "사랑하지 아니하는 자는 하나님을 알지 못한다"(요일

4:8). 우리가 하나님에 관한 정확한 정보를 갖고 있고 또, 그 정확한 정보를 진리로 고백할 수는 있지만, 그럼에도 하나님을 알지 못할 수 있다. 하나님을 알려면 그분에 관한 진리를 지적으로 수긍하는 것으로 충분치 않다. 우리는 "진리를 행해야" 하고(1:6), 우리는 하나님처럼 행동해야 하고, 하나님과 같은 존재가 되어야 한다(물론 하나님이 피조물과 근본적으로 다르다는 점을 늘 유념해야 하지만). 하나님은 이웃을 사랑하지 않는 곳에서는 알려질 수 없는 분이다. 하나님을 아는 지식은 인간의 정체성 및 행동방식에 있어서 하나님을 닮아가는 것과 관계가 있다.[25]

성 아우구스티누스는 이웃 사랑과 하나님을 아는 지식의 연관성을 더더욱 강조하며 7절에 대한 주석을 이렇게 달았다. "그러므로 사랑을 위반하는 사람은 누구든지, 그 혀로 무엇이든 원하는 대로 말하게 내버려두라" 그가 그리스도의 정체성과 하나님의 본성에 관해 바른 말을 하도록 내버려두라. 그럼에도 그는 그리스도를 부인하는 사람인즉 "적그리스도"이고 "하나님께 반하여 행하는 자"이다.[26] 이웃을 사랑하지 않는 것은 단지 하나님을 알지 못하는 것에 그치지 않고 실은 하나님을 부인하는 것이다. 아우구스티누스는 이웃에 대한 **행실**이 하나님의 성품과 어긋나는 것이, 하나님에 관한 **생각**이 하나님의 성품과 어울리지 않는 것보다 더 나쁘다고 믿었던 것이 분명하다. 만일 아우구스티누스의 평가가 옳다면, 이는 그리스도인과 비그리스도인의 관계에 깜짝 놀랄 만한 결과를 초래한다. 만일 불신자나 다른 종교인이 사랑을 하면, 하나님에 관한 공식적이고 올바른 신조나 예수 그리스도에 대한 외면적 명시적 신앙을 갖고 있는 그리스도인들보다 하나님께 더 가까울 수 있다는 것이다![27]

이처럼 행실을 신조보다 높이는 일은 하나님은 사랑이라는 주장이 낳는 결과다. 하나님은 사랑하는 분이므로 우리도 사랑해야 마땅하다. 하나님은 사랑이므로 우리도 사랑이어야 한다. 즉, 기뻐하고 교정하고, 지지하고 신뢰하고, 언제나 친절하고, 인자하고, 능동적으로 돌보는 사랑이어야 하는 것이다.

하나님을 아는 데 이르는 것

그런데 어떻게 하면 하나님을 올바로 아는 데 이를 수 있을까? 어떻게 하나님이 행하시는 대로 행하고 하나님과 같은 존재가 될 수 있을까? "사랑하는 여러분, 서로 사랑합시다. 사랑은 하나님께로부터 오는 것입니다"(요일 4:7, 표준새번역).[28] 한 차원에서 보면, 하나님이 행하시는 대로 행하는 일은 명령에 대한 순종의 문제다. 내가 인용한 말은 일종의 권면이지만-"서로…합시다"-명령의 성격을 갖고 있다(3:23절을 보라). 사랑은 하나님께로부터 오고, 하나님은 사랑이시므로, 우리는 사랑해야 마땅하다! 여기서 주로 행동과 관련이 있는 명령이 주어진 것은 매우 적절하다. 인간은 하나님의 형상으로 만들어진 만큼 그 창조주의 행동에 맞춰 행하는 것이 마땅하기 때문이다. 그런데 이 명령은 불충분한 것이기도 하다. 사랑을 해야 할 사람들에게 가장 필요한 것, 즉 실제로 순종하고 사랑해야 할 충분한 동기와 힘을 제공하지 않기 때문이다.

"사랑하는 자들아 하나님이 이같이 우리를 사랑하셨은즉 우리도 서로 사랑하는 것이 마땅하도다"(요일 4:11). 다른 한편, 이보다 깊은 차원에서 보면, 하나님이 행하는 대로 행하는 것은 하나님이 누구인지 그리고 하나님이 인간을 어떻게 사랑했는지-이루 헤아릴 수 없게, 무조건적으로, 보편적으로, 무차별적으로, 용서하면서-를 아는 문제다. 하나님은 인간이 어떤 존재가 되고 또 어떻게 행해야 하는지를 보여주는 모델이다. 이는 다시 루터의 관심사에 주목하게 한다. 만일 우리가 하나님과 같은 존재가 되어야 한다면, 하나님이 누구인지, 특히 우리와 관련하여 어떤 분인지를 올바로 아는 일이 중요하다. 그렇기 때문에 이 편지는 곳곳에서 "바른 교리"를 매우 중요시하고 있는 것이다. 하나님이 누구인지와 하나님이 우리를 얼마나 사랑하시는지를 이해하면 우리에게 이웃을 사랑하고픈 동기가 생긴다. 이 두 번째 차원에서, 하나님을 보고 감동을 받아 그분처럼 되고자 하는 마음이 생길 때, 우리는 비로소 하나님을 아는 데 이르는 것이다.

이처럼 하나님을 아는 데 이르는 첫 번째 차원과 두 번째 차원 즉, 명령에 대한 순종의 차원과 본보기를 모방하는 차원으로 보면, 하나님과 우리 사이의 관계는 외적인 관계다. 즉, 우리는 귀담아 듣고 순종하고, 우리는 눈여겨보고 모방하는 것이다. 이제 하나님과 우리가 관계를 맺는 세 번째 방식은 그보다 친밀한 것이다. 공간적 및 시간적 거리가 있는 관계가 아니라 내면의 임재가 있는 관계다. 이는 우리의 존재와 우리의 행동이 일치하는 것과 관계가 있다. "우리가 서로 사랑하면 하나님이 우리 안에 거하신다"고 말한다(12절). 몇 절 뒤에는 "사랑 안에 거하는 자는 하나님 안에 거하고 하나님도 그의 안에 거하시느니라"(16절)는 말이 나온다. 하나님이 우리 안에 거하실 때, 우리는 하나님을 닮아가고 그분과 같이 행하게 된다. 그런데 우리는 진리를 행하고 진리 안에 있고 그래서 하나님을 알아가는 첫 번째와 두 번째 방법, 곧 명령과 모방을 염두에 두고 있기 때문에, **만일** 우리가 이웃을 부지런히 사랑하면 하나님이 우리 안에 거하실 것이라는 결론을 내리고 싶은 생각이 든다. 그러나 이것은 앞뒤를 뒤바꾸는 것이다. 이는 또한 우리를 향한 하나님의 능동적인 사랑이 우리의 사랑에 의해 좌우되게 만듦으로써 하나님의 값없는 사랑을 부인하는 것이고, 어떤 의미에서는 하나님의 본질 자체를 부인하는 것과 다름이 없다.

먼저, 모든 사랑이 "하나님으로부터" 나온다(7절)는 점을 생각해 보라. 우리 자신이나 어떤 피조물이 아니라 하나님이 사랑의 궁극적 원천이다. 우리가 사랑을 한다면, 그것은 우리 스스로 사랑을 창출했기 때문이 아니다. 가령, 예수 그리스도 안에 나타난 하나님의 행위를 본받기로 결심했기 때문이 아니라는 말이다. 우리가 사랑을 한다면, 그것은 하나님이 어떤 식으로든 우리 속에 사랑을 불러일으키셨기 때문이다(예컨대, 하나님이 그리스도 안에서 행하신 것을 관찰하는 것을 수단으로 삼아).

이어서 "하나님은 사랑이라"(8절)는 말을 생각해 보라. 하나님이 사랑을 베푸는 것은 그분이 소유한 어떤 것을 주는 게 아니라 그분의 존재 자체를 주는 것이다. 그래서 하나님은 자신을 내어줌으로써 사랑을 주시는 분이라고 할 수 있다. 우리 텍스트가 말하듯이, 하나님은 "우리 안에 살려고" 오신다(12절). 이웃 사랑은 하나님이 우리 안에 거하시는 데 필요한 조건이 아니다. 오히려 하나님이 우리 안에 거하시는 것이 이웃을 사랑하는데 필요한 조건이다. 하나님은 우리 안에 사시면서 우리의 성품을 빚어내어 우리가 하나님을 닮은 존재가 되고 그분처럼 행하도록 하신다. 그런즉 이웃 사랑은 하나님의 현존의 징표인 것이다. 다른 어떤 징표보다 더 확실한 징표다. 진정한 사랑이 있는 곳에 하나님도 계신다.

하나님의 현현

평범한 인간들 사이의 평범한 사랑은 보이지 않는 하나님의 가시적인 현현(顯現)이다! 아무도 볼 수 없는 하나님은 사실 눈으로 볼 수 있는 분이다. 단, 우리가 어떻게 그리고 어디를 봐야 하는지를 알고 있다면 그렇다는 말이다. 아우구스티누스는 하나님을 "보는" 올바른 방식과 그릇된 방식에 대해 훌륭한 필치로 쓰고 있다.

그러나 아무도 안목의 정욕에 따라 하나님을 상상하지 못하게 하라. 그는 스스로 마치 육안으로 보는 빛과 같이 사방으로 뻗어나가는 거대한 형상이나 어떤 어림할 수 없는 규모를 상상하게 되기 때문이다. 즉, 공간계에서 공간계로 뻗어가는 최대한 큰 모양을 상상하거나, 존경스러운 모습을 지닌 노인인 것처럼 생각하는 것이다. 이 가운데 어느 것도 당신은 상상하지 말라. 당신이 하나님을 보고 싶다면, 상상해도 무방한 것이 있다. 바로 **하나님은 사랑이라**는 것이다. 사랑은 어떤 얼굴을 갖고 있는가? 사랑은 어떤 모양을 갖고 있는가? 어떤 키를? 어떤 발을? 그것은 어떤 손을 갖고 있는가? 아무도 말할 수 없다. 그럼에도 사랑에는 발이 있다. 사람들을 교회로 데려가기 때문이다. 손이 있다. 가난한 자에게 뻗치기 때문이다. 눈이 있다. 이로써 우리가 어려운 자를 배려하기 때문이다.[29]

우리가 능동적 사랑을 접할 때, 우리가 그런 사랑을 주고받을 때, 가까이 할 수 없는 빛 가운데 거하는 볼 수 없고 유일한 하나님은 세상에서 "보이게" 되는 것이다. 육신의 눈이나 지성의 눈에 보이는 게 아니라 영적인 눈에 보이게 된다.

평범한 이웃 사랑에서 나타나는 그 유일한 하나님의 현현은 엄밀히 말하면 예수 그리스도 안에 나타난 하나님의 자기계시의 반영이다. "하나님의 사랑이 우리에게 이렇게 나타난 바 되었으니, 하나님이 자기의 독생자를 세상에 보내심은 그로 말미암아 우리를 살리려 하심이라"(요일 4:9). 이 구절은 요한복음의 초두에 나오는 더 완전한 구절에 병행한다. "본래 하나님을 본 사람이 없으되 아버지 품속에 있는 독생하신 하나님이 나타내셨느니라"(1:18). 예수 그리스도가 굶주린 자를 먹이고, 병자를 치료하고, 어린이를 안아 주고, 버림받은 자와 함께 대접을 받았을 때, 그가 하나님이 가까움을 선언하고 회개를 전파했을 때, 그가 세상 죄를 진 하나님의 어린 양으로 십자가에서 죽었을 때, 그리고 그가 부활했을 때, 이 모든 사랑의 행위 가운데 하나님의 사랑이 현존해 있었고, 그의 삶에서 사랑이신 하나님이 온전히 나타났던 것이다.

결론: 그리스도인을 위한 여섯 가지 명제

1. 하나님은 창조세계와의 관계와 별도로 그 존재 자체가 사랑이다.
2. 피조물에 대한 하나님의 사랑은 하나님의 존재의 표출이고, 따라서 언제나 "먼저" 오는 것이며 완전히 무조건적이다.
3. 우리는 역사 속에 구현된 하나님의 무조건적인 사랑, 곧 예수 그리스도를 통하여 하나님이 사랑이라는 것과 하나님이 어떤 분임을 알게 된다.
4. 우리는 이웃을 사랑하되, 인류를 향한 하나님의 무조건적이고 보편적인 사랑을 피조물답게 반영하는 방식으로 사랑해야 마땅하다.
5. 사랑의 하나님을 알려면 우리는 이웃이 누구든지 간에 그들을 사랑해야 한다.

6. 우리가 사랑을 하려면, 사랑이신 하나님, 사랑의 마음으로 인류를 창조하고 구속하신 하나님이 우리의 사랑을 불러일으키고 우리를 통해 사랑해야 한다.

CHAPTER 6.
무한을 향한 갈망: 기독교 신앙과 경제성장의 역학

망토와 쇠창살

막스 베버의 『프로테스탄티즘의 윤리와 자본주의 정신』(*Protestant ethic and the spirit of capitalism*, 문예출판사 역간)의 끝부분에서 저자가 "순전히 역사적인 토론"이라고 부르는 내용이 "가치 판단과 신앙적 판단의 세계"로 조금씩 나아가는 대목에 이런 문장이 나온다. "백스터의 견해에 따르면, 외부 재화에 대한 염려는 '어느 순간에든 벗어 버릴 수 있는 가벼운 망토처럼 그리스도인'의 어깨 위에 놓여 있어야 한다. 그러나 그 망토는 쇠창살이 될 수밖에 없는 운명이었다."[1] 여기서 우리의 관심사는 "운명"의 본질과 그것이 어떻게 진행되었는지에 관한 흥미로운 질문이 아니다. 내 목적상 중요한 점은 "망토"가 "쇠창살"로 변형되는 과정에 내포된 이중적인 아이러니다.

첫째 아이러니는 의도적인 것이었다. 옛 청교도였던 리처드 백스터는 어리석게도 맘몬의 멍에가 쉽고 그 짐이 가벼운 것이라고 생각했다. 한 사람의 마음이 하나님의 것에 고정되어 있다면 그럴 것으로 생각한 것이다. 그러나 금욕주의가 "수도원의 독방에서 일상생활의 영역으로"[2] 이식될 때-그리고 경제조직과 사회구조의 변화와 같은 다른 몇 가지 요인에 의해[3]-분출된 힘은 유일한 참 주인(하나님)을 섬기려는 마음의 욕망보다 더 강한 것으로 입증되었다. 외부 재화에 대한 염려의 짐이 무거워진 나머지 세상에 사는 그리스도인은 지쳐버렸다. 가벼운 망토가 쇠창살로 변한 것이다. 이 쇠창살의 닫힌 문 뒤에서는 와서 쉼을 얻으라는 그리스도의 초대(마 11:28-30)가 먼 과거로부터 들려오는 희미한 메아리로 들릴 뿐이다.

쉼을 주겠다는 그리스도의 초대 이면에는 아무도 하나님과 맘몬을 겸하여 섬길 수 없다는 경고가 놓여 있었다(마 6:24). 그럼에도 17세기 이래, 많은 사람의 눈에 맘몬은 갈수록 더 매력적인 주인으로 보였다. 선한 양심으로 부를 창조하고 즐기기 위해서는 경제적 영역과 종교적 영역을 철저히 분리시키고, 이 양자를 더 이상 "큰 통합체 내의 연속적인 단계들로 여기지 않고, 서로 다른 법의 지배를 받고, 서로 다른 표준의 평가를 받고, 서로 다른 당국에 순종하는, 서로 병행하는 독자적인 영역들"로 취급할 필요가 있었다.[4] 이런 분리작업은 그리스도의 초대와 그의 명령을 경제적 영역에서는 무력한 것으로 만들 수밖에 없었다. 이 작업이 성공하자 자유의 시대가 도래한 것처럼 보였다. 그러나 세월이 흐르면서 그것은 쇠창살 안에서 자기가 원하는 바를 할 수 있는 자유라는 것이 분명해졌다. "현대 경제 질서의 엄청난 세계"는 "저항할 수 없는 위력과 함께 그 속에 태어난 모든 개개인의 삶"을 좌우하게 되었다고 베버는 썼다.[5] 그런데 이것은 과장된 말이다. 현대 경제 질서의 위력을 성공적으로 저항하는 사람들이 존재하기 때문이다. 하지만 대다수는 스스로 무엇보다도 큰 자유-소비자의 자유-를 행사한다고 기쁘게 믿는 가운데 그런 위력에 굴복하는 게 사실이다. 이것이 바로 가벼운 망토가 쇠창살로 대체된다는 말에 담긴 둘째 아이러니이며, 이는 베버가 의도하지 않았던 것으로 보인다.

이 이중적 아이러니는 현대에 종교와 경제생활의 교차로에 놓여 있는 근본적인 아포리아(aporia, 난점)를 잘 보여주고 있다. 즉, 한편에는 무력한 듯이 보이는 종교의 도덕적 호소가 있고, 다른 한편에는 "물질주의적 소년 소녀들"-흔히 '경제적 인간'(homo oeconomicus)이라 불렸던-이 이런 호소를 외면할 때 빠지는 끝없는 욕망의 노예상태가 있는 것이다. 우리는 안쪽에서 쇠창살의 문을 잠근 채 그 열쇠를 잊어버린 것이 아닐까? 열쇠를 찾아 나서기에 앞서 못 믿을 만큼 단순한 질문을 던지는 것이 좋을 듯하다. 우리는 정말로 쇠창살 속에 있는가? 만일 그렇다면, 어떻게 해서 그 속에 들어가게 되었는가? 이는 부분적으로 우리가 섬기는 "신들"의 탓인가?

내가 다루려고 제시한 이 질문들은 처음부터 이 글이 비교적 좁은 주제에 초점을 맞추고 있음을 보여준다. 오늘날의 경제생활을 보면 우리에게 무척 거슬리는 측면이 많지만, 그 대다수는 이 글의 범위에서 벗어나는 것이다. 이를테면, 나는 오늘날 많은 사람이 기본적인 생계수단을 제공받지 못하고 있는 불의한 현실에 대해서는 아무 말도 하지 않을 것이다. 이처럼 침묵을 지키는 것은 관심이 없기 때문이 아니다.[6] 어쨌든 내가 여기서 다루려고 하는 탐욕적 물질주의(acquisitive materialism)는 결코 불의보다 덜 심각한 문제가 아니다. 이 양자는 서로 밀접한 관계를 갖고 있다. 정의가 있는 곳에는 부족한 중에도 풍성함이 있을 것이고,[7] 자족함이 있는 곳에는 정의가 강물처럼 흐를 것이다.

쇠창살

존 케네스 갈브레이드(John Kenneth Galbraith)는 고전이 된 『풍요한 사회』(Affluent society, 한국경제신문 역간)에서 현대사회가 자신의 욕구를 채우려는 몸부림을 "다람쥐가 자신의 노력으로 돌아가는 바퀴에 뒤지지 않고 따라가려는 노력"에 비유했다.[8] 보다 최근에는, 줄리엣 스코어(Juliet B. Schor)가 갈브레이드와 의견을 같이하여 "자본주의의 다람쥐 우리"를 한탄한 바 있다. 두 요소가 서로를 강화시키는 끝없는 "일과 소비의 순환과정"에 사람들은 갇혀 있다는 것이다.[9]

다람쥐 우리

갈브레이드(와 스코어)는 자본주의식 **생산**을 범인으로 지목한다. 흔히 기존의 필요가 그것을 채워줄 생산물을 요구한다는 생각이 널리 퍼져 있지만, 현대 자본주의에서는 이와 반대로 생산이 "그 상품이 만족시킬 것으로 짐작되는 욕구를 창조한다." 달리 말하면, 생산이 "스스로 창조한 빈 공간을 채운다"는 뜻이다.[10] 갈브레이드의 생각은 대체로 옳다. 누군가 생산업자를, 자기 주인인 소비자들의 불편에도 약간 신경을 쓰고 언제나 도울 준비가 되어 있는 열성적인 종이자, 그들의 능숙한 도움에 대해 관대한 보상을 정당하게 받는 종이라는 목가적인 이미지를 수용한다면 그는 눈 먼 몽상가임에 틀림없다. 적어도 헤겔 이후의 사회 비평가들은 점차 상승하는 소비자들의 욕구는 부분적으로 이윤을 주구하는 생산업자가 고안해낸 것임을 정확하게 포착해 왔다.[11]

갈브레이드의 진단은 옳긴 하지만 부분적인 것에 불과하다. 그가 제시한 치료책도 마찬가지다. 그저 생산업자만 비난하며, 만일 그들이 품은 이윤추구의 충동을 잘 길들이기만 하면 현대 사회가 생산의 문제를 해결하고 스스로 "그 다음의 과업으로…진도를 나갈" 것으로 기대하는 것[12]은 쓸데없는 생각이다. 우리가 치료책에 다가가려면 왜 욕구를 고안하는 노력이 그토록 쉽게 성공하는지, 그리고 왜 우리는 그것을 피해서 "다음 과업"으로 나가지 못하는지 그 이유를 곰곰이 생각해볼 필요가 있다. 해답은 전문적인 마케팅에서뿐 아니라 인간 욕구의 특성에서도 찾아야 한다. 칸트가 『판단력 비판』(*Kritik der Urteilskraft*, 아카넷 역간)에서 지적했듯이, 인간의 본성은 "어느 지점에 이르면 소유하길 중단하고 즐기며 만족하는" 그런 것이 아니다.[13] 본래 만족을 모르는 것이 인간의 기본 속성이다.

그렇지만 우리는 만족을 모르는 속성에 관해 얘기할 때 조심해야 하지 않을까? 그것은 물질적 재화에 대한 끊임없는 욕구를 운명처럼 여기게 하지 않는가? 더군다나, 그런 얘기는 현대의 소유적 개인주의와 무한한 성장에 대한 믿음을 인간의 본성에 투사하는 순진하고 오만한 발상이 아닌가?[14] 이와 다른 주장, 곧 모든 인간이 재화와 서비스에 대한 만족을 모르는 욕구를 품고 있는 것이 아니라는 주장도 얼마든지 개연성이 있다. 사실 많은 사람은 자기가 갖고 있는 것으로 만족하는 듯이 보인다. 그렇다면 만족을 모르는 속성이 어떻게 인간 본성에 뿌리박을 수 있는가?

하지만 어떤 의미에서, 일부 사람의 만족을 얘기하는 것은 적절하지 않다. 자본주의 사회에 만족하는 사람들이 있는 게 사실인 것처럼, 자본주의 이전의 사회에도 언제나 만족을 모르는 사람들이 있었던 것도 사실이다. 인류는 만족을 모르는 바이러스에 감염되려고 굳이 자본주의를 기다릴 필요가 없었다. 이런 은유가 조금이라도 적절하다면, 그 바이러스는 처음부터 거기에 있었던 것이다. 그것은 역사 내내 사회의 특정 계층에서 활동하다가 마침내 서구에서 자본주의의 발흥과 함께 유행병처럼 번지게 된 것이다. 활동하지 않던 바이러스가 우호적인 환경을 만나기 위해 사회경제적 조건과 문화적 조건의 변동이 필요했다고 말할 수 있다. 면역 체계가 약화되었고, 만족을 모르는 욕구는 해 아래서 찾을 수 있는 모든 것을 공격했다. 과식으로 인한 거북함이 심각한 질병이란 생각은 억압되고 말았다.

만족을 모르는 속성

내가 곧 주장하겠지만, 만족을 모르는 속성에 대한 **문화적 용납**과 **격려**는 현대성 특유의 반응이다. 만족을 모르는 속성 자체는 현대의 독특한 특징이 아니다. 후자의 증거를 찾으려면 내가 이 장에서 줄곧 다루게 될 전도서의 낯선 세계를 보기만 하면 된다. 사실 만족을 모르는 속성은 이 책의 지배적인 주제다. 다음과 같은 이미지를 생각해보라.

> 모든 강물은 다 바다로 흐르되
> 바다를 채우지 못하며
> 강물은 어느 곳으로 흐르든지
> 그리로 연하여 흐르느니라(전 1:7; 잠언 30:15-16도 보라)

모든 강물이 바다를 다 채울 수 없듯이, 인간 역시 그 모든 수고에도 불구하고 영원히 만족하지 못하는 상태로 남는다.[15] 그러나 전도서는 만족을 모르는 속성을 가리키는데 그치지 않는다. 이 책에 나오는 다양한 구체적 이미지들은 이런 속성이 인간 본성에 뿌리박고 있음을 인식하고 있다는 점을 보여주기도 한다.

만족을 모르는 속성의 첫 번째 원인은 인간의 동물성에 있다. "사람의 수고는 다 자기의 입을 위함이나 그 식욕은 채울 수 없느니라"(6:7). 동물로 산다는 것은 욕구를 갖고 있고 계속해서 그것을 만족시키고 싶어 하는 것을 의미한다. 혹자는 이것이 우리가 말하는 만족을 모르는 속성의 뜻이 아니라고 반론을 제기할 것이다. 어쨌든 당신은 하루 저녁에 식사를 몇 끼나 할 수 있는가? 우리는 한 끼를 먹고도 만족하지 않는가? 그러나 배고픔은 늘 재발하기 마련이다. 배고픔과 만족의 순환을 깰 수 있는 것은 오직 죽음밖에 없다. 동물적 존재들은 **충분히** 만족할 수는 있으나 **영원히** 만족하지는 못한다.

하지만 만족을 모르는 인간의 본성은 동물성의 문제가 아니라 영성의 문제다. 전도서의 저자는 이렇게 쓰고 있다.

> …눈은 보아도 족함이 없고,
> 귀는 들어도 가득 차지 아니하도다(전 1:8)

사람의 식욕은 채울 수 있다. 적어도 당분간은. 그러나 사람의 눈과 귀는 영원히 무언가 새로운 것을 보고 듣기를(또한 종종 옛 것을 다시 경험하기를) 원하기 때문에 결코 만족할 수 없다. 여기서도 혹자는 루브르 박물관에서 몇 시간을 보내고 슈베르트의 현악 사중주를 들으면 서양의 미술과 음악 애호가들 대다수가 만족할 것이라고 반론을 제기할 수 있다. 하지만 우리가 예술을 감상하는 법을 안다면, 어느 정도 휴식을 취한 뒤에 다시 루브르와 슈베르트로 돌아가고 싶을 것이다. 아울러 러시아의 에르미타슈 미술관에 소장된 귀중한 작품도 보고 오스트리아의 구스타프 말러의 음악도 듣기를 원할 것이다. 상상력과 반추는 영원히 무언가를 더 보고 더 듣고 싶게 할 터이고, 빈 공간을 창출하여 채우고 싶은 욕망을 만들어낸다. 말하자면, 인간이 "여태껏 눈으로 보지 못하고, 귀로 듣지 못한" 것을 보고 또 듣고 싶어 하도록 만든다는 뜻이다(고전 2:9).

우리는 전도서에서 왜 눈이 욕망을 상징하게 되었는지를 알 수 있다(전 2:10을 보라). 눈의 불안정한 특성은 인간의 자기 초월성을 보여주는 적절한 예다. 눈은 언제나 주어진 상황 너머를 바라보기 때문이다.[16] 그렇기 때문에 만족을 모르는 경험은 점점 안달의 경험으로 변하게 된다. 인간이 결코 만족하지 못하는 것은 그들의 욕망이 항상 이미 주어진 대상 너머를 바라보기 때문이다. 그들은 언제나 손에 잡히지 않는 것을 향해 손을 뻗고 있다. 그리하여 전도서가 말하듯이, 사람들의 "수고에는 끝이 없고 그들의 눈은 부요를 족하게 여기지 않는 것"이다(4:8).

인간은 사회적 동물이므로 자기 초월성은 사회적인 환경 안에서 일어난다. 눈은 보고 비교하고 또 시기한다. "온갖 노력과 성취는 바로 사람끼리 갖는 경쟁심(시기)에서 비롯되는 것임을 나는 깨달았다"(4:4, 표준새번역). 한 사람이 다른 사람을 시기하기 때문에, 경쟁심이 각 사람을 부추겨서 다른 사람을 능가하게 하는 것이다. 그래서 노력이 배가되고 실력이 향상된다.[17] 그리고 이는 만족을 모르는 속성을 더욱 강화시킨다.

전도서가 만족을 모르는 속성의 역학을 묘사하는 대목은, 비록 이윤 추구 자체를 목적으로 삼는 "자본주의 정신"은 결여되어 있지만,[18] 현대 사회에서 볼 수 있는 역학과 놀랄 만큼 비슷하다. 이런 닮은꼴은 "해 아래에는 새 것이 없다"(1:9)는 저자의 주장, 즉 오늘날과 같은 혁신의 시대에 너무도 이상하게 들리는 그 주장을 잘 예증하지 않는가?

우리에게 **무한한** 존재가 필요하다는 주장에 대해 어떻게 생각하든지 간에, 무언가 필요한 상태는 **유한한** 존재의 본질적 특징이라는 헤겔의 말은 정확한 진술이다.[19] 인간은 유한한 존재이지만 그들의 유한성은 그들의 욕구를 무한하게 만든다. 만일 우리가 유익한 생산업자나 탐욕스런 생산업자가 창출한 **고안된** 욕구를 모두 제거한다면, 다람쥐 쳇바퀴가 훨씬 천천히 돌긴 하겠지만 결코 멈추지는 않을 것이다. 소비주의는 자본주의가 낳은 창조물이다. 만족을 모르는 속성은 그런 창조물이 아니다. 단지 자본주의가 그 속성에 편승할 뿐이다.

만족을 모르는 속성이 인간 본성에 뿌리박고 있다는 사실은 아주 단순하지만 근본적인 통찰력 하나를 제공해 준다. 바로 **경제적인 문제는 경제적인 수단만으로는 해결할 수 없다는 점**이다. 케인즈(Keynes)가 (자주 인용되는 글인) "우리 손자 세대의 경제적 가능성"[20]에서 말했듯이 백 년이 지나도 마찬가지다. 경제적 문제에 대한 순전히 경제적인 해결책은 다람쥐 쳇바퀴를 계속 돌리게 하는, 만족을 모르는 속성을 무시하기 때문이다. 이 속성은 "섬세하고 예민한 취향에 따라 편리한 것"[21]을 찾는 우리의 굶주린 입과 시기하는 눈의 탐욕스런 속성뿐만 아니라, 영구적인 진보의 약속에 현혹된 내면의 눈의 탐욕스런 속성까지 포함한다.

헛되도다

"많은 선한 사회의 모델들을 보면 어느 것도 다람쥐 쳇바퀴를 부추긴 적이 없다"고 갈브레이드는 비꼬아서 말했다.[22] 이 빈정대는 말투는 무척 적절하다. 서구에서 한동안 대중의 상상력을 지배했던 선한 사회의 개념은 사실상 다람쥐 쳇바퀴와 그리 멀지 않기 때문이다. 스스로 다른 이름으로 가장하고 있을 뿐이다. 우리는 그것을 진보라고 부른다.

진보

어떤 의미에서, 진보에 대한 신앙은 죽었다. 두 세기 전 피히테(Johann Gottlied Fichte)가 참된 낙원은 인류가 먼 과거에 즐겼던 은혜의 선물이 아니라 멀지 않은 미래에 인류의 노력으로 정복할 약속의 땅이라고 선언했을 때,[23] 그는 광야에서 외치는 외로운 목소리가 아니었다. 18세기와 19세기의 많은 서구 사상가들과 함께 인류는 스스로 "잃어버린 낙원의 청사진에 따라 낙원"을 건설할 운명이라는 믿음을 공유했다. 물론 상당한 건축술의 발전과 함께 그렇게 되리라고 믿었다.[24] 그동안 서구인은 쓰라린 교훈을 통해 예전에 알았어야 할 것을 배웠다. "낙원"의 건설 현장에서 비계(飛階)가 결코 사라지지 않을 것이란 교훈이다. 기초를 닦는 데만 해도 그 비용이 예상보다 훨씬 많이 들었다.

낙원을 건설할 것이란 희망은 사라져버렸고 아울러 상승되는 욕구가 닿을 고정된 목적지도 사라졌다. 그러나 진보에 대한 신앙은 끈질기게 살아 있다. 우리가 유토피아적인 **목적지**가 진보 사상의 중심에 있었던 적이 없다는 사실을 생각하면 이런 호기심을 쉽게 설명할 수 있다. 크리스토퍼 라쉬(Christopher Lasch)[25]가 주장한 것처럼, 현대의 진보 사상의 중심요소는 "역사를 행복한 결말로 이끌어 줄 세속적 유토피아의 약속이기보다, 예측 가능한 결말이 전혀 없는 꾸준한 발전의 약속이다"(47). 이런 진보 개념은 과학을 "자기 영속적인 탐구"로 보는 입장에서 그 단서를 얻는다(48). 이는 두 가지 신념에 기초를 두고 있다. 하나는 만족을 모르는 속성과 욕구의 확산에 대한 긍정적인 평가이고(13, 45), 다른 하나는 "생산력의 확대가 무한정 지속될 수 있다는 기대감"(39)이다.

만족을 모르는 속성과 진보

우리가 영구적 진보의 길이라 생각했던 것이 사실은 막다른 골목이라는 인식이 점차 커지고 있다. 라쉬는 많은 선배들과 같이 성장의 생태학적 한계를 강조했다(비록 동시에 진보에 대한 신앙이 전제하고 있는 "선한 삶이라는 매우 협소한 이상"[529]을 비판하고 있지만). 그는 "지구의 생태 환경이 더 이상 생산력의 무한정한 확대를 지탱할 수 없을 것이란 점(발견)이 진보에 대한 믿음에 결정타를 날린다"(529)라고 쓰고 있다. 한편, 프레드 허쉬(Fred Hirsch)[26]와 같은 이들은 성장의 사회적 한계에 주목하게 만들었다. 그런데 설사 이런 생태학적 한계와 사회적 한계가 없다 하더라도, 만족을 모르는 속성에 기초를 둔 진보의 추구란 것이 이해가 되는가?

한편, 진보는 만족을 모르는 속성에 대한 긍정적 평가와 불가분의 관계를 맺고 있는 듯이 보인다. 적어도 한계가 없는 성장은 그렇다. 만족을 모르는 속성은 진보의 엔진이 계속 돌아가게 하는 연료다. 사람들이 쉽게 만족하게 되면 진보는 일어나지 않을 것이다. 하지만 더 깊은 차원에서 보면, 진보와 만족을 모르는 속성의 연결은 모순이다. 최종 목적지가 제거된 진보 개념은 우리가 점점 더 목표에 접근하고 있다는 것을 암시할 수 없는 법이다. 예컨대, 칸트의 도덕적 진보 개념은 "지구상에서 실현 가능한 최고의 선"에 가까운 근사치를 가정하는 것이고,[27] 과학적 진보는 참이라고 여겨지는 이상적 설명에 가까운 근사치를 가정하는 것이다. 칸트에게는 완전한 선이 바람직한 것이고, 과학자에게는 이상적 설명이 그러하다. 따라서 진보를 믿는 현대의 신자들에게 만족은 **바람직하지 않다**. 진보의 시간표상의 어느 순간이든, 진보는 종착역이 없다는 단순한 이유로 인류는 늘 같은 거리만큼 떨어져 있는 셈이다. 이것이 바로 만족을 모르는 속성이 진보에게 하는 역할이다. 만족의 견지에서 보면, 미래는 현재보다 나아보일 뿐이다. 우리가 현재와 과거를 비교해 보는 순간 그런 환상은 완전히 깨어진다. 오늘 우리는 정확히 어제만큼이나 만족스럽고 정확히 어제만큼 불만족스럽기 때문이다.

물론 진보는 분명히 일어난다. 새로운 욕구가 생겨서 무언가를 창조하게 하고 또 채워지게 된다. 그리고 예전의 욕구와 새로운 욕구를 모두 만족시키는, 좀 더 복잡하고 새로운 수단들도 있다. 무엇보다도, 우리는 (설사 할 수 있더라도) 뒤로 돌아가고 싶어 하지 않는다. 왜 냐하면 테크놀로지의 발명으로 생활이 더 편해지기도 했거니와 보다 최근의 재화와 서비스에 중독 되었기 때문이기도 하다.[28] 그러나 **이런 식의** 진보는 결코 표면 아래로 내려가지 않는다. 만족의 수준은 늘 그대로다. 폴 와첼이 말하듯이, "우리는 계속 더 많은 것을 건다. 우리의 기대치는 항상 우리가 이미 성취한 것에 비례한다. '충분하다'는 것은 언제나 저 지평선 너머에 있고, 지평선처럼 그것은 우리가 가까이 가면 뒤로 물러난다."[29] 우리는 먹기는 하지만 언제나 배고픈 상태에 있다. 진보라는 것이 표면에서만 일어난다면 그게 무슨 의미가 있을까? 우리가 만족스럽지 못하고 만족될 수도 없는 상태에 있는 것이 과연 진보인가? 이는 참으로 이상한 진보가 아닐 수 없다! 우리가 불만족스러운 상태로 번창한다면 진보 이데올로기 자체에 대해 재고하는 편이 좋을 것이다. 우리가 표면상의 움직임에 너무 매료된 나머지 깊은 차원에서는 만족감이 없다는 것을 잊어버리지 않는다면 말이다.

유익의 유익이 무엇인가?

전도서의 저자는 표면적인 흐름에 현혹되지 않았다. 혹자는 그가 그것을 충분히 인식하지 못했다고 반론을 제기할지 모르겠다. 어쨌든, 그의 세계에서는 해 아래 새 것이 전혀 **없지 않았던가**(전 1:9)? 혹은 그런 것이 있었는가? 고대 사회가 정적(靜的)이었다는 관념은 현대인의 편견에 지나지 않는다. 쟈크 엘룰(Jacques Ellul)이 잘 논평하듯이, "당시에는 진보가 오늘날처럼 빠르게 일어나진 않았지만, 인간의 미래를 위해 최소한 필요한 만큼은 일어났다." 게다가, 전도서는 순환적인 역사관을 제공하는 것 같지 않다. 즉, "하나의 순환, '영원한 복귀'를 가리키지 않고 오히려 다양한 사건들 혹은 서로 비교 가능한 사건들로 점철된 직선적인 시간관을 보여준다."[30]

이는 물론 인류 전체의 진보와 역사철학의 측면에서는 중요한 이슈지만 우리가 지금 다루고 있는 문제에는 그리 중요하지 않다. 전도서 저자의 **개인적인 생활**을 살펴보라.

> 나는 사업을 크게 하였노라 내가 나를 위하여 집을 짓고 포도원을 일구며 여러 동산과 과원을 만들고 그 가운데에 각종 과목을 심었으며…남녀 노비들을 사기도 하였고…소와 양 떼의 소유를 더 많이 가졌으며…은 금과 왕들이 소유한 보배와 여러 지방의 보배를 나를 위하여 쌓고 또 노래하는 남녀들과 인생들이 기뻐하는 처첩들을 많이 두었노라 내가 이같이 창성하여 나보다 먼저 예루살렘에 있던 모든 자들보다 더 창성하니 내 지혜도 내게 여전하도다 (2:4-9)

우리의 정의(定義)로 보면 이것은 분명히 "진보"다. "창성하다 (surpassing)"는 말을 쓰는 걸 보면 전도서도 진보를 달리 생각하지 않았던 것이 확실하다.

전도서의 저자를 현대 서구 문화의 전형적인 인물과 구별시켜 주는 것은 그 모든 진보 가운데서도 "내 지혜도 내게 여전하다"(2:9)

고 설명한 점이다. 이 책의 초두에 그는 우리 문화가 묻지 않겠다고 고집하는 한 가지 질문을 제기했다. "해 아래에서 수고하는 모든 수고가 사람에게 무엇이 유익한가?"(1:3). 그는 물론 고된 수고가 유익을 가져온다는 사실을 알고 있었다. 적어도 표면적으로는 그렇고, 행운이 찾아오면 그렇다는 말이다(9:11을 보라). 하지만 그가 던진 질문의 취지는 더 깊은 곳에 있다. 설사 수고가 유익을 가져온다고 해도, **그 유익의 유익이 무엇인가?** 이 물음은 다음과 같은 예수의 수사적 질문을 상기시킨다. "사람이 만일 온 천하를 얻고도 자기 목숨을 잃으면 무엇이 유익하리요?"(막 8:36). 예수의 말을 피상적으로만 읽은 사람은 이렇게 되물을지도 모른다. "그런데 만일 그들이 자기 목숨을 잃지 않으면 어떻게 되는가? 그러면 그들은 온 천하를 얻으려고 애써도 무방한가?" 전도서의 질문은 이런 반응을 사전에 없애버린다. 그것은 실질적으로 "한 사람이 **자기 영혼의 운명과 별도로** 온 천하를 얻는다고 한들 무엇이 유익하겠는가?"라고 묻는 것이다. 이에 대한 대답은 그가 열거한 위대한 업적들의 목록 결론부에 나온다. "그 후에 내가 생각해 본즉 내 손으로 한 모든 일과 내가 수고한 모든 것이 다 헛되어 바람을 잡는 것이며 해 아래에서 무익한 것이로다"(2:11). 모든 것을 얻은 뒤에 유익한 것이 하나도 없었다는 깨달음이 온 것이다!

"헛되고 헛되며 헛되고 헛되니 모든 것이 헛되도다!"(1:2)는 전도서 담론의 첫 부분에 나오는 표제어에 해당한다. 이것은 지나치게 성취한 자가 삶에 넌더리가 나서 외치는 소리인가? 아니면 전도서의 저자가 대다수의 현대인에게 가려져 있는 어떤 것을 보았던 것인가? **"유익한 것이 하나도 없다"는 말은 만족을 모르는 속성에 따르는 불가피한 결과다.**

즐거움의 용도

즐거움이나 행복은 어떤가? 여기에도 진보가 없는가? 부족한 것을 끝없이 정복하는 사람이 부족을 느끼지 않는 사람보다 더 행복하다는 것과, 만족을 모르는 사람이 만족하는 사람보다 더 행복하다는 것을 증명하기란 여간 어려운 일이 아니다. 물론 만족하는 사람은 근시안에 시달리고 있을지 모른다. 그러니까 장래에 더 많고 더 좋은 재화와 서비스가 있으면 더 행복할 것이란 점을 모를 수 있다는 말이다. 만일 그 사람이 비참한 가난에 쪼들리고 있으면 이런 관점이 옳을 것이다. 그러나 일단 비참한 가난을 벗어나면, 더 좋은 재화와 서비스는 행복감에 별로 기여하는 것 같지 않다. 행복은 측량하기가 어렵기로 유명하지만, 그 어떤 측량 방법도 욕구의 증대와 그것을 만족시킬 수단의 증가가 행복감을 더해준다는 점을 증명하지 못하고 있다.[31] 아담 스미스는 "더 큰 행복"은 "인류를 계속 부지런하게 움직이게 하는 면에서는 유용하지만 하나의 망상이라고 믿었다.[32] 행복을 추구하는 것은 고상한 목표긴 하지만, 그것은 너무나 쉽게 하나의 이데올로기로 전락하여 우리로 하여금 다람쥐 쳇바퀴를 돌리게 만든다.

나는 즐거움과 행복은 좋은 것이라고 가정하고 있다. 이런 생각에 누가 이의를 제기하겠는가? 전도서의 저자도 이의를 제기하지 않는 게 분명하다. 즐기라는 초청의 말은 이 책 전체에 후렴처럼 울려 퍼진다. "사람이 먹고 마시며 수고하는 것보다 그의 마음을 더 기쁘게 하는 것은 없다"(2:24, 참고. 3:12-13, 22; 5:18; 8:15; 9:7) 하지만 그는 대담하게 일의 의미를 자세히 살펴보았듯이, 곤란한 의문을 외면하지 않고 즐거움에 대해서도 대담하게 검토하고 있다. "나는 내 마음에 이르기를 자, 내가 시험 삼아 너를 즐겁게 하리니 너는 낙을 누리라 하였으나 보라 이것도 헛되도다 내가 웃음에 관하여 말하여 이르기를 그것은 미친 것이라 하였고 희락에 대하여 이르기를 이것이 무슨 소용이 있는가 하였노라"(2:1-2). 이어지는 대목에서(2:4-8) 명백히 나타나듯이, 전도서는 분별없는 즐거움에 관해 얘기하는 게 아니라 "선한 삶으로 간주되는"[33] 기쁨에 관해 말하고 있다. **이런** 즐거움이 무슨 소용이 있는가? 이는 우리에게 이상한 질문처럼 다가온다. 이 물음을 제기하는 사람은 "즐거움"이란 단어를 사용하는 법을 모르는 것 같다. 그러나 이처럼 즐거움의 용도를 묻는 이상한 질문에 대한 자명한 대답이 만일 "즐거움"이라면, 이와 반대되는 답변은 "헛된 일"이라는 것임에 틀림없다. 즐거움은 의미 있는 삶의 그림에 속한 하나의 무늬가 아니면 그 자체는 무의미한 것이기 때문이다.

존 스튜어트 밀(John Stuart Mill)은 만족스러운 돼지보다 불만족스러운 소크라테스가 되는 편이 낫다고 주장했다. 맞는 말일 것이다. 나로서는 이 주장을 논박할 생각은 없다. 그러나 "우리 속에 즐거움을 생산할 성향이 있는 것"을 선으로, "우리 속에 고통을 생산할 성향이 있는 것"을 악으로 규정짓는 전통[34] 내에서는 밀의 주장에 대해 어떤 타당한 이유를 제시할 수 있을까?[35] 솔직히 말해서, 만족스러운 돼지보다 불만족스러운 소크라테스가 되는 편이 낫다는 주장에 대해 어떤 타당한 이유를 제시할 수 있겠는가(단, 이 주장을 펴는 자가 돼지가 아닌 사람이라는 사실만 빼놓고)? 점잖은 돼지가 그렇듯이, 행복과 절제에 관한 옛 소크라테스의 성찰로부터 아무 것도 배울 생각이 없는 자기만족에 빠진 현대판 소크라테스는 자신의 헛된 즐거움의 창살 안에 사로잡힌 존재가 될 것이다.

쇠창살 안의 하나님

리처드 백스터는 하나님을 진지하게 여기면, 외부 재화에 대한 염려의 가벼운 망토가 쇠창살로 변형되는 것을 마땅히 막을 수 있으리라고 생각했다. 하지만 그러지 못했다. 게다가, 쇠창살의 제작에 하나님이 공모했다는 그럴듯한 주장이 제기되어왔다.[36]

"하나님"의 공모

이처럼 하나님을 고발하는 입장을 강화시키려는 시도들은 이제까지 성공적이지 못했다. 하나님의 공모를 처음 거론한 막스 베버는 이 정도로 주장하는데 그쳤다. 하나님이 담당한 역할보다 더 중요한 것은 비영리 기업을 사멸될 운명에 빠트리는 경제제도의 창조였던 것 같다.³⁷⁾ 그러나 하나님이 완전히 혐의에서 풀려날 수는 없다. "세상 속의 금욕주의"를 요구한 하나님의 요청이 쇠창살의 창조를 도왔기 때문이다.

이 새로운 유형의 금욕주의는 서로를 강화시키는 두 가지 종교적 교리로 구성되어 있다. 노동은 하나님이 주신 소명인즉 엄격한 훈련과 함께 수행되어야 한다는 것과, 노동의 열매를 자유롭게 즐기는 일은 일체 피해야 한다는 것이다. "순전히 행복론적인 자기이익의 관점에서 보면 비합리적인"³⁸⁾ 이런 일과 소유물에 대한 태도는 오늘날 우리에게 강력한 영향을 미치는 현대적 경제 질서의 수립에 기여했다.³⁹⁾

애초에 쇠창살 제작에서의 하나님의 공모는 뜻하지 않게 일어난 일이었다. 이는 "단지 간접적으로 일어난, 결과적으로 비자발적인 기여였다."⁴⁰⁾ 쇠창살이 제작되는 동안 하나님은 당분간 자리를 비우셨다. 사치품을 금한 것이 최초의 재산 축적을 가능하게 만들었고,⁴¹⁾ 따라서 자본주의 경제제도의 출현을 자극하긴 했지만, 그것은 여전히 사람들에게 쇠창살 안에서 일어나는 일에 영향을 주어야 할 바깥 세상이 있다는 사실을 상기시켜 주었다. 하나님의 명령은 세상과 천국이 서로 껄끄러운 관계임을 드러냄으로써 양자가 함께 하는 관계임을 강조했다. 비록 이 명령의 효과는 급격히 줄어들고 있었지만, 그것은 여전히 삶의 종교적 측면과 경제적 측면이 보다 큰 통일체의 상호의존적인 요소들이지, "서로 다른 법의 지배를 받는 독자적인 영역들"이 아니라는 사실을 상기시켜주었다.⁴²⁾

세월이 흐르면서 바깥의 목소리가 묵살되었다. 그리고 하나님이 쇠창살 안으로 유도되었다. 여기서 나는 흥미로우면서도 결국 병적인 이야기, 어떻게 하나님이 함정에 빠져서 눈 먼 삼손과 같이 현대판 블레셋의 감옥에서 맷돌을 돌리게 되었는지를 들려줄 필요가 있다. 이 신성모독적인 음모의 핵심 요소는 도덕과 번영과 역사발전에 대한 기본 정서를 바꾸려는 것이었다.[43] 데이비드 흄(David Hume)은 『도덕적 원칙에 관한 연구』(*Enquiry Concerning the Principles of Morals*)에서 도덕적 대안들을 이렇게 잘 표현했다.

> 삶의 즐거움과 편의를 도모하는 사치품이나 정교한 제품은 오랫동안 정부의 모든 부정부패의 근원이고, 파당과 폭동과 내전과 자유의 상실을 일으키는 직접적인 원인으로 추정되어 왔다. 그것은 따라서 보편적 악으로 간주되었고, 모든 풍자가들과 엄격한 도덕주의자들의 연설 대상이 되었다. 이런 정교한 제품들이 오히려 산업과 교양과 예술을 발전시킨다는 것을 증명하는(혹은 증명하려고 애쓰는) 사람들은 우리의 정치적 정서와 더불어 도덕적 정서를 새롭게 규정하고, 예전에 해롭고 비난할 만한 것으로 간주되었던 것을 칭찬할 만하거나 순수한 것으로 묘사한다.[44]

흄이 두 종류의 도덕적 정서와 정치적 정서를 대비시킨 것은 1648년 토마스 풀러(Thomas Fuller)가 자족에 관한 설교에서 주장한 대조법을 상기시킨다. "여기에 다함께 시작된 두 가지 상반된 견해가 있는데, 금을 신으로 숭배하는 세속적인 사람은 이익이 곧 경건이라고 말함으로써 자기의 기도문을 되뇐다. 하지만 하나님은 사도의 입을 빌어 **경건이 큰 유익이라**고 말씀하신다."⁴⁵⁾ "세속적인 사람"과 그의 신조의 세속판(版)이 우세해졌고, 도덕적 정서를 바꾸려는 시도가 대체로 성공했다. 예전에는 덕스러운 사람이 욕망이 별로 없는 사람이었다면, 지금은 끝없는 욕망이 산업의 성공뿐 아니라 교양의 진보를 가져오는 열쇠가 되었다. 이제는 만족을 모르는 속성을 한탄하는 게 아니라 마음껏 끌어안았다. 브레이크가 끊어져서 다람쥐 쳇바퀴는 추진력을 얻기 시작했다.

부(富)가 세속화를 초래한다는 명제는 이미 널리 알려져 있다. 그 명제는 그 곁에 신을 둘 수 없다. 비록 이따금 하나님은 여분의 존재가 아닌가 하는 근거 있는? 두려움에 시달리긴 하지만, 가까이 있는 사업에 적당히 기여하면서까지 쇠창살 속에 편하게 살고 있는 듯이 보인다. 쇠창살에 갇힌 하나님이 어떤 다양한 역할을 수행하는지 분석하는 일은 사회학자들의 몫이다.⁴⁶⁾ 여기서 나는 **대중적인 신학 담론에 반영되어 있는 바** 경제생활에서 하나님의 역할에 어떤 중요한 변화가 있었는지를 주목하고자 한다.

하나님의 새로운 직무기술

쇠창살의 제작을 도왔던 그 하나님은 자기 욕망을 부인하라는 금욕적인 명령을 내렸다. 사람은 적당한 소비에 만족하고 노동의 훈련을 받아야 했다(이는 헤겔의 지적대로, 연기된 욕망⁴⁷⁾으로 이해될 수 있다). 이것이 바로 자기의 일을 하나님의 소명으로 여긴다는 뜻이다. 프로테스탄트 이후 시대에는 유명한 사상가들이 "소명 개념의 재(再)포착"[48]에 관해 논하고 있다. 비록 이들은 공동선을 위해 일하는 것보다 훈련과 만족에 대한 관심이 덜하긴 하지만 말이다. 그러나 대중 종교의 강한 물결은, 말로는 옛 프로테스탄트 노동 윤리에 관심이 있다고 하지만 실제로는 그런 것을 원치 않는다. 한 가지 예로서 "번영의 복음"을 전하는 신(新)은사주의 설교자들을 들 수 있다.[49] 아울러 뉴에이지 운동 및 그 운동과 사업계의 관계를 언급할 수도 있다.[50]

우리가 토크빌(Tocqueville)을 믿는다고 해도, 미국의 대중적인 설교자들의 담론에서 "종교의 일차적 목표가 내세에서의 영원한 행복을 확보하는 것인지, 아니면 현세에서의 번영을 원하는 것인지"[51] 알아내는 일은 결코 쉽지 않았다. 나는 이 문제를 해결하려는 것이 아니다. 오히려 오늘날의 대중적인 설교자들이 번영을 획득하는데 종교적 정서를 어떻게 이용해야 한다고 말하는지에 관심이 있다.

대중적인 신은사주의파 목사인 존 아반지니(John Avanzini)는 『세상의 부』(*The Wealth of the World*)라는 책에서 "억제의 투쟁" 혹은, 자족에 관해 논한다.[52] 그런데 이것은 성도들이 유혹하는 세상에서 자족하려고 몸부림치는 그런 싸움이 아니라, 사탄에 대항하는 부정한 전투, 즉 거짓 종교를 통해 그들의 소유가 충분하다고 믿도록 유혹하는 사탄에 대항하는 싸움이다(16쪽을 보라). 하지만 사탄을 대적할 필요가 있다. 왜냐하면 하나님은 성도들이 "충분한 양 이상으로 지극히 풍성하게 소유함으로써" 그들의 "모든 필요와 욕구가 채워지기를" 원하기 때문이다(125). 사탄을 쳐부수는 확실한 무기는 성실한 십일

조와 "관대한 헌금"(161)과 더불어 다음과 같은 기도이다. "아니야, 너는 하나님이 나에게 주려고 하는 돈을 더 이상 빼앗아 갈 수 없어. 너는 하나님이 내가 그분을 위해 관리하기 원하는 부를 갖지 못하게 막을 수 없어"(157).

이 전투적인 기도는 우리에게 그리스도인이 하나님의 뜻에 따라 어떻게 돈을 관리해야 하는지를 알려준다. 잘 훈련된 노동이 그 열쇠가 아니다. 오히려 우리는 "강력한 영적인 힘"(21), "엄청난 양의 능력"(18)을 획득할 필요가 있다. "하나님은 당신에게 부를 얻을 수 있는 초자연적인 능력, 당신의 자연적 능력을 초월하는 능력을 주시는데…막연히 먼 미래가 아니라 이생의 바로 이 시점에 주신다!"(114). 그러면 우리는 영적인 힘으로 어떻게 부에 접근하게 되는가? 이 책의 부제, 입증된 부(富)의 전이 시스템이 가리키듯이, 부는 악한 자들로부터 성도들에게 전이한다고 한다. 아반지니는 이렇게 쓰고 있다. "하나님은 악한 자들이 소유한 금과 은과 주식과 채권과 사실상 모든 형태의 부를 문자 그대로 몰수하여, **이 마지막 날에 그 부를 '의로운 자들'**(헌신적이고, 박식하고, 독실한 그리스도인들)에게 **전이시킨다**"(10-11). 이런 전이의 종교적 목적은 "그분의 종말 계획에 따라 최후의 사건들에 풍성한 기금을 공급하기 위해서다"(10). 하지만 이 일은 성도들의 모든 필요와 욕구가 다 채워진 뒤에야 일어난다.

내가 아반지니의 괴상한 부의 신학을 언급하는 이유는 종교가 그의 약속을 이행할 것이라고 믿기 때문이 아니다. 오히려 아반지니의 이데올로기는 기독교 신앙과 경제생활의 관계방식에 생겨난 근본적인 변화를 예증해 준다. 청교도의 하나님은 절제를 가르치고 자족을 요구한 엄격한 금욕주의자였다. 혹은 적어도 서구의 경제 역사에 가장 의미심장한 영향을 미친 것은 그들의 하나님이 지닌 그런 성격이었다. 반면에 번영을 전하는 설교자들의 하나님은 거친 시장에서 받은 상처를 치료해 주고 능력과 풍성함을 약속하는 일종의 한량이다. 상당한 지체가 없진 않았지만 전자의 하나님은 헛된 다람쥐 우리를 창조하는 걸 도운 반면에, 회심의 열정을 품은 후자의 하나님은 사람들이 그 우리 속에서 재미를 만끽하길 바라고 최대한 부드럽게 쳇바퀴를 돌릴 수 있도록 애쓴다.

하나님의 직무기술상의 변화는 미리 예측할 수 있었던 일이다. 애초에 허영의 회전목마를 밀려면 자본을 축적하여 만족할 수 있는 상태를 만들 필요가 있었다. 그것이 계속 돌아가게 하려면 돈을 써야 한다. "당신이 내일 더 많은 케이크를 갖고 싶다면 오늘 더 많이 먹어야 한다."[53] 이것이 바로 부의 창조가 지닌 마술적인 역설이다. 주저하는 구매자를 강박적인 쇼핑객으로 대체할 필요가 있었기에 금욕주의를 요구한 하나님은 자기탐닉을 부추기는 하나님에게 길을 양보해야만 했다. 더 나아가, 잘 훈련된 노동을 명했던 하나님은 소모품으로 변했다. 경제 제도의 내적인 힘은 하나님보다 훨씬 더 효율적으로 훈련을 요구하고 있었던 것이다. 당신은 벌을 받지 않은 채 하나님에게 저항할 수 있다. 아니 적어도 그렇게 보인다. 그러나 자본주의는 즉시 무자비한 벌을 내린다.

그러는 사이에 기술과 통찰력이 고된 노동이나 재능보다 훨씬 더 중요하게 되었다. 로버트 라이크(Robert B. Reich)가 주장한 것처럼, 현대 경제에서는 강조점이 "많은 분량에서 높은 가치"로 바뀌었다.[54] 그 결과, "문제를 해결하고, 문제를 파악하고, 전략을 중개하는 활동"을 포함하고 "지식의 창의적 활용"을 중심요소로 삼고 있는 "상징적-분석적" 서비스들[55]이 일상적인 생산과 직접적인 서비스보다 더 중요하게 되었다. 그리고 이는 하나님을 위해 새로운 시장을 창출했다. 조지 길더(George Gilder)가 『부와 가난』(Wealth and Poverty)이란 책의 마지막 장 "신앙의 필연성"에서 말하듯이, "우리의 최대의 자원이자 유일한 자원은 신에 대한 개방성과 관련된 인간 창조성의 기적이다."[56] 이제부터는 하나님이 높은 가치를 창조하는 자들에게 능력과 영감을 줄 터이고, 주기적으로 지나친 스트레스를 덜어줄 것이다. 고도의 성취자들은 종교적 도덕주의를 참아내지 못하겠지만 약간의 마법과 신앙적 치료를 사용할 수 있다고 믿을 만큼 미신적이기는 하다.

거짓 신들의 종말

내가 이처럼 불경한 어투로 거론하는 신들은 과연 누구인가? 오히려 나는 종교적 **신념**(이 문제에서는 잘못된 종교 신념들)에 관해 얘기해야 하는 건 아닐까? 그런데 당신의 머릿**속에** 있고 **밖에** 있다는 사실만 빼면 잘못된 종교적 신념과 우상 사이에 무슨 차이점이 있는가? 나의 무례함에 반기를 드는 그리스도인들은 전자의 신이든 후자의 신이든(이는 어느 진영 출신인지에 달려 있다) 다름 아닌 예수 그리스도의 하나님이었다고 고집할 것이다. 이에 대해 나는 어느 정도 유사점이 있다는 것은 부인하지 않겠지만, 명명백백한 차이점이 있다는 것을 강조하고 싶다. 종교적 이데올로기를 미묘하게 조작하는 대가들은 예수 그리스도의 하나님을 서서히 이 세상의 신으로 변신시키는 짓을 했다. 하지만 그들은 그 짓을 지나치게 하지 않을 만큼 기민했다. 그래서 옛 하나님의 가면은 그대로 보존되었다. 당신도 알다시피, 외모는 그대로 둬야 했기 때문이다.

이처럼 변신을 통한 해결책이 미묘하다는 점은 새로운 일일지 모른다. 하지만 불편한 신들을 폐기하는 프로젝트는 오래된 일이다. 이스라엘에게 그들을 이집트 땅에서 이끌어낸 그들의 하나님 여호와를 잊지 말라고 한 신명기의 경고를 생각해보라. "네가 먹어서 배부르고 아름다운 집을 짓고 거주하게 되며 또 네 소와 양이 번성하며 네 은금이 증식되며 네 소유가 다 풍부하게 될 때에 네 마음이 교만하여 네 하나님 여호와를 잊어버릴까 염려하노라"(신 8:12-14).

종교적인 사람은 유일한 참 하나님을 잊어버릴 때 –"내 능력과 내 손의 힘으로 내가 이 재물을 얻었다"(신 8:17)는 단순한 신조와 함께 "자수성가"형 신앙을 개발하는데 그치지 않을 것이다. 그는 또한 "다른 신들을 따라 그들을 섬기며 그들에게 절하기까지"(8:19) 할 것이다. 그 옛날의 바알과 같이 무한한 성장을 자극하고 한없는 번영을 창조하는 등 기적을 행하겠다고 약속하는 신들을 예배한다는 말이다. 상당히 주의하지 않으면 부(富)는 유일한 참 하나님에 대한 기억을 지우고 자신의 안녕에 우호적인 새로운 신들을 창조하는 주술 능력을 개발한다.

그러나 부에게 좋은 것이 그 소유자들에게 좋은 것이 아닐 수도 있다. 신명기 8장은 그런 신들, 곧 만족을 모르는 속성과 이에 동조하는 모든 수단을 축복하는 신들을 좇는 자들에게 주는 심판의 소리로 끝난다. "…너희도 멸망하리라"(20절). 쇠창살은 스스로를 파괴할 터이고 그 신들은 그것과 함께 망할 것이다. 쇠창살과 그 신들은 사람들의 인생을 꽉 쥐고 있음에도 "풀과 같고" 그 모든 "영광은 풀의 꽃과 같을 것"이기 때문이다(벧전 1:24).

닫힌 문을 여는 것

쇠창살 속에 있는 하나님은 이런 곤경에 빠져 있다. 만일 하나님이 반항하면 버림을 받게 되고, 만일 반항하지 않으면 포섭되어 버린다. 그리고 이보다 덜 적나라한 반대는 이 둘의 조합의 결과다. 나는 버림받은 하나님의 편을 드는 것을 망설이지 않는다. 오히려 나 자신이 하나님을 포섭하는 것에 대해 우려한다. 버림받은 하나님은 어떤 사람들에게, 심지어 문화 전체에는 쓸모없는 존재가 되어버렸지만, 포섭된 하나님은 신의 존엄성을 잃고 말았다. 존엄성을 잃은 하나님은 쓸모없다. 다른 한편, 존엄성을 지닌 하나님은 그 하나님을 버리는 정도의 지혜밖에 없는 사람들에게조차 약간의 유익이 될 수 있다. 하나님은 쇠창살 바깥으로 나올 때라야만 그 존엄성이 보존될 수 있다. 물론 쇠창살 바깥은 참된 하나님이 늘 있었던 곳이다. 쇠창살 안에서 곤경에 빠진 것은 바로 이 세상의 우상들이다.

새로운 비전

바깥에서 들려오는 한 목소리가 이사야 선지자에게 "외치라!"고 말했다. 당혹스러운 선지자는 "내가 무엇이라 외치리이까?"하고 물었다. 그 목소리는 이렇게 대답했다.

모든 육체는 풀이요
그의 모든 아름다움은 들의 꽃과 같으니…
풀은 마르고 꽃은 시드나
우리 하나님의 말씀은 영원히 서리라 하라(사 40:6, 8)

앞부분에서 나는 꽃이 시드는 모습을 주로 다루었다. 여기서는 영원한 하나님의 말씀이 시들어가는 세상에 무슨 할 말이 있는지를 간략하게 살펴보고 싶다. 나의 직접적인 관심사는 우리의 도덕적 정서를 바꾸고 우리의 도덕적 의무를 재정립하는 일이 아니라 선한 삶에 대한 우리의 비전을 새롭게 정립하는 일이다.

나는 쇠창살에서 도피하는 길을 찾기 위해 가장 넓은 의미의 인간 노동과 소비의 몇 가지 측면을 살펴보고, 이 둘과 종교적 신념의 관계에 대해 물어볼 생각이다.[57] 나는 그 쇠창살(적어도 자본주의 형태로는)이 노동과 소비와 관련된 태도 및 관행 이상의 많은 것들로 구성되어 있다는 점을 잘 인식하고 있다. 거기에는 강력한 제도들과 공동의 문화도 들어있다. 내가 이어서 제안할 내용은 구조적 구체화가 꼭 필요할 것이다. 하지만 나는 현행 경제제도에 대한 가능한 대안들을 찾는 일을 다른 이들에게 맡겨야 할 것 같다. 보다 자세하게 말하면, 과거의 경험이 조금이라도 도움이 된다면, 자본주의 경제제도를 대체할 구조적인 대안들이 그보다 못한 노예제도를 낳을 확률이 높기 때문이다. 그러나 우리가 이 문제의 제도적 측면을 손대든지 개인적인 측면을 손대든지 간에, "쇠창살의 정신"은 하나밖에 없기 때문에 우리의 과업도 본질적으로 하나뿐이다. 그것은 또한 전체주의적인 의도를 갖고 있다. 그래도 사람들은 실제로 저항을 하고 때에 따라 성공의 정도는 다르다. 그 쇠창살은 자신이 원하는 만큼 결코 나빠질 수 없기 때문이다. 쇠창살이 반대 정신을 무너뜨릴 수 없기 때문에 차분한 반역이 가능하고, 적어도 작지만 기운찬 반대 운동의 편에서 그럴 수 있는 것이다.

불만에 가득 찬 쇠창살의 거주자들에게는 두 가지 해결책이 매력적으로 보인다. 첫째는 영혼이 이 불확정한 물질세계로부터 영원하고 변치 않는 하나님의 세계로, 하늘에 계신 아버지의 높은 영적 차원으로 도피하는 것이다. 둘째는 혈육을 가진 인간이 변화무쌍한 역사적 세계로부터 안정된 자연의 순환으로, 생명을 주는 "대지(mother earth)"의 모태로 도피하는 것이다. 이 두 가지 해결책의 문제는 성공에 이르도록 끝까지 그것을 밀고 나갈 수 없다는 점이다. 양자는 인간의 고집스런 본성에 거슬린다. 우리는 벌거벗은 영혼이 아닌 만큼, 우리의 몸은 결국 물질성을 완전히 경멸하는 모든 시도를 이기고 승리하게끔 되어 있다. 우리를 이 땅에 연결시키는 탯줄은 끊을 수 없는 법이다. 그러나 우리는 단순히 동물적 존재가 아닌 만큼, 우리의 영은 언제나 순수한 자연 세계에 갇히는 것에 반항한다. 우리는 "대지"로부터 분리되어 문화를 창조해야 하기 때문이다. 선한 삶에 대한 대안적인 비전이 되려면 하나님과 환경 뿐 아니라 인간의 노동과 그 열매의 세계인 문화도 진지하게 취급해야 할 것이다.[58]

일

얼핏 보면 쇠창살 안에서는 일을 너무 진지하게 여길 것 같다. 청교도들은 하나님으로부터 일하라는 소명을 받았고 그 동기를 하늘의 보상에서 찾았다. 반면 우리는 일하라는 강요를 받고 있고 그 동기를 지상의 보상에서 찾는다. 그들은 열심히 일했지만, 우리는 더 열심히 일한다.[59] 그러나 가만히 생각해 보면 쇠창살의 문제는 이와 정반대인 것이 분명해진다. 말하자면, **일을 충분히 진지하게 여기지 않는 것이** 문제다. 일 자체는 중요하지 않고, 중요한 것은 재화가 생산되고 돈이 호주머니에 들어오는 것이다. 일할 필요성이 적으면 적을수록 더 좋다. 호레이스 부쉬넬의 말을 빌리자면, 쇠창살은 "일을 제거하기 위해 열심히 일하는" 곳이다.[60] 그곳은 순전히 도구적인 노동관을 갖고 있다. 아담 스미스가 표현했듯이, 소비야말로 "생산의 유일한 목표이자 목적"이다.[61]

우리가 쇠창살에 갇힌 상태에서 해방되려면 **일의 본질적인 가치**

를 발견할 필요가 있다. 창세기의 창조 이야기가 시사하듯이, 일은 인간 실존의 근본적인 차원이다.[62] 일은 삶의 수단일 뿐 아니라 삶의 한 측면이기도 하다. 그러므로 루터와 칼빈은 인간은 본래 일하도록 창조되었을 뿐 아니라 하나님의 뜻은 "불편함이 없이" 일하는 것, "말하자면, 놀이를 하는 가운데, 최대의 즐거움과 함께" 일하는 것이라고 옳게 주장했다.[63] 일이 완전한 인간적 존엄성을 가지려면, 그것은 돈벌이의 수단으로서 중요할 뿐 아니라 일 자체로서 의미심장한 것이어야 한다. 일이 그 자체의 보상이 되면 될수록 더 많은 인간적 존엄성을 지니게 될 것이다.

그런데 일의 본질적 가치를 강조하는 일은 쇠창살에게 이익이 되도록 하는 것이 아닐까? 그것은 다람쥐 쳇바퀴가 더 빨리 돌아가게 하지는 않을까? 그렇지 않다. 실제로는 그 속력을 늦추게 될 것이다. 일이 본질적인 가치를 갖고 있다면, 일꾼은 미친 듯이 생산하라는 압력에 저항할 터이고 시간을 들여 일을 즐거워할 것이다. 우리가 일꾼의 존엄성을 지키고 쇠창살의 지배권을 전복시키려면 생산 지향적 노동관을 "**일 지향적** 노동관"으로 대체할 필요가 있다.[64]

쇠창살 속의 생산업자는 이익에 관심이 있기 때문에 주로 생산에 관심을 둔다. 누구든지 생산품이 없이는 이익을 남길 수 없는 법이다. 소비자들이 때로는 멍청이처럼 행동하지만, 그들에게 아무것도 주지 않고 무언가를 달라고 설득할 수는 없다. 그러므로 생산업자는 간접적으로 생산품에도 관심을 가져야 한다. 그러나 소비자들이 기꺼이 구입할 정도의 생산품을 생산하는데만 신경을 쓰는 일꾼은 자기 일을 즐길 가능성이 별로 없다. 헨리 드 맨(Henri de Man)은 일을 즐기는 전제조건이 되는, 완제품에 대한 "직감"에 관해 말한 바 있다.[65] 좋은 일꾼은 하나같이 자기가 하는 일을 즐길 뿐 아니라 자기가 창조한 것에 자부심을 갖는, 예술가의 자질을 갖고 있다. 역설적으로 들릴지 모르지만, 일 지향적인 노동관은 **생산품 지향적인 노동관**을 필요로 한다. 만일 일꾼이 심리적으로 일의 과정과 일의 생산품을 모두 소유하지 못한다면, 이윤이나 봉급이 아무리 높아도 그 생산과정은 인간의 존엄성을 침해한다.

자유의 영역

쇠창살의 특징은 오늘날 생산의 효율성에 대한 매료뿐만 아니라 강박적인 **소비**에도 있다. 이 둘은 서로를 강화시키는 가운데 강력한 '일과 소비의 신드롬'을 낳는다.[66] 이 신드롬에 대한 치료책은 백스터가 제안한 것 같은 "가벼운 망토" 치료법에서 찾을 수 없다. 먼저 이 치료법은 효과를 본 적이 없다. 게다가, 그것은 환자에게 나쁘다. 그것은 기존의 상태를 악화시키고 심각한 부작용을 낳는다. 이 치료법은 지속적인 부의 추구에 대한 긍정적인 평가와 부에 대한 내면의 초연함이 함께 묶어질 때만 효과가 있다. 그러나 무한한 경제성장에 대한 강조가 바로 쇠창살이 지닌 문제점이다. 그런즉 성장을 제한할 수 있는 방법을 찾는 데 치료책이 있다고 할 수 있다. 부의 추구에 대한 긍정적 평가가 부를 지나치게 심각하게 간주한다면, 부에 대한 내면의 초연함은 부를 충분히 심각하게 여기지 않는다. 어느 순간에든 외부 재화에 대한 염려의 망토를 벗어 버리릴 준비가 되어 있다는 것은 영혼이 물질세계에서 순수한 영의 영역으로 도피할 수 있다는 것을 암묵적으로 가정하고 있다. 누군가 말했듯이, 단순히 일만 하고 삶을 계발하지 않는 자들만이 "가벼운 망토"의 개념을 떠올릴 수 있었을 것이다. 어느 순간에든 망토를 벗어 버리면 그것이 다른 누군가의 어깨 위에 떨어지기 마련이다. 누군가는 그것을 걸치고 있어야 하기 때문이다. 이는 우리의 운명일 뿐 아니라 특권이기도 하다. 문제는 이것이다. 우리가 어떻게 그 망토가 쇠창살로 변형되는 것을 막을 것인가?

먼저 인간 욕구의 역동성을 무시하는, 필수품과 사치품 간의 예전의 구별을 새로이 변형시키는 데서 해답을 찾을 수는 없다. 오히려 우리는 외부 재화에 대한 타당한 염려를 내가 다른 글에서 근본적인 인간 욕구라고 부른, 보다 큰 틀 안에 두어야 한다. 이는 하나님의 창조세계를 즐기고 싶은 욕구, 개인의 역량을 발휘하고 개발하고픈 요구, 가깝고 먼 이웃과의 교제를 촉진하고픈 욕구, 하나님을 기뻐하고 싶은 욕구 등을 말한다. 서로 밀접한 관계에 있는 이 네 가지 욕구는 다 합쳐져서 자유의 영역인 새로운 창조를 향한 단 하나의 욕구를 이룬다. 이 욕구에 대해 나는 『성령 안에서 행하는 일』(*Work in the Spirit*)에서 이렇게 말한 바 있다.

> 하나님에 대한 욕구와 관련하여, 자유의 영역은 하나님을 "얼굴과 얼굴"을 맞대고 보는 곳, 하나님이 나를 "온전히 아시는" 것 같이 나도 그분을 온전

히 아는 곳(고전 13:12), 즉, 하나님과의 완전한 교제가 이뤄지는 영역이다. 자연과의 연대에 대한 욕구와 관련하여, 그 영역은 썩어짐에서 해방되어 인간과 자연 간의 평화가 있는 영역이자 인간이 자연과 함께 하나님의 영광에 참여하는 영역이다(롬 8:19ff; 사 11:6f; 65:25). 동료 인간에 대한 욕구와 관련하여, 그 영역은 상호간의 순수한 교제가 있는 곳, "모든 것을 온전하게 묶는 순전한 사랑"(골 3:14)이 있는 영역이다. 개인의 발달에 대한 욕구와 관련하여, 그 영역은 삶이 "실현되어 미처 실현되지 않은 가능성을 향해 활짝 열리게 되는" 영역이다(융엘).[67]

자유의 영역은 선한 삶에 대한 종말론적 비전이다. 이 비전은 우리가 부의 창조와 외부 재화에 대한 역동적인 욕구의 만족을 그 안에 두어야 할 가장 넓은 틀이다. 우리의 생산과 소비자로서의 선택이 우리의 개인적인 만족이 아니라 이 비전을 그 지침으로 삼으면 삼을수록, 그것들은 그만큼 더 인간적인 옷을 입을 것이다.[68]

하나님의 기쁨, 하나님을 기뻐하는 것

내가 말하고 있는 하나님이 쇠창살에 쓸모 있을 만큼 효율성과 생산성에 충분히 헌신하지 않을지 몰라도, 이 하나님은 선한 일을 기뻐하는 분이다. 창세기 1장과 2장으로부터 우리는 일이 "하나님이 본래 인간들을 만든 그 목적에 속하는 것"임을 알게 된다.[69] 따라서 하나님의 영은 사람들을 불러 하나님의 새로운 창조를 바라보며 선한 일을 할 능력을 사용하도록 영감을 주신다. 혹자는 일의 중요한 의미를 일꾼의 몸과 영혼을 다함께 지켜주는 것을 제외하고 오로지 우리의 영적 근육을 키워주는 면에서만 찾는데, 이런 생각은 내버려야 마땅하다.

선한 일을 하도록 고무하는 하나님은 그 가운데 어느 것도 궁극적으로 낭비되지 않도록 보증하신다. 하나님이 없이 수행되는 모든 인간 노동은 "대양의 물가에 세운 모래성과 같은 수명"을 갖고 있을 뿐이다.[70] 일꾼과 그의 일은 결국 용해되어 덧없는 환상 속으로 사라지고 말 것이다. 그리고 그에 관한 기억조차 지워지고 말리라(전 2:12-17; 3:18-21). 반면에, 하나님과 함께 수행되는 모든 선한 일 곧, 인간이 창조하는 선하고 진실하고 아름다운 모든 것은 영원히 보존될 것이다.[71] 전도서에 나오는 한 모호한 단락은 "하나님이 이미 지난 것을 도로 찾으신다"고 말한다(3:15b). 이는 "세월이 몰아낸 그 어느 것도 실종되지 않기"[72] 때문에 "하나님이 잊혀진 시간, 잃어버린 일, 지나간 모든 것을 다시 모으신다"[73]는 뜻이 아닐까?

쇠창살 안에서의 삶은 만족을 모르는 속성에 기초해 있다. 이 쇠창살은 인간의 "욕망이 결코 채워질 수 없다"[74]는 것을 알고 있으면서도, 경제적 수단으로만 그 욕망을 채우려고 하면 인간은 결국 "거짓된 무한성"(헤겔의 표현)의 원 속으로 들어갈 수밖에 없다는 관념[75]에 반항한다. 만족을 모르는 인간 속성의 타당한 "대상"은 오로지 무한한 하나님의 신비밖에 없다. 칼 라너(Karl Rahner)가 지적하듯이, 하나님을 아는 최고의 행위는 "그 신비의 폐지나 감소가 아니라 오히려 그 신비의 궁극적인 선포"에 해당한다.[76] 하나님을 아는 행

위 하나하나는 인간의 호기심을 만족시켜주고 또 그것을 불러일으
킨다. 즉, 하나님과의 만남은 언제나 인간의 갈증을 채워주고 심화
시킨다는 말이다. 인간의 영의 끊임없는 움직임은 무한한 하나님의
존재 안에서 최후의 안식에 도달하기 시작한다.

이런 하나님의 신비에 대한 한없는 탐구는 만족을 모르는 속성
에 기초한 헛된 세상적인 진보와 얼마나 다른가? 쇠창살이 욕망을
채워주고 또 창출하는 모습은 하나님이 인간의 갈증을 채우고 심화
시키는 방식과 얼마나 다른가? 이는 천양지차임에 틀림없다! 그렇
다면 도무지 헤아릴 수 없는 하나님과 만족할 줄 모르는 인간의 만
남을 **천상의** 헛된 쇠창살이라고 부르지 말란 법이 있겠는가? 인간
은 하나님의 신비에서 궁극적인 만족을 찾도록 만들어졌기 때문이
다. 이 쇠창살이 번창하는 것은 헤아릴 수 없는 하나님을 향한 우
리의 갈망에 편승하기 때문이다. 어쩌면 포에르바흐의 주장처럼 우
리의 세상적인 이상을 하나님에게 투사하는지도 모른다.[77] 그렇다
면 하나님의 무한성은 만족을 모르는 인간 속성의 뒷면일 것이다.[78]
아니, 거꾸로 우리 자신의 일에 무한성을 향한 갈증을 채우는 능력
을 주입하는 투사행위를 하고 있는 것으로 나는 생각한다. 신제품
과 새로운 서비스의 끝없는 흐름은 신비와 보호와 구원의 뿔이 되
고 말았다. 이를 우리는 진보라고 부른다. 그러나 진짜 이름은 **기도**
다.[79]

"그들이 알지 못하는 것, 모든 것을 알고 계신 분을 누가 알겠
는가?"라고 성 그레고리가 수사적으로 물었다. 토마스 아퀴나스는

이 아이디어를 이용하여 "신성을 아는 자들은 모든 것을 안다"고 주장했다.[80] 만일 아퀴나스가 옳다면, 그레고리의 질문을 수정하여 "만물을 새롭게 하시는 하나님을 즐거워하는 사람은 무엇을 즐거워하지 않겠는가?"라고 묻는 일이 정당할 것이다. 하나님은 이 피조 세계가 없이 지내기를 원치 않는 분이고, 하나님은 잃어버린 모든 작품을 모으시는 분이기 때문에, 하나님을 즐거워하는 일은 이 세계가 없는, 순전히 "영적인" 것일 수 없다. 어쩌면 하나님의 신비로 눈을 돌린다는 것이 선하고, 진실하고, 아름다운 피조 세계 전체에 등을 돌리는 것처럼 보일지 모른다. 그러나 사실은 우리가 하나님께 눈을 돌릴 때 하나님 안에서 성화되고 영화롭게 된 그 동일한 세계를 발견한다.

하나님 안에서는 보존할 만한 것은 하나도 실종되지 않고, 즐길 만한 것은 모두 즐길 수 있다.

후기

내가 성경을 신학적으로 읽은 기간은 학생과 신학 교수로 지내온 시절과 거의 일치한다. 풀러 신학교 학생 시절에 써서 발표된 최초의 학문적인 텍스트는 고린도전서 1장 18-25절을 신학적으로 읽는 것에 관한 글이었다. 1980년대 중반부터 말까지 크로아티아의 월간지 이즈보리(Izvori)의 편집인으로 일하는 동안에도 일반 청중을 대상으로 성경 텍스트를 다루는 글을 많이 썼다. 이 책에 실린 글들도 동일한 궤도를 이어가고 있다.

이 책을 위해 특별히 집필한 첫 장을 제외한 나머지 글들은 약 십육 년에 걸쳐 쓴 것이다. 그 과정에서 많은 사람의 도움을 받았다. 연구 조교들, 대화의 파트너들, 거의 모든 글이 처음으로 발표된 여러 대회 참석자들이 그들이다. 이들은 여기서 낱낱이 거론할 수 없을 만큼 많긴 하지만 모두에게 고마움을 표하는 바이다. 하지만 이 책과 관련해서 특별히 언급할 사람이 둘 있다. 한 사람은 이 모음집을 출판해 주겠다고 친절을 베풀어 준, 지혜와 위트가 넘치는 어드만 출판사의 부사장 겸 편집장인 존 포트이다. 다른 한 사람은 이 글들을 다함께 묶어 통일체로 만들어준 유능한 편집자인 코니 건드리 태피다.

나는 이 책을 메이스에게 헌정하고 싶다. 덕 메이스는 1977년 봄 자그렙을 방문하는 동안 유고슬라비아 출신인 나에게 미국 파사디나에 있는 풀러신학교에서 신학을 공부하라고 제안해 준 사람이다. 마침 그 역시 그해 가을에 공부를 시작할 예정이었다. 당시 풀러의 학장이자 신약학자였던 그의 아버지 로버트는 덕의 제안이 현실이 되게 해주었다. 마침내 1977년 9월 파사디나에 도착한 나는 몇 개월 동안 메이스 가정-로버트와 메리, 그들의 자녀인 매리앤과 덕과 존-에 묵었다. 그 시절은 내 생애에 가장 행복했던 순간 중 하나였다. 사랑이 많고 늘 도움을 아끼지 않았던 메리는 나의 미국 엄마가 되었다. 당시 풀러의 학생이었던 매리앤은 훗날 내가 1991년에 풀러의 교수진에 합류했을 때 내 동료가 되었다. 그 후 여러 해에 걸쳐 신약학자인 그녀와 조직신학자인 나는 성경을 신학적으로 읽는 법에 관해 폭넓은 토론을 했다. 메이스 가족 모두에게 이런저런 방식으로 나는 큰 빚을 진 셈이다.

주

NOTES

주

chapter1. 신학적 성경 읽기

나는 예일대학교의 동료인 존 콜린스, 제레미 헐틴, 데일 마르틴, 아델라 야르브로 콜린스, 톰 트로저와 이 장의 초안을 읽고 나와 함께 논의해 준 티모시 조니와 메리안느 메예 톰슨에게 감사를 드린다. 그리고 예일의 박사과정 학생들(매튜 크로스먼, 테리 덤만스키, 마르쿠스 엘더, 레인 제이콥스, 나탈리아 마란듀크, 룩 모레드, 스티븐 오그덴, 데빈 싱, 에린 스텔리, 린 톤스타드) 모두에게도 고마움을 전하고 싶다.

1. 최근의 아주 다원주의적인 포스트모더니즘의 주장을 보려면, Dale B. Martin, *Pedagogy of the Bible: An Analysis and Proposal* (Louisville: Westminster John Knox, 2008)을 참고하라.

2. 이를테면, David Ford, *Christian Wisdom: Desiring God and Learning in Love* (Cambridge: Cambridge University Press, 2007)를 보라.

3. David Kelsey, *Eccentric Existence: A Theological Anthropology* (Louisville: Westminster John Knox, 2009).

4. 이를테면 다음 책들을 보라. Michael Welker, *Creation and Reality* (trans. John F. Hoffmeyer; Minneapolis: Augsburg Fortress, 1999); Welker, *What Happens in Holy Communion?* (trans. John F. Hoffmeyer; Grand Rapids: Eerdmans, 2000); Welker, *God the Spirit* (trans. John F. Hoffmeyer; Minneapolis: Augsburg Fortress, 2004).

5. 성경 읽기와 관련된 지혜에 관해서는 Kelsey, *Eccentric Existence*, 142-147을 보라.

6. 이런 규칙의 실례들을 보려면 Ellen F. Davis and Richard B. Hays, eds., *The Art of Reading Scripture* (Grand Rapids: Eerdmans, 2003)를 참고하라. 이런 규칙을 원용한 경우는 Ford, *Christian Wisdom*에서 찾을 수 있다.

7. Gotthold Ephraim Lessing, "On the Proof of the Spirit and of Power", in *Lessing's Theological Writings: Selection in Transition* (Stanford: Stanford University Press, 1957), 51-55.

8. Karl Barth, "The Stange New World within the Bible", in *The Word of God and the Word of Man* (trans. Douglas Horton; New York: Harper & Brothers, 1957), 28-50. 이는 칼 바르트가 1917년 2월 17일에 한 강연인데, 그 강연은 훗날 20세기 신학의 방향에 가장 큰 영향을 미친 책 『로마서 강해』를 집필하고 있던 중에 했었다. (Karl Barth, *The Epistle to the Romans* [trans. Edwyn C. Hoskyns; New York: Oxford University Press, 1961]). 『로마서 강해』(한들출판사 역간, 2000)

9. Robert Louis Wilken, "Foreword," in Henri de Lubac, *Medieval Exegesis*, Volume I; *The Four Senses of Scripture* (trans. Mark Sebane; Grand Rapids: Eerdmans, 1998), x.

10. "Luther at the Diet of Worms," in *Luther's Works(LW)* (gen. eds. Jaroslav Pelikan and Helmut T. Lehmann: St. Louis: Concordia, 1955-1986), 32:112.

11. 참고. Luther, *LW* vols. 1-6. 갈라디아서 주석은 *LW* vols. 26-27을 보라. 하이코 오버만(Heiko Oberman)은, 루터의 창세기 강좌는 지금은 잊히고 말았지만 "루터의 신앙 세계에 대한 서론으로 사용될 만하다"고 말한다 (Heiko Oberman, *Luther: Man Between God and the Devil* [trans. Eileen Walliser-Schwarzbart; New Heaven: Yale University Press, 2006], 166-167).

12. Immanuel Kant, *Religion within the Boundaries of Mere Reason* (trans. and ed. Allen Wood and George di Giovanni; Cambridge: Cambridge University Press, 1998), 37.

13. Kant, *Religion within the Boundaries of Mere Reason*, 37.

14. Friedrich Schleiermacher, *The Christian Faith* (ed. and trans. H. R. Mackintosh and J. S. Stewart; Philadelphia: Fortress, 1976).

15. 동일한 시기의 주요 저술에서 지속적인 성경 해석에 관여하지 않았던 저명한 신학자로는 폴 틸리히(Paul Tillich)가 가장 두드러진 본보기인 것 같다.

16. 주8을 보라.

17. 성경 해석자로서의 본회퍼에 관해서는 다음 책을 보라. John Webster, *Holy Scripture: A Dogmatic Sketch* (Cambridge: Cambridge University Press, 2003), 78-85.

18. 그리고 "학문적" 영역도 있다. 사실 데이비드 트레이시는 신학 작업이 세 가지 영역인 학계, 사회, 그리고 교회에서 일어난다고 했다(David Tracy, *Analogical Imagination: Christian Theology and the Culture of Pluralism* [New York: Crossroad, 1998], 3-46). 내 생각에 이 영역은 부차적인 것 같다.

19. 특히 과거에 나온 종교적 신념에 관한 학자들의 관념 같은 것은, 사이버 공간에 자유로이 떠다니거나 책 속에서 관심 있는 누군가에게 포착되어 무슨 일을 하도록 기다린다고 해서, 사회적 현실에 영향을 주는 것은 아니다. 그런 관념은 비록 잘 포장되어 그럴듯한 선전의 도움을 받아 널리 퍼지더라도 현실에 영향을 줄 수 없다. 오히려 그런 관념이 사회적 행위자들과 공동체들에 구현될 때, 그것들이 실질적인 생활방식의 관념적 측면을 담당할 때에야 사회적 현실에 영향을 미치게 된다. 오늘날처럼 비교적 독립된 사회 하부구조들을 지닌 다원주의 세계에서는 종교적 공동체들이야말로 그 어떤 공동체보다 종교적 신념이 구현될 수 있는 가장 적절한 처소들이므로, 그 신념들은 거기서부터 더 넓은 사회에 영향을 미칠 수 있다.

20. "성경 신학의 존재 이유는, 고대 이스라엘과 초기 기독교의 역사와는 달리, 성경 텍스트가 현대세계에 주는 메시지를 갖고 있다는 믿음이다"라고 존 콜린스는 말한다("Biblical Theology Between Apologetic and Criticism"[미출간 원고], 1).

21. 예컨대 다음 책들을 보라. Jon Sobrino, *Jesus the Liberator* (Maryknoll, N.Y.: Orbis, 1993). Sobrino, *Christ the Liberator* (Maryknoll, N.Y.: Orbis, 2001); Marcus Borg, *Jesus: A New Vision* (Sanfrancisco: Harper & Row, 1987). 『예수 새로 보기 : 영, 문화 그리고 제자됨』(한국신학연구소 역간, 1997), Borg, *Jesus: Uncovering the Life, Teaching, and Relevance of a Religious Revolutionary* (San Francisco: HarperSan-Francisco, 2006); Pope Benedict XVI, *Jesus of Nazareth* (trans. Adrian J. Walker; New York: Doubleday, 2007).

22. 예를 들면, *Ancient Christian Commentary on Scripture* (29 vols.; Downers Grove, ILL.: InterVarsity, 1998).

23. 예를 들면, J. Gordon McConville and Craig Bartholomew, eds., *The Two Horizons Old Testament Commentary* (Grand Rapids: Eerdmans, 2008). Joel B. Green and Max Turner, eds., *The Two Horizons Old Testament Commentary* (Grand Rapids: Eerdmans, 2005).

24. 예를 들면, Richard Bauckham, Ellen Davis, and Richard Hays, Dale Martin, Marianne Meye Thompson, N. T. Wright의 저서들.

25. 예컨대, *Brazos Theological Commentary on the Bible* (Grand Rapids: Brazos, 2005).

26. 예를 들면, Kelsey, *Eccentric Existence*. 나의 저술도 이 범주에 속한다. Miroslav Volf, *Exclusion and Embrace: Theological Reflections on Identity, Otherness, and Reconciliation* (Nashville: Abingdon, 1996). 『배제와 포용』(한국IVP 역간, 2012). 그리고 Volf, *Free of Charge: Giving and Forgiving in a Culture Stripped of Grace* (Grand Rapids: Zondervan, 2005). 『베풂과 용서』(복있는사람 역간, 2008).

27. 예컨대, Friedrich Mildenberger, *Biblische Dogmatik: Eine biblische Theologie in dogmatischer Perspektive* (vol. 1-3; Stuttgart: Kohlhammer, 1991-1993); Welker, *God the Spirit*; Welker, *Creation and Reality*.

28. 대표적인 실례는 피터 오크스와 데이비드 포드의 저술을 중심으로 모인 경전 추론 그룹 (Scriptural Reasoning Group)인데, 이에 관해서는 이 서론의 뒷부분에서 다룰 예정이다. 무엇보다 다음 책들을 보라. Peter Ochs, *Peirce, Pragmatism, and the Logic of Scripture* (Cambridge: Cambridge University Press, 1998); Ochs, ed., *Return to Scripture in Judaism and Christianity: Essays in Postcritical Scriptural Interpretation* (New York: Paulist, 1993); David Ford and C. C. Pecknold, eds., *The Promise of Scriptural Reasoning* (Malden, Mass.: Blackwell, 2006); *The Journal of Scriptural Reasoning* (http://etext.virginia.edu/journals/ssr/). 이 책도 참고하라. Michael Ipgrave, ed., *Scriptures in Dialgue: Christians and Muslims Studying the Bible and the Qur'an Together* (London: Church House, 2004).

29. 예컨대 다음 책들을 보라. Davis and Hays, ed., *The Art of Reading Scripture*. Markus Bockmuel and Alan J. Torrance, eds., *Scripture's Doctrine and Theology's Bible: How the New Testament Shapes Christian Dogmatics* (Grand Rapids: Baker Academic, 2008).

30. 예컨대, *Ex Auditu : An International Journal for the Theological Interpretation of Scripture, Journal of Theological Interpretation,* and *Jahrbuch für biblische Theologie*.

31. Kevin J. Vanhoozer, ed., *Dictionary for Theological Interpretation of the Bible* (Grand Rapids: Baker Academic, 2005).

32. 예컨대, Slavoj Zizek, *The Fragile Absolute, or Why Is the Christian Legacy Worth Fighting For?* (London: Verso, 2000). 『무너지기 쉬운 절대성』(인간사랑 역간, 2004). 다음 책들도 보라. Zizek, *The Puppet and the Dwarf: The Perverse Core of Christianity* (Cambridge, Mass.: MIT Press, 2003). 『죽은 신을 위하여』(길 역간, 2008); Zizek, *On Belief* (London: Routledge, 2001). 『믿음에 대하여』(동문선 역간, 2003); Alain Badiou, *St. Paul: The Foundation of Universalism* (trans. Ray Brassier; Stanford: Stanford University Press, 2003).

33. 무엇보다 다음 책들을 보라. Kar Barth, *Church Dogmatics* (ed. G. W. Bromiley and T. F. Torrence; Edinburgh: T. & T. Clark, 1957-67), vol. I. 『교회교의학』(대한기독교서회 역간, 2003). Karl Rahner, *The Trinity* (trans. Joseph Donceel; New York: Herder and Herder, 1970); Hans Urs von Balthasar, *Mysterim Pachale* (trans. Aidan Nichols; Edinburgh: T. & T. Clark, 1990); von Balthasar, *Theodramatik* (vols. 2 and 4; Einsiedeln: Johannes, 1976, 1983). von Balthasar, *Herrlichkeit: Eine theologische Ästhetik* (vols. 5 and 7; Einsiedeln: Johannes, 1961); von Balthasar, *Theologik* (vols. 3; Einsiedeln: Johannes, 1987). Jürgen Moltmann, *The Crucified God: The Cross of Christ as the Foundation and Criticism of Christian Theology* (trans. R. A. Wilson and John Bowden; New York: Harper & Row, 1974); Moltmann, *The Trinity and the Kingdom: The Doctrine of God* (trans. Magaret Kohl; New York: Harper & Row, 1981); Wolfhart Pannenberg, *Systematic Theology* (vol. 1; trans. Geoffrey W. Bromiley; Grand Rapids: Eerdmans, 1991), 259-336. 『판넨베르크의 조직신학 1』(은성 역간, 2003).

34. 대표적인 책은 Gustavo Gutiérrez, *A Theology of Liberation: History, Politics, and Salvation* (trans. and ed. Sister Caridad Inda and John Ealgeson; Maryknoll, N. Y.: Orbis, 1973).

35. 삼위일체 교리의 현대적 부활에 원초적 동인을 제공했던 칼 바르트의 경우는 분명히 그렇다. 그리고 위르겐 몰트만과 볼프하르트 판넨베르크의 경우도 마찬가지다. 이 둘은 신학의 성경적 전통으로 되돌아가서 삼위일체 교리를 가장 훌륭하게 재조명했다(Moltmann, *The Crucified God* and *The Trinity and the Kingdom*. Pannenberg, *Systematic Theology*. 『판넨베르크의 조직신학 1』 논의의 여지가 있지만, 대표적인 해방신학자들은 모두 먼저 출애굽 전통과 사복음서에서 아이디어를 끌어와서, 라틴 아메리카의 마르크스주의 사회분석에 비추어 그 전통들을 읽고, 결국에는 신학을 재구성하기에 이르렀다. 한 해방신학자가 명시적으로 성경 전통을 다룬 것을 보려면 다음 자료를 참고하라. José Miranda, *Marx and the Bible: A Critique of the Philosophy of Oppression* (trans. John Eagleson; Maryknoll, N. Y.; Orbis, 1974). 『마르크스와 성서』(일월서각 역간, 1987). Miranda, *Communism in the Bible* (trans. Robert R. Barr; Eugene, Ore.: Wipf and Stock, 2004).

36. Volf, *Exclusion and Embrace*. 『배제와 포용』; Volf. *Free of Charge*. 『베풂과 용서』; Volf, *After Our Likeness: The Church as the Image of the Trinity* (Grand Rapids: Eerdmans, 1998). 『삼위일체와 교회』 (새물결플러스 역간, 2012); Volf, *The End of Memory: Remembering Rightly in a Violent World* (Grand Rapids: Eerdmans, 2008).

37. Francesca Murphy는 다음 책에서 이 점을 올바로 지적하고 있다. *The Comedy of Revelation: Paradise Lost and Regained in Biblical Narrative* (Edinburgh: T & T Clark, 2000), xiv-xv.

38. Ernst Troeltsch, "Historische und Dogmatische Methode in der Theologie," in *Gesammelte Schriften von Ernst Troeltsch* (Aalen: Scentia, 1962), 2:729-753.

39. 데일 마틴(Dale Martin)은 기독교가 역사적 특성을 지닌 종교라고 해서 성경 텍스트를 해석하는데 역사비평적 방법이 필수불가결한 도구인 것은 아니라고 주장하는데, 나도 전적으로 동의한다. 필수불가결하다고 주장하는 이들은 '역사적'이란 말의 두 가지 의미를 혼동하고 있다. 하나는 과거의 사건들과 관계가 있는 것이고, 다른 하나는 현대의 역사 편찬 방법론과 관계가 있다(Martin, *Pedagogy of the Bible*, 40-44).

40. 이를테면, Wolfhart Pannenberg, *Jesus-God and Man* (trans. Lewis L. Wilkins and Duane A. Priebe; Philadelphia: Westminster, 1968), 21-37를 보라. 그리고 다음 자료도 참고하라. Walter Kasper, *Jesus the Christ* (trans. V. Green; New York: Paulist, 1976), 15-61.

41. 키에르케고르에 따르면, 예수의 동시대인이라 할지라도 후대의 사람보다 어떤 중요한 인식론적 우위도 끌어낼 수 없었을 것이다. "하나님은 즉각적으로 인식할 수 있는 분이 아니므로, 만일 그 동시대인이 자기 눈을 믿는다면 속임을 당할 것이기" 때문이다 (Søren Kierkegaard, *Philosophical Fragments* [trans. David F. Swenson and Howard V. Hong; Princeton: Princeton University Press, 1962], 78).

42. 나의 의도와는 조금 다르지만 랭돈 길키도 수년 전에 출애굽기와 관련하여 비슷한 주장을 폈다. 설사 과학이 출애굽 사건이 실제로 일어났다고 확증하더라도, 원칙적으로, 역사 과학은 출애굽이 하나님의 행위였다고 확증할 수는 없다는 주장이다(Langdon Gilkey, "Cosmology, Ontology, and the Travail of Biblical Language," *Journal of Religion* 41 [1961], 194-205).

43. 이에 따른 결과는 이러하다. 역사가가 역사가의 자격으로서는 성경의 가장 기본적이고 중대한 특징, 말하자면 하나님이 인간 역사 속에 일하고 계시다는 주장에 대해 타당한 판단을 내릴 수

없다는 것. 그 가운데서도 특히 나사렛 예수의 인격에 대한 판단이 더욱 그러하다.

44. 비록 대부분의 서구인은 서구문화의 뿌리가 기독교라는 것과 인권 보호와 같은 중요한 신념들이 종교적 근거를 가질 필요성에 대해 잘 의식하지 않는 게 사실이지만, 서구 문화는 "성경의 문화적 실체로 흠뻑 젖어 있다"(Michael Welker, "What is Biblical Theology?"[미출간 원고, 12)라고 말해도 무방할 것이다(다음 책들을 보라. Nicholas Wolterstorff, *Justice: Rights and Wrongs* [Princeteon: Princeton University Press, 2008;]. John Witte Jr., *The Reformation of Rights* [Grand Rapids: Eerdmans, 2006]). 그렇다고 서구문화가 갈수록 더 기독교를 탈피하고 있지 않다는 말은 아니다. 그 문화에 몸담고 있는 이들이 인권의 언어는 완전히 수용하면서도 그것이 기독교에서 유래했다는 사실은 전혀 의식하지 않은 채 그 기독교적 근거와 종교적 동기의 필요성을 모두 배격할 수도 있다(참고. Richard Rorty, "Human Rights, Rationality, and Sentimentality," in *On Human Rights: The Oxford Amnesty Lectures* [ed. Stephen Shute and Susan Hurley; New York; Basic Books, 1993], 111-134).

45. 성경이 "하나님의 자기계시의 처소"라는 말은 다양한 방식으로 이해될 수 있다. 예컨대, 니콜라스 월터스토프와 같이 '신적 승인을 받은 인간 담론'으로 볼 수도 있고(*Divine Discourse: Philosophical Reflections on the Claim That God Speaks* [Cambridge: Cambridge University Press, 1995]), 존 웹스터와 같이 성경 텍스트를 "삼위일체 하나님이 자신의 현존을 드러낼 목적으로 따로 구별된 피조물"로 이해할 수도 있다(Holy Scripture, 21). 다양한 대안들이 있지만, 여기에서 내 의도는 그런 대안들을 논하는 것이 아니라, 성경을 하나님의 자기계시의 처소로 취급하는 일이 나의 신학적 성경 읽기의 한 가지 중요한 신념이란 점을 강조하는 것이다. 내 입장은 곧 명백하게 드러날 터인데, 그것은 월터스토프의 입장과 비슷하고, 이 특별한 성경의 "존재론"에 대한 신념은 내가 주장하는 성경 읽기 방식에 큰 영향을 준다.

46. 다음 글을 보라. Robert Jenson, "Scripture's Authority in the Church," in Davis and Hays, eds., *The Art of Reading Scripture*, 30-34.

47. Jürgen Moltmann, "'Do you understand what you are reading?' New Testament Scholarship and the Hermeneutical Question of Theology" (미출간 독일어 원고, 저자의 번역문), 8-9.

48. 해석자는 "역사성"(historicality)과 "동시대성"(contemporaneity) 간의 긴장을 경험할 소지가 많다. 성경 텍스트의 신학적 읽기의 특성은 해석자가 이 긴장을 어떻게 다루는지에 크게 좌우될 것이다. 나는 여기에서 나의 기본적인 해석학적 신념을 개관하고 있는 만큼, 신학적 읽기가 성

경의 역사성과 동시대성을 모두 붙잡을 수 있는 다양한 방법에 대한 논의는 생략할까 한다.

49. Kelsey, *Eccentric Existence*, 148, 458-477.

50. 그것은 (데이비드 켈시가 *Eccentric Existence*에서 하나님과 인류의 관계에 관한 이야기에 대해 주장했듯이) 사실적으로 서로 얽혀있어 논리적으로는 분리 가능한 많은 요소들로 구성된 복잡한 이야기일지 모르지만, 그럼에도 알아볼 수 있을 정도로 단일한 이야기다. 성경을 하나로 묶어주는 "이야기"에 관해서는 많은 글 가운데 특히 다음 두 가지를 참고하라. Richard Bauckham, "Reading Scripture as a Coherent Story," in Davis and Hays, eds., *The Art of Reading Scripture*, 38-53; N. T. Wright, "Reading Paul, Thinking Scripture," in Bockmuehl and Torrence, eds., *Scripture's Doctrine*, 59-71.

51. Bauckham, "Reading Scripture as a Coherent Story," in Davis and Hays, eds., *The Art of Reading Scripture*, 41.

52. 많은 사람이 말했듯이, 성경의 모든 주장들이 통일된 시스템에 딱 들어맞는다는 것을 입증하려고 애쓰는 근본주의 입장은 아주 이상한 면이 있다. 그런 프로젝트(하나님은 자기모순적인 진술을 하지 않기 때문에 하나님의 말씀은 자가당착적이지 않다는 것)를 추진하는 동인은 성경에 대한 경외심이지만, 그 진술들을 한 시스템에 끼워 맞추는 일은 종종 성경의 구체적인 주장들에 대한 불경심을 낳곤 한다. 로버트 건드리는 전통적인 개신교의 견해인 성경의 영감설을 변호하면서도, 성경 텍스트들은 "(통일된 조직신학을 낳는) 초(超)역사적인 포괄성을 위해 맞춤형으로 만들어진 게 아니라 역사 내적인 타당성을 위해 집필되었다"고 말했다(Robert H. Gundry, "Hermeneutic Liberty, Theological Diversity, and Historical Occasionalism," in *The Old is Better; New Testament Essays in Support of Traditional Interpretations* [Tübingen: Mohr Siebeck, 2005], 17).

53. 이 입장에 대한 고전적인 변호를 보려면, E. D. Hirsch Jr., *Validity in Interpretation* (New Haven: Yale University Press, 1967)을 참고하라.

54. William C. Chittick, *Ibn 'Arabi: Heir to the Prophets* (Oxford: One-world, 2007), 18에서 인용.

55. Heraclitus, *Fragments: A Text and Translation with a Commentary* by T. M. Robinson (Toronto: University of Toronto Press, 1987), 17.

56. 나는 플라톤의 노선에 따라 헤라클레이토스를 해석하고 있는 만큼, "모든 것은 계속 움직이는 중이고 아무 것도 그대로 있지 않다"는 입장을 옹호한다 (Plato, *Cratylus* [Loeb Classical Library, vol. IV; trans. H. N. Fowler; Cambridge, Mass.: Harvard University Press, 1926], 402a). 따라서 한 사람이 똑같은 강물에 두 번 발을 담글 수 없는 것은 강물과 그 사람 모두 변화에 휩싸여있기 때문이다. 신적인 샘 속에서 일어나는 "변화"는 당연히 완전히 신실하고 풍성한 존재를 소유한 하나님과 연결되어 있는 변화다.

57. 이 점은 다른 종교들의 신성한 텍스트에도 해당된다. 예를 들면, 코란과 같은 텍스트의 의미를 해석하는 올바른 규칙과 "합법적인" 방법들에 관한 논쟁은 무슬림의 모든 이웃들과 무슬림 공동체 자체를 위해 대단히 중요하다. 코란의 해석 규칙에 관해서는 다음 책을 보라. Ghazi bin Muhammad bin Talarl, "General Editor's Introduction and Foreword," in *Tafsir al-Jalalayn* (Louisville: Fons Vitae, 2008).

58. 어떤 텍스트의 해석에 필요한 적절한 문맥은 굉장한 논쟁거리가 될 것이다. "문헌의 한 단원을 해석할 때 고려해야 할 문맥은 결코 자명하지 않다"라고 존 레벤슨의 유명한 에세이는 말하고 있는데, 참으로 지당한 말이다. "Why Jews Are Not Interested in Biblical Theology"(in Jon Levenson, *The Hebrew Bible, the Old Testament, and Historical Criticism* [Louisville: Westminster John Knox, 1993], 56).

59. Martin, *Pedagogy*, 31.

60. 테리 이글턴(Terry Eagleton)은 "의미"의 두 가지 뜻을 옳게 구별했는데, 하나는 "주어진 의미 작용(signification)으로서의 의미"이고, 다른 하나는 "의도적으로 무언가를 나타내려고" 하는 행위로서의 의미이다(*The Meaning of Life* [Oxford: Oxford University Press, 2007], 59).

61. 한스 조아스(Hans Joas)는 코넬리우스 카스토리아디스(Cornelius Castoriadis)의 저술에 관해 보도하면서 이렇게 말한다(*Do We Need Religion? On the Experiences of Self-Transcendence* [Boulder: Pragdigm, 2008], 40).

62. 사회적 관계로서의 선물에 대한 간략한 논의는 Miroslav Volf, *Free of Charge*, 55-58을 보라. 『베풂과 용서』.

63. Karl Marx, *Das Kapital: Kritik der politischen Oekonnmie* (Hamburg: O. Meissner, 1872-1894), 1:9-61.

64. Marx, *Das Kapital*, 46-50, 특히 47-50.

65. Martin, *Pedagogy*, 30.

66. Eagleton, *Meaning of Life*, 61. 어떤 텍스트 속에 의미가 이미 심겨 있는 게 아니라 거기에 의미를 부여하는 것은 우리들이라고 주장하는 의미론에 대해, 이글턴은 "골치 아플 정도로 자기중심적"이라고 올바로 지적하면서 "우리가 우리 머리 바깥으로 나오는 적이 한 번도 없는가?"라고 수사적인 물음을 던진다(p. 116). 텍스트와 관련하여 나르시시즘에 경계하려면, 해석의 작용을 용도로 이해하지 말고 텍스트의 "해석"과 우리가 사용할 다양한 "용도들" 사이를 범주적으로 구분하는 일이 반드시 필요하다. 우리가 이글턴이 말하는 그런 나르시시즘에 비난을 퍼부을 만한 인물인 리처드 로티(Richard Rorty)는 의견을 달리한다. 그는 해석과 용도를 구분하는 일을 문젯거리로 생각한다. 그는 이론과 실천을 대비시키는 아리스토텔레스의 견해와 사람들을 단지 수단으로만 이용하는 것과 그들을 목적 그 자체로 대우하는 것을 대비시키는 칸트의 입장을 모두 배격한다. 아리스토텔레스의 인식론적 대비와 칸트의 윤리적 대비는 왜곡된 것이고, 그 바탕에는 해석과 용도를 해석학적으로 구분하는 그릇된 입장이 깔려 있다고 그는 믿는다. 이어서 로티는 해석을 용도로 주장하는 전반적인 해석학적 입장 내에서 좀 더 풍성한 해석학적 구분을 제의한다. 그것은 "당신이 사전에 어떤 사람이나 사물이나 텍스트로부터 얻고 싶은 것을 아는 일과 그 사람이나 사물이나 텍스트가 당신이 무언가 다른 것을 원하도록 도와줄 것임을 바라는 일 즉, 그 사람이나 사물이나 텍스트가 당신이 당신의 목적을 바꾸도록 도와줌으로써 당신의 인생을 바꾸게 해줄 것이라는 것 사이에" 있는 입장이다(Richard Rorty, "The Pragmatist's Progress," in *Interpretation and Overinterpretation* [ed. Umberto Eco and stefan Collini; Cambridge: Cambridge University Press, 1992], 106). 『작가와 텍스트 사이』(열린책들 역간, 2009). 로티의 설명은 얼핏 나르시시즘이란 비난을 약화시키는 듯이 보이지만 사실은 그것을 강화시킨다. 나는 여기에서 아리스토텔레스의 실천과 이론 간의 대비에 대한 로티의 배격에 대해 논평하지는 않고(비록 근본적인 문제이긴 하지만), 현재의 이슈와 더 관계가 많은 칸트의 수단과 목적 간의 대비에 대한 그의 배격에 초점을 맞출 생각이다. 여기서 중요한 질문은, 사람들과 관련된 칸트의 경우처럼, 우리가 텍스트를 이용하거나 이용하지 못하도록 허용되는지 여부가 아니다. 텍스트는 어쨌든 사람이 아니므로 얼마든지 합법적으로 이용될 수 있다. 중요한 물음은 "텍스트의 이용과 같이 단순한 수단으로" 해석활동을 정당하게 수행할 수 있느냐 하는 것이다. 내가 위에서 주장했듯이, 텍스트가 사람도 아니고 단지 사물에 불과하지도 않기 때문은 아니다. 당신은 텍스트를 사물로, 우리가 이용하는 자립적인 인간의 인공물로 취급해도 무방하고, 이것은 적어도 많은 독자에게는 독자와 텍스트 간의 아주 합법적인 관계이기도 하다. 그러나 사물로서의 텍스트는, 무엇보다도 사회적인 관계이기도 하다. 말하자면, 누군가 그것을 수단으로 삼아 다른 누군가에게 무언가를 전달하고 있는 중이란 뜻이다. 이런 면에서 텍스트 읽

기는 선물을 받는 것과 다르지 않은데, 선물 역시 단순한 사물이 아니라 사회적 관계이기 때문이다. 그리고 선물의 특성은 누군가 다른 누군가에게 주려고 하는 것이란 점에 의해 규정된다. 그런데 로티는 해석 과정으로부터 "누군가에게 주는" 부분을 잘라내고 해석을 일방적으로 취득하거나 영향을 받는 것으로 생각한다. 즉, 나는 그 텍스트로부터 내가 관심 있는 것을 취한다거나 그 텍스트가 나에게 영향을 주도록 허용한다고 보는 것이다(후자는 그 텍스트의 저자가 이루고자 했던 일과는 전혀 무관하지만 말이다). "사용"이라는 용어에는 이런 뜻이 담겨 있다. 그리고 바로 이 지점에 나르시시즘이 슬며시 들어온다. 텍스트가 당신이 다르게 생각하도록 혹은 다른 사람이 되도록 돕는다는 생각은 근본적으로 당신을 당신 자신밖으로 끌어내는 것이 아니다. 이유인즉, 그것은 당신이 그 텍스트가 당신을 위해 해주기를 바라고 또 허용하는 것에 관한 문제이기 때문이다. 이 점은 로티의 텍스트에서 텅 빈 차별성(difference)의 개념, 곧 전적으로 독자의 관심과 목적과 관계가 있는 개념에 의해 강조되고 있다. 해석학적 과정은 그 상상력이 자기이익의 지배를 받고 있는 문화 공간을 위해 맞춤형으로 짜인 듯이 보인다. 자기이익이란 것이 상업적인 교환의 형태를 따든지, 오늘은 어제와 다른 데서 만족감을 얻는 것과 같이 보다 일반적인 경험상 만족의 형태를 따든지 상관없이 그렇다는 말이다.

67. Jeffrey Stout, "What is the Meaning of a Text?" *New Literary History* 14/1 (1982): 1-12.

68. 예를 들면, 키케로가 아티쿠스에게 "내가 알기로 당신이 굉장한 관심을 갖고 있는 나의 입후보와 관련된 상황은 이러하다…"는 편지를 쓸 때, 그는 아티쿠스가 자신의 편지를 읽고 키케로가 "그의 입후보와 관련된 상황"을 어떻게 이해하고 있는지 파악하기를 기대한다고 나는 생각하고, 사실상 아티쿠스는 설사 그 문제에 "굉장한 관심"이 없다 하더라도 그렇게 할 도덕적 의무를 갖게 될 것이다(Marcus Tullius Cicero, *Letters to Atticus* [trans. D. R. Shackleton Bailey [New York: Cambridge University Press, 1965], 1:1-2; Cicero, *Letters of Marcus Tullius Cicero, with his treatises on friendship and old ages* [trans. E. S. Shuckburgh; New York: P. F. Collier & Son Co., 1917]). 훗날 문학 독자를 위해 이 편지들이 출판된 목적은 동시대인과 후대에게 키케로의 문학적 재능과 정치적 지혜를 보여주기 위한 것이다(나와의 개인적인 교신에서 이 본보기를 인용한 마르쿠스 엘더가 얘기한 것처럼). 그런데 이 편지들의 수신자에는 아티쿠스와 문학 독자가 모두 포함된다. 그렇지만 내 주장은, 아티쿠스는 키케로가 말하려고 하는 바를 파악하고 그에게 응답할 도덕적 의무가 있는 반면에, 문학 독자는 키케로가 쓰거나 출판한 내용에 주의를 기울일 의무가 전혀 없다는 것이다.

69. 스타우트는 우리가 "의미"란 용어를 아예 사용하지 않는 편이 나을 것이라고 제안했다. 단, 우리가 무슨 뜻으로 그 용어를 사용하는지를 분명히 밝히는 한 그냥 사용해도 해로울 게 없다는 점에는 동의한다. 나로서는 만일 "저자가 전달하려고 했던 것"이란 표현만 보존할 수 있다면

"의미"에 관한 담론을 없애도 상관하지 않겠다.

70. 이렇게 말한다고 해서, 성경 텍스트를 통해 하나님이 오늘날 각 사람에게 말씀하신다는 관념을 완전히 제쳐 놓으면 전혀 유익을 얻을 수 없다는 뜻은 아니다. 그러므로 누구든지 자신이 선택한 "관심사와 목적"에 따라 성경을 읽을 수 있는데, 그 관심사와 목적이 무엇이든 상관이 없고 성경을 해석하고 영감을 얻기 위해 마르크스나 니체나 프로이드나 어느 누구에게 기대도 무방한 것이다. 아울러 그런 해석들이 성경과 관계되는 한 언제나 부적절하다는 뜻도 아니다. 단지 그런 해석들은 성경 텍스트가 무엇인지를 밝히는 차원에서만 적절하다는 말이다. 이는 성경을, 중요한 고전의 지위를 획득한, 다양한 시대와 장소를 배경으로 하는 문학 작품으로 보는 차원을 일컫는다. 그러나 이런 해석들은 신학적인 차원에서 볼 때, 좀 더 넓게는 기독교적 차원에서 볼 때 가장 중요한 본질을 놓치고 있다. 말하자면, 성경은 모든 시대와 장소에 사는 사람들에게 주어지는 하나님의 말씀이란 본질이다.

71. Karl Marx, *Critique of Hegel's 'Philosophy of Right'* (ed. and introduction by Joseph O'malley; trans. Annette Jolin and Joseph O'malley; Cambridge: Cambridge University Press, 1970).

72. Friedrich Nietzsche, *Genealogy of Morals: A Polemic* (trans. Horace B. Samuel; New York: Macmillan, 1924). 『도덕의 계보』(다락원 역간, 2009).

73. 의심의 해석학과 가면 벗기기 프로젝트가 보다 큰 문화적 추세와 어떻게 들어맞는지를 보려면, Russell R. Reno, "The Antinomian Threat to Human Flourishing"(미출간 원고)을 보라.

74. 거룩한 경전으로서 성경을 올바른 자세로 존중하는 것에 관해서는 David Kelsey, *Eccentric Existence*, 140-156을 보라.

75. Collins, "Biblical Theology", 21을 보라.

76. 타자와의 만남을 위해 '이해하지 못하는 것'(non-understanding)의 중요성에 관해서는 Volf, *Exclusion and Embrace*, 143-144를 보라. 『배제와 포용』.

77. "공포의 텍스트들"은 다음 책에 나오는 유명한 어구다. Phyllis Trible (*Texts of Terror: Literary-Feminist Readings of Biblical Narratives* [Philadelphia: Fortress, 1984]). 『성서에 나타난 여성의 희생』(전망사 역간, 1989).

78. 이 두 가지 대안을 개관하면서, 나는 성경과 기독교 신앙이 소수의 지혜나 인생의 한 가지 면(어쩌면 "종교"라고 불리는 것)에 대한 관점이 아니라 인생에 대한 포괄적인 관점을 제공한다고 가정하고 있다. 모든 그리스도인이 성경과 기독교 신앙을 이런 식으로 보는 것은 아니다. 특히 오늘날처럼 잡다한 종교성과 혼합주의적인 신앙이 판을 치는 시대에는 더더욱 그러하다. 그러나 이런 식으로 나는 기독교 신앙을 생각하고 있고, 오랜 세월에 걸쳐 위대한 기독교 신학자들과 훌륭한 성인들도 그렇게 생각해왔다. 만일 성경과 기독교 신앙에 대한 나의 가정(假定)이 옳다면, 당연히 그 관점에서 벗어나는 것은 하나도 없으며 모든 것을 그 렌즈를 통해서 조망할 수 있다. 물론 나는 상상 속에서는 다른 포괄적인 인생관에 몸담을 수 있고, 성경 이외의 다른 자료에서 아주 많은 것을 배우고, 이런저런 식으로 배운 바를 나의 포괄적인 인생관 속에 통합할 수 있다. 다른 인생관이라고 해서 모두 버려야 하는 것은 아니다! 다른 한편, 나는 전반적인 기독교적 관점이 일관성이 없고 거기에 몸담을 수 없어서 그것을 버려야 한다고 주장하는 데까지 이를 수도 있다. 그러나 사물을 보는 방식과 관련하여, 나는 언제나 모든 것을 조망할 수 있는 어떤 포괄적인 관점(혹은 무엇가 부족한 관점)을 선택하지 않으면 안 된다.

79. 성경을 읽을 때 "겸손하게 수용하는 태도"와 "상상력을 동원해 관여하는 태도" 중의 하나를 억지로 선택해야 한다고 생각하는 것은 잘못이다. 만일 내가 나 자신의 입장에서 읽는다면 상상력을 동원하여 읽게 될 것이다. 그러나 신성한 텍스트이자 하나님의 자기계시의 처소를 읽고 있는 만큼(이것은 늘 변하는 나의 영적 그림에 영입함으로써 나의 영적 탐구에 이용할 수 있는 고대의 종교적 지혜의 창고 중의 하나와는 다르다), 상상력의 활용도 수용적 태도의 한 양상일 수 있는 것이다.

80. 번역의 중요성에 관해서는 다음 책을 보라. Lamin Sanneh, *Translating the Message: The Missionary Impact on Culture* (Maryknoll, N. Y.: Orbis, 1989).

81. 신학적 성경 읽기의 대가 중의 한 사람인 데이비드 포드는 성경 읽기의 공리 중의 하나로 다음과 같은 것을 제안한다. "성경을 둘러싼 대화가 모든 민족, 종교, 문화, 예술, 분야, 매체, 그리고 삶의 영역에 열려 있도록 하라"(Ford, Christian Wisdom, 87).

82. 참고. Bill Moyer, "Genesis - A Living Conversation," PBS, http://www.pbs.org/wnet/genesis/program.html.

83. "지도 학습"의 일환으로 실시된 창세기 공부에 관해 예일 대학교의 스털링 법학 교수인 Anthony Kronman과 나눈 대화에서.

84. David Ford, "An Interfaith Wisdom: Scriptural Reasoning betwwen Jews, Christians, and Muslims," chap. 1 in *The Promise of Scriptural Reasoning* (ed. David F. Ford and C. C. Pecknold; Oxford: Wiley-Blackwell, 2007). 주 28에 인용된 문헌도 참고하라.

85. 다양한 문화들이 만나는 장소로 어귀(estuary)의 이미지를 든 것은 내 친구이자 미술가인 마코토 후주모라(Makoto Fujumora) 덕분이다.

chapter2. 삶의 방식을 찾기 위한 신학

이 논문은 본래 다음 책에 실렸던 것이다. Miroslav Volf and Dorothy C. Bass ed., *Practicing Theology* (Grand Rapids: Eerdmans, 2002).

1. Immanuel Kant, "On the Common Saying: 'This May Be True in Theory, but it Does Not Apply in Practice," in *Kant: Political Writings* (ed. Hans Reiss; trans. H. B. Nisbet; 2d ed.; Cambridge/New York: Cambridge University Press, 1991), 61.

2. Miroslav Volf, "Introduction: A Queen and a Beggar: Challenges and Prospects of Theology," in *The Future of Theology: Essays in Honor of Jürgen Moltmann* (ed. Miroslav Volf et al.; Grand Rapids: Eerdmans, 1996), ix-xviii.

3. Aristotle, *Metaphysics*, 982a 14ff. and 993b 20-21.

4. Thomas Aquinas, *Summa Theologiae* I.1.4. 『신학대전1』(바오로딸 역간, 2002).

5. Duns Scotus, *Ordinatio*, prol. pars 5, qq. 1-2.

6. 여기에서 신학이 다른 과학들과 동일한 의미로 과학인지, 혹은 어느 정도로 과학인지의 문제는 제쳐놓는 바이다. 이 문제에 관해서는 다음 자료들을 참고하라. Wolfhart Pannenberg, *Theology and the Philosophy of Science* (trans. F. McDonagh; Philadelphia: Westminster, 1976), 23-224. Philip Clayton, *Explanation from Physics to Theology: An Essay in Rationality and Religion* (New Haven: Yale University Press, 1989), 154-167. Nancey Murphy, *Theology in the Age of Scientific Reasoning* (Ithaca, N. Y.: Cornell University Press, 1990), 174-208. Wentzel van

Huyssteen, *The Shaping of Rationality: Toward Interdisciplinarity in Theology and Science* (Grand Rapids: Eerdmans, 1999).

7. 나의 "핵심적 신앙"은 Reinhard Hütter가 다음 글에서 사용하는 "교리"의 개념과 겹치는 부분이 상당히 많다. "Hospitality and Truth: The Disclosure of Practices in Worship and Doctrine," in *Practicing Theology: Beliefs and Practices in Christian Life* (ed. Miroslav Volf and Dorothy C. Base; Grand Rapids: Eerdmans, 2002), 206-227. 다음 글에 나오는 Hütter의 "복음의 교리" 개념도 보라. *Suffering Divine Things: Theology as Church Practices* (trans. Doug Stott; Grand Rapids: Eerdmans, 2000), 135-145.

8. Bruce D. Marshall, *Trinity and Truth* (Cambridge: Cambridge University Press, 2000), 19.

9. 다음 글에 나오는 Craig Dykstra와 Dorothy C. Bass의 정의를 보라. "A Theological Understanding of Christian Practices," in Volf and Bass, eds., *Practicing Theology*, 18.

10. Mary Douglas, "Deciphering a Meal." in *Myth, Symbol, and Culture* (ed. Clifford Geertz; New York: W. W. Norton & Co., 1971), 67.

11. 성찬을 "질서를 형성하는 의례"로서 성찰한 글을 보려면, Ingolf U. Dalferth, *Theology and Philosophy* (Oxford: Blackwell, 1988), 222-223.

12. 기독교적 행습의 "상응" 구조를 보여주는 더 많은 본보기를 보려면 다음 책을 참고하라. Miroslav Volf, *Exclusion and Embrace: Theological Reflections on Identity, Otherness, and Reconciliation* (Nashville: Abingdon, 1996). 『배제와 포용』.

13. Charles Taylor, *Sources of the Self: The Making of the Modern Identity* (Cambridge, Mass.: Harvard University Press, 1989), 28.

14. 하나님이 신학의 주제라는 기본 관념에 동의하는 신학 작업에 대한 다양한 설명은 다음 자료들을 참고하라. Pannenberg, *Theology and the Philosophy of Science*. David Kelsey, *To Understand God Truly: What's Theological about a Theological School* (Louisville: Westminster John Knox, 1992).

15. Pannenberg, *Theology and the Philosophy of Science*, 298.

16. Karl Rahner, *Foundations of Christian Faith* (trans. W. Dych; New York: Crossroad, 1978), 79; Kathryn Tanner, *Jesus, Humanity, and the Trinity: A Brief Systematic Theology* (Minneapolis: Fortress, 2001), 2-4.

17. Gerhard Ebeling, *Luther: An Introduction to His Thought* (trans. R. A. Wilson; Philadelphia: Fortress, 1972), 248. 다음 자료도 보라. Gerhard Ebeling, "Cognitio Dei et hominis," in *Lutherstudien* (vol. 1; Tübingen: Mohr, 1971), 221-272.

18. 신앙과 실천 간의 단절을 분석한 글을 보려면, Amy Plantinga Pauw, "Attending to the Gaps between Beliefs and Practices," in Volf and Bass, eds., *Practicing Theology*, 33-48을 참고하라.

19. Miroslav Volf, *Zukunft der Arbeit - Arbeit der Zukunft. Das Marxche Arbeitsverständnis une seine theologische Wertung* (Munich: Kaiser, 1988), 106. 『노동의 미래-미래의 노동』(한국신학연구소 역간, 1993). Hans Joachim Kraus, *Theologische Religionskritik* (Neukirchen-Vluyn: Neukirchener Verlag, 1982), 251.

20. Jürgen Moltman, *Theology of Hope: On the Ground and the Implications of a Christian Eschatology* (trans. J. W. Leitch; London: SCM, 1967).

21. 기독교적 주체의 구성에 관해서는 다음 책을 참고하라. Karl Barth, *Church Dogmatics* (ed. G. W. Bromiley and T. F. Torrance; Edinburgh: T. & T. Clark, 1957-67), IV/1, 749.

22. Dorothy Bass와 Craig Dykstra는 "A Theological Understanding of Christian Practices"란 글에서 기독교적 행습은 신적인 활동에 참여하는 여러 형태임을 강조했다.

23. "반향"의 개념을 신학적으로 활용한 글을 보려면, Michael Welker, *God the Spirit* (trans. John F. Hoffmeyer; Minneapolis: Fortress, 1994), 313ff.

24. 사회화된 몸에 관해서는 다음 글을 보라. Pierre Bourdieu, *Outline of a Theory of Practice* (trans. R. Nice; Cambridge University Press, 1977), 124.

25. George A. Lindbeck, *The Nature of Doctrine: Religion and Theology in a Postliberal Age* (Philadelphia: Westminster, 1984), 36.

26. Dykstra and Bass, "A Theological Understanding of Christian Practices," 17, and Sarah Coakley, "Deepening Practices: Perspectives from Ascetical and Mystical Theology," in Volf and Bass, eds., *Practicing Theology*, 78.

27. Kathryn Tanner, "Theological Reflection and Christian Practices," in Volf and Bass, eds., *Practicing Theology*, 228ff.

28. Pierre Hadot, *Philosophy as a Way of Life: Spiritual Exercises from Socrates to Foucault* (ed. Arnold I. Davidson; trans. Michael Chase; Oxford: Blackwell, 1995), 281.

29. Hadot, *Philosophy as a Way of Life*, 282-83. 아도는 스토아주의와 에피쿠로스주의에 대해 비평하면서 크리싯포스(Crycipus: 스토아학파를 대성하고 조직화한 인물-역주)나 에피쿠로스의 이론들로부터 거의 우발적으로, "도덕이 생길 것"으로 생각하는 것은 잘못이라고 말한다. "그러나 사실은 그와 정반대다. 본래 추상적인 이론들이 실존적인 태도를 정당화하게 되어 있다. 이를 달리 표현하면, 모든 실존적 태도는 담론으로 반드시 표현되어야 하는 세계관을 함축하고 있다. 그런데 이런 담론이 곧 철학은 아니고, 전자는 후자의 한 요소에 불과하다. 철학은 무엇보다도 내적 담론과 외적 담론을 수반하는 실존적 태도 그 자체이기 때문이다. 이 가운데 외적 담론은 이런저런 실존적 태도에 함축되어 있는 세계관을 표현하는 역할을 하고, 이런 담론은 동시에 그런 태도를 합리적으로 정당화해주고 그것을 타인에게 전달할 수 있게 해준다"(Hadot, *Philosophy as a Way of Life*, 30-31에 나오는 Davidson의 인용문).

30. John Zizioulas, *Being as Communion: Studies in Personhood and the Church* (Crestwood, N. Y. : St. Vladimir's Seminary Press, 1985). 『친교로서의 존재』(삼원서원 역간, 2012).

31. Hadot, *Philosophy as a Way of Life*, 212.

32. 예를 들면, 마리안 사위키가 예수 그리스도가 부활했다는 기독교 신조에 대해 어떻게 하는지를 생각해 보라. 그녀는 그것을 실용적으로 정당화한다. "언제나 교회와 함께 있는 굶주린 작은 자들이야말로 예수의 육체적 부활을 기독교 신앙을 위해 절대적으로 긍정해야 할 이유이다" (Marianne Sawicki, *Seeing the Lord: Resurrection and Early Christian Practices* [Minneapolis: Fortress, 1994], 275).

33. 아도가 생활방식의 선택과 철학적 담론을 연계시키는 방식은 일부 해방신학자들이 사회참여의 실천과 신학적 성찰을 연관시키는 방식과 비슷하다. 위르겐 몰트만은 신학적 방법론을 다룬

최근의 책에서 십년에 걸친 여러 해방신학자들과의 보람 있는 대화에 관한 긴 장의 끝 대목에서 다음과 같은 비판적인 질문을 제기한다." 만일 실천(praxis)이 이론의 (궁극적인) 평가기준이라면, 실천의 평가기준은 무엇인가?"(Jürgen Moltmann, *Experiences in Theology: Ways and Forms of Christian Theology* [trans. M. Kohl; Minneapolis: Fortress, 2000], 294).

34. *Eccentric Existence: A Theological Anthropology* (Louisville: Westminster John Knox, 2009)란 책에서 데이비드 켈시는 성경을 읽을 때 사실적으로는 서로 얽혀있으나 논리적으로는 서로 독립된 세 가지 내러티브로 읽어야 한다고 강력하게 주장하고 있다.

35. Troels Engberg-Pedersen, *Paul and the Stoics* (Louisville: Westminster John Knox, 2000), 294.

36. Engberg-Pedersen, *Paul and the Stoics*, 295.

37. Engberg-Pedersen, *Paul and the Stoics*, 30.

chapter3. 온건한 차별성: 베드로전서에서의 교회와 문화

1. H. Richard Niebuhr, *Christ and Culture* (New York: Harper & Brothers, 1951), x. 『그리스도와 문화』(한국IVP 역간, 2007).

2. Max Weber, "Die protestantischen Sekten und der Geist des Kapitalismus," in *Gesammelte Aufsätze zur Religionssoziologie* I (Tübingen: J. C. B. Mohr [Paul Siebeck], 1963), 207-236.

3. Ernest Troeltsch, *The Social Teaching of the Christian Churches* (trans. Olive Wyon; London: George Allen & Unwin, 1931), 2:994.

4. Leonard Goppelt, *Der erste Petrusbrief* (KEK XII/1; Göttingen: Vandenhoeck & Ruprecht, 1978), 41.

5. Reinhard Feldmeier, *Die Christen als Fremde: Die Metapher der Fremde in der antiken Welt, im Urchristentum und im 1. Petrusbrief* (Tübingen: J. C. B. Mohr [Paul Siebeck], 1992).

6. Gustaf Stählin, "Xenos", in *Theological Dictionary of the New Testament* (trans. and ed. Geoffrey W. Bromiley; Grand Rapids: Eerdmans, 1964-1976), 5:29. 『신약성서 신학사전』(요단출판사 역간, 1986).

7. Leonard Goppelt, "Prinzipien neutestamenttlicher und systematischer Sozialethik heute," in *Die Verantwortung der Kirche in der Gesellschaft* (ed. Jörg Baur et al.; Stuttgart: Calwer Verlag, 1972), 16.

8. Feldmeier, *Die Christen als Fremde*, 22.

9. John H. Elliot, *A Home for the Homeless: A Sociological Exegesis of 1 Peter, Its Situation and Strategy* (Philadelphia: Fortress, 1981), 21-58, 129-132. Cf. John H. Elliot, "1 Peter, Its Situation and Strategy: A Discussion with David Balch," in *Perspectives on 1 Peter* (ed. C. H. Talbert; Macon, Ga.: Mercer, 1986), 67-68.

10. Elliot, *A Home for the Homeless*, 268.

11. 이는 기능주의 사회학적 설명 특유의 조직적이고 일방적 성격이다. 이 설명은 종교적 믿음과 행습을 독자적인 사회적 세력으로 인식할 수 없다. 석의에서 사회학적 기능주의를 비판한 글을 보려면, John Milbank, *Theology and Social Theory: Beyond Secular Reason* (Oxford: Blackwell, 1990), 111-121.

12. 엘리옷은 이런 현상을 인식하고는 있으나 그 중요성을 과소평가한다. Elliot, "1 Peter, Its Situation and Strategy"를 보라.

13. 박해는 차별성과 정의의 이슈가 모두 관련되어 있는 문제다. 베드로전서 1장에서 박해는 무엇보다도 차별성의 문제이다. 사람들이 그리스도인이 된 결과로 "신성모독의 문제"에 부딪혔고 "시련의 불길"(4:4, 12)에 휩싸이게 되었던 것이다. 여기에서 불의는 차별성에 비해 부차적인 문제로 보인다. 이는 "타자"에 대한 불관용과 그 차별성을 억압하려는 시도가 낳은 결과이다.

14. 이는 엘리엇이 옳게 비판하는 견해다(*Home for the Homeless*, 131). 하지만 만일 "거류민"과 "나그네"가 은유적으로 한 말이 아니라면 회심 **이전**에 그리스도인들이 처했던 사회적 상황을 묘사하는 것이 틀림없다고 엘리엇은 생각한다. 그러나 이 용어들이 회심 **이후**의 그리스도인의 사회적 상황을 묘사하지 말란 법은 없다.

15. 종교의 사유화에 대한 논의를 간략하게 분석한 글을 보려면 다음 자료를 참고하라. Hubert Knoblauch, "Die Verflüchtigung der Religion ins Religiöse: Thomas Luckman's Unsichtbare Religion," in *Die Unsichtbare Religion* (ed. Thomas Luckman; Frankfurt a.M.: Suhrkamp, 1991), 19ff.

16. 철학적 범주로서의 "이주"(migration)에 관한 글을 보려면, Peter Sloterdijk, *Weltfremdheit* (Frankfurt a.M.: Suhrkamp, 1993), 80ff을 보라.

17. 이에 대한 논의는 다음 책을 참고하라. J. N. D. Kelly, *A Commentary on the Epistles of Peter and Jude* (New York: Harper & Row, 1969), 15ff.

18. 다음 책도 보라. Feldmeier, *Die Christen als Fremde*, 188.

19. Robert N. Bellah et al., *Habits of the Heart: Individualism and Commitment in American Life* (Berkeley: University of California Press, 1996), 221. 『미국인의 사고와 관습』(나남 역간, 2001).

20. Celsus in Origen, *Contra Celsum* 3.9.

21. Elliott, *A Home for the Homeless*, 120.

22. 4장 17절에서 심판을 언급한다고 해서 이에 대한 반론이 성립되는 것은 아니다. 베드로는 이렇게 쓰고 있다. "하나님의 집에서 심판을 시작할 때가 되었나니, 만일 우리에게 먼저 하면, 하나님의 복음을 순종하지 아니하는 자들의 그 마지막은 어떠하겠는가?" 여기서 하나님의 집인 교회 역시 심판을 면할 수 없다는 점을 주목하라. 이 대목에 나오는 심판은 아무도 제외시키지 않는 총괄적인 범주이다. 이 문맥에서 베드로전서가 죽은 비그리스도인들이 죽음 이후에 그리스도를 위해 결단을 내릴 수 있는 가능성을 모든 신약성경의 책들 가운데 가장 많이 시사하고 있는 것은 참으로 흥미로운 점이다(4:6, Goppelt, *Der erste Petrusbrief*, 277f).

23. Nobert Brox, *Der erste Petrusbrief* (EKKNT 21; Zürich/Neukirchen-Vluyn: Benzinger/Neukirchener, 1979), 16. 하지만 비그리스도인들은 말씀을 불순종하도록 "정해져" 있다는 구절(2:8)이 나오는, 수수께끼 같은 단락은 다른 방향을 가리키고 있다.

24. Goppelt, *Der erste Petrusbrief*, 117.

25. 베드로전서 4절 2절, "…그 후로는 다시 사람의 정욕을 따르지 않고 하나님의 뜻을 따라 육체의 남은 때를 살게 하려 함이라"는 비그리스도인처럼 살지 말라는 권면으로 해석할 수도 있다. 하지만 이 텍스트는 "이 세상"이나 비그리스도인들의 욕망이 아니라 포괄적인 의미의 "사람의 욕망"에 대해 말한다. 이런 욕망이 비록 "육체의 정욕"(2:11)인 만큼 그리스도인들이 "예전에 품었던" 욕망(1:14)인 것은 사실이지만 말이다. 더 나아가, 사람의 욕망에 따라 살지 않는 일은 "너희도[그리스도와] 같은 마음으로 갑옷을 삼으라"는 긍정적인 권고(4:1)에 달려 있다. 베드로전서는 "순결한 교회" vs "죄 많은 세상"의 단순한 흑백논리를 뛰어넘고 있다. 이런 정욕은 비그리스도인들 사이에서만 팽배한 게 아니라 그리스도인들의 영혼을 상대로 싸움을 걸기도 한다(2:11).

26. 이 구별에 관해서는 찰스 테일러의 간략한(어쩌면 너무 경직된) 논평을 보라. Charles Taylor, "Comparison, History, Truth," in *Myth and Philosophy* (ed. F. Reynolds and David Tracy; New York: SUNY, 1990), 54.

27. Karl Marx, *Karl Marx/Friedrich Engels Werks*, vol. 4(Berlin: Dietz Verlag, 1978), 200. 『프롤레타리아당 강령』(소나무 역간, 1989).

28. Elliott, *A Home for the Homeless*, 217.

29. David L. Balch, *Let Wives Be Submissive: The Domestic Code in 1 Peter* (Society of Biblical Literature Monograph Series 26; Chico, Calif.: Scholars Press, 1981), 88. 발치는 나중에 자기 입장을 완화시켜서 문화적 동화는 가정규례의 목적일 뿐, 이 편지 전체의 목적은 아니라고 해명했다(David Balch, "Hellenization/Acculturation in 1 Peter," in *Perspectives on 1 Peter* [ed. C. H. Talbert; Macon, Ga.: Mercer, 1986], 82).

30. 단순한 배척의 경우에는 심리학자들이 "부정적 의존성"이라 부르는 것에 빠지게 될 터이고, 단순한 긍정의 경우에는 "긍정적 의존성"에서 벗어날 수 없을 것이다. 양자 모두 행동의 패턴이 바깥으로부터 정해지는 것을 피할 수 없다.

31. Balch, "Hellenization/Acculturation in 1 Peter," 97-98.

32. Feldmeier, *Die Christen als Fremde*, 161.

33. Hannah Arendt, *The Human Condition* (Chicago: The University of Chicago Press, 1958),

240-241. 『인간의 조건』 (한길사 역간, 1996).

34. Feldmeier, *Die Christen als Fremde*, 162, 166.

35. Aristotle, *Nicomachean Ethics*, 11134b 9ff.

36. Carl Schmitt, *Politische Theologie II. Die Legende von der Erledigung jeder Politischen Theologie* (Berlin: Duncker & Humbolt, 1970), 118, n. 3. 『정치신학』(그린비출판사 역간, 2010). Cf. Jürgen Moltmann, "Theologische Kritik der Politischen Religion," in *Kirche im Prozess der Aufklärung: Aspekkte einer neuen "politischen Theologie"* (ed. J. B. Metz, J. Moltmann, and W. Oelmüller; München: Kaiser, 1970), 11-51. Jürgen Moltmann, "Covenant oder Leviathan? Zur Politischen Theologie der Neuzeit," *Zeitschrift für Theologie und Kirche 90* (1993): 299-317.

37. Stephen Toulmin, *Cosmopolis: The Hidden Agenda of Modernity* (New York: The Free Press, 1990), 175ff. 『코스모폴리스』(경남대학교출판부 역간, 1997).

38. Toulmin, *Cosmopolis*, 176. 『코스모폴리스』.

39. 툴민이 *Cosmopolis*, 175-176에서 인용한 Robert Darton의 글. 『코스모폴리스』.

40. 거대담론에 대한 포스트모더니즘의 비판을 보려면 다음 책을 참고하라. Jean-François Lyotard, *The Postmodern Condition: A Report on Knowledge* (trans: G. Bennington and B. Massumi; Minneapolis: University of Minnesota Press, 1984), 31ff. 『포스트모던의 조건』 (민음사 역간, 1992). 그런데 나는 그의 주장보다 그의 비판이 더 설득력이 있다고 생각한다.

41. "차별성이 없는 선교는 없다"는 원리로부터 "차별성이 클수록 선교가 더 효과적일 것"이라는 양적인 원리가 도출되지는 않는다(K. H. Schelkle, *Die Petrusbriefe, Der Judasbrief* [HThK XIII/2; Frieburg: Herder, 1961], 72).

42. Goppelt (*Der erste Petrusbrief*, 237)는 3장 15절에 나오는 *phobos*는 하나님 앞에서의 두려움을 가리키며 이 단어가 베드로전서에서 이런 의미로 사용된 다른 경우들(1:17, 2:18, 3:2)을 가리킨다고 제안한다. 이 다른 경우들에 대해서는 우리가 그의 해석을 따른다 할지라도(나는 그래야 한다고 생각한다), 3장 15절의 문맥은 하나님 앞에서의 경외심이 아니라 다른 사람들에 대한 존경을 분명히 가리키고 있다(Brox, *Der erste Petrusbrief*, 160쪽을 보라).

43. Tzvetan Todorov, *The Conquest of America: The Question of the Other* (trans. R. Howard; New York: Harper Perennial, 1984), 168.

44. Mark Kline Taylor, "Religion, Cultural Plurality, and Liberating Praxis: In Conversation with the Work of Langdon Gilkey," *Journal of Religion* 71/2 (1992), 162.

45. 고펠트는 자기 관점에서 이 점을 옳게 지적하고 있다. Goppelt, *Der erste Petrusbrief*, 160.

46. 우리가 분노의 반응과 기독교 신앙의 수용 간의 긴장을 해소하는 방법으로 시간의 경과에 호소하는 것도 가능하다. 처음에는 이방인들이 화를 내지만 한동안 그리스도인의 훌륭한 삶을 관찰한 뒤에 자기네 잘못을 시인하지 않을 수 없다. 그런데 이런 식으로 긴장이 해소될 수 있다면, 그리스도인들은 차별대우와 박해를 자연스러운 것으로 볼 수 없을 것이다. 이런 반응이 끈질기게 지속되는 것을 보고 놀라게 될 것이다. 그러나 베드로전서에 의하면, 그리스도인들은 박해를 자연스러운 것으로 생각해야 한다(4:12).

47. 엘리엇은 이 모든 반응들을 서로 조화시켜서 그것들을 획일적으로 이해한 비그리스도인의 탓으로 돌리고 싶어 하는 것 같다("1 Peter, Its Situation and Strategy," 69).

48. Lyotard, *The Postmodern Condition*, 40. 『포스트모던의 조건』.

49. 포스트모더니즘이 말하는 주체의 분해에 대한 비판은 다음 책을 보라. Alasdair MacIntyre, *Three Rival Versions of Moral Enquiry: Encyclopaedia, Genealogy, and Tradition* (Notre Dame: University of Notre Dame Press, 1990), 196ff.

50. Brox, *Der erste Petrusbrief*, 18.

chapter4. 특이한 정치: 요한복음, 이원론, 그리고 현대의 다원주의

내가 처음으로 이 에세이의 축소판을 발표한, 세인트앤드루스 대학교에서 "성 요한과 신학"이란 주제로 열린 학회에 참석한 사람들(특히 스티븐 바튼, 리처드 보캄, 주디스 류, 앤드류 링컨, 메리안느 메예 톰슨, 스티브 모티어, 앨런 토랜스)과 이 에세이의 초안을 비평해준 예일 대학교의 동료들과 내 친구들-해롤드 아트리지, 아델라 콜린스, 웨인 믹스 교수와 쉐인 버그-에게 감사드리고 싶다. 특별히 로버트 건드리 교수에게 고마움을 표하지 않을 수 없는데, 그는 이 에세이에 담긴 아이디어를 놓고 폭넓게 토론해 주었고(실은 우호적으로 논쟁했다), 그 내용과 스타일에 대해 상세한 논평을 해주었기 때문이다.

1. Peter Sloterdijk, *Weltfremdheit* (Frankfurt a.M. : Suhrkamp, 1993), 106. 그는 현대성을 묘사하기 위해 "본래 비트겐슈타인적인 것"이란 어구를 사용한다.

2. Friedrich Nietzsche, *Twilight of the Idols and Anti-Christ* (trans. R. J. Holllingdale; London: Penguin, 1990).

3. Gilles Deleuze, *Kleine Schriften* (trans. K. D. Schacht; Berlin: Minerva, 1980).

4. 이 복음서를 이른바 그 독특성의 관점에서 읽기로 하는 방법론적 결정 역시 똑같이 단조로운 효과를 낳는다. 만일 우리가 요한의 신학을 그 복음서의 독특한 점에 의거하여 해석하고 다른 요소들 (요한신학의 유기적인 일부가 아니라 그냥 따라오는 부분들)은 적실치 않은 것으로 내버려 둔다면, 이는 마치 구름이 많은 날 비행기에서 아래편은 전혀 보지 못하고 정상들만 보면서 그 지역의 지도를 만드는 것과 같다. 물론 변증적인 이유로 그 정상들을 잘라내는 일은 가능하다 (Ernst Käsemann, *The Testament of Jesus: A Study of the Gospel of John in Light of Chapter 17* [trans. Gerhard Krodel; Philadelphia: Fortress, 1968], 28). 그러나 독특성에 대한 잘못된 열정 때문에 정상들만 빼놓고 모든 것을 무시하는 일도 결코 작은 문제가 아니다. 독특한 면과 일반적인 면 사이에 강한 긴장이 있더라도 양자를 다함께 붙잡을 때에만 요한을 제대로 이해할 수 있다. 실은 요한복음 (그리고 다른 모든 저술과 다른 모든 것)에 특이한 성격을 부여하는 것은 바로 긴장으로 가득 찬 듯이 보이는 이 양자의 조합이기 때문이다.

5. Ugo Bianchi, "Dualism," in *Encyclopedia of Religion,* vol. 4 (ed. Mircea Eliade; New York: Macmillan, 1987), 506.

6. Bianchi, "Dualism," 506.

7. Bianchi, "Dualism," 506.

8. Bultmann, *Theology of the New Testament*, vol. 2 (trans. Kendrick Grobel; New York: Charles Scribner, 1955), 21, 76.

9. Käsemann, *The Testament of Jesus*, 63.

10. 아우구스티누스는 요한복음에 나오는 "어둠"을 죄로 인해 빛을 인식하지 못하는 무능력과 그에 따른 죄인의 상태를 일컫는 말로 해석한다. 요한복음 1장에 대한 그의 주석을 인용하면 이렇다. "그러나 일부 사람의 둔한 마음은 이 빛을 아직 받을 수 없을 것이다. 그들의 죄가 그들을 짓누르고, 그들은 그것을 분별할 수 없다. 하지만 그것을 분별할 수 없다고 해서 죄가 그들과 함께 없다고 그들로 생각하지 못하게 하라. 그들 자신이, 그들의 죄로 인해, 어둠이기 때문이다. **빛이 어둠에 비치되 어둠이 깨닫지 못하더라**… 만일 어떤 사람의 눈 속에 먼지나 물이나 연기가 들어가서 눈이 상해서 도무지 볼 수 없으면, 그의 담당의사는 그에게 이렇게 말할 것이다. '당신의 눈을 상하게 하는 것이 무엇이든 그것을 닦아내어 그 눈의 빛을 볼 수 있게 하라'라고" (Augustine, *Homilies on the Gospel According to St. John and His First Epistle*, vol. 1 [Oxford: John Henry Parker, 1848], 17).

11. 남성과 여성의 관계에 관한 한, 요한이 신약성경의 책들 중에 가장 평등주의적인 것이라는 게 일반적인 견해다(Käsemann, *The Testament of Jesus*, 31).

12. Bultmann, *Theology of the New Testament*, 2:10.

13. John Rawls, *Theory of Justice* (Cambridge, Mass.: Harvard University Press, 1971). 『정의론』(이학사 역간, 2003); John Rawls, *Political Liberalism* (New York: Columbia University Press, 1993). 『정치적 자유주의』(동명사 역간, 1998).

14. Nicholas Wolterstorff, "The Role of Religion in Decision and Discussion of Political Issues," in *Religion in the Public Square: The Place of Religious Convictions in Political Debate* (ed. Robert Audi and Nicholas Wolterstorff; Lanham, Md.: Rowman & Littlefield, 1997), 109.

15. Wolterstorff, "The Role of Religion," 115.

16. Raymond E. Brown, *The Community of the Beloved Disciple: The Lives, Loves, and Hates of an Individual Church in New Testament Times* (New York: Paulist, 1979). 『요한 교회의 신앙과 역사』(한국장로교출판사 역간, 2010).

17. 대립적 이원성들로 인해 요한은 대체로 막스 베버와 훗날의 에른스트 트뢸치가 "교파(Sect)"란 용어로 묘사한 기독교 공동체 유형에 속한다고 할 수 있다. 서양의 관용 개념이 이런 대립적 이

원성을 지닌 교파적인 의식구조에서 나왔다는 사실을 주목할 필요가 있다. 트뢸치가 입증했듯이, 거의 역설적인 이 사실은 교파가 종교의 문제에서 강제력을 포기한 것과 관련이 있다(Ernst Troeltch, *The Social Teaching of the Christian Churches* [New York: Harper, 1960], 995). 내가 앞으로 논증하겠지만, 신학적 의미로 보든 사회학적 의미로 보든 요한 공동체를 교파로 묘사하는 것은 옳지 않다. 그럼에도, 이 공동체는 (조건부로) 대립적 이원성을 찬성하는 면에서 이념형 교파와 공통된 점이 있으며, 교파의 경우와 같이, 이런 이원성들은 정치 프로젝트로서의 다원주의를 반대하지 않고 오히려 찬성하도록 압력을 가하는 성향이 있다.

18. Nichalas Rescher, *Pluralism: Against the Demand of Consensus* (Oxford: Clarendon, 1993), 80.

19. 내가 말할 수 있는 한, 요한은 많은 철학자가 토론하고 싶어 하는 그런 인식론적 문제들 즉, 매트 위에 놓인 사물이 개인지 혹은 고양이인지 여부, 우리가 지닌 인식이 세계의 실질적 성격과 궤도를 같이하는지 그렇지 않은지 여부에 대해서는 할 말이 없는 것 같다(예컨대, Bertrand Russell, *The Problems of Philosophy* [Indianapolis: Hackett, 2000], 7-59쪽을 보라). 『철학의 문제』(다락원 역간, 2010). 진리에 관한 요한의 담론은 대부분 종교적인 것이다. 그는 종교적 영역에서 적절한 앎과 관련해 인식자의 성품이 중요하다는 점은 인식했는데, 이와 비슷하게 일반적인 지식에 있어서 상황적 요인이 중요하다는 점을 받아들일 수 있었을까? 나로서는 요한의 사고구조를 보건대 이 점을 받아들이지 못할 만한 이유는 없다고 생각하지만, 한 마디로 이에 대한 뚜렷한 답변은 존재하지 않는다.

20. 여기서 개진하는 나의 논증과 관련하여, 이런 친화성에 정확히 어떻게 도달할 수 있는지는 중요하지 않다. 어쩌면 인간의 의지로나 하나님의 선택의 결과로(6:44, 15:16) 도달할 수 있는데, 요한복음에서는 양자 모두일 가능성이 많다. 나의 논점은 단지 진리와의 친화성이 진리에 대한 인식의 필요조건임을 강조하려는 것일 뿐이다.

21. Rescher, *Pluralism*, 88.

22. Rescher, *Pluralism*, 94.

23. Rescher, *Pluralism*, 104.

24. Rescher, *Pluralism*, 105.

25. 세계에 존재하는 언어들의 운명은 문화적 다양성이 축소되었음을 입증하고 있다. 언어학자들

은 이 세계에 살아있는 약 6천개의 언어 가운데 절반이 사멸될 위기에 처해 있다고 추정한다. 세계화가 언어적 다양성을 위협하고 따라서 문화적 다양성까지 위협하고 있다는 주장을 보려면 다음 책을 참고하라. Andrew Dalby, *Languages in Danger: The Loss of Linguistic Diversity and the Threat to Our Future* (New York; Colombia University Press, 2003). 『언어의 종말』(작가정신 역간, 2008).

26. 여기서 나의 논점은 다원성을 가지려면 하나님을 가정할 필요가 있다고 주장하려는 것이 아니다. 물론 이게 사실일지 모르지만, 요한의 경우 다원성의 존재가 하나님에게 근거하고 있다는 점을 주장하려는 것이다.

27. 여기서는 올바른 순서가 매우 중요하다. 예수를 죽이려는 시도가 그의 불쾌한 표현 뒤에 오는가, 아니면 그 불쾌한 표현이 예수를 죽이려는 시도 뒤에 오는가? 예수가 그 충돌을 불러일으키는가, 아니면 예수의 편에서 (종교적인 것과 구별되는) 아무런 도덕적 잘못도 저지르지 않았는데도 그에게 갈등이 생긴 것인가?

28. 공관복음에는 너희 원수를 사랑하고 너희를 저주하는 자를 축복하라는 명령이 나오는데(눅 6:27-28), 이 명령이 요한복음에서는 어떻게 되었는가? 사실 공관복음서에도 예수가 요한복음에 기록된 것 보다는 덜한 죄를 보고 바리새인들을 "어리석은 자들"과 "평토장한 무덤 같은 자들"이라고 비난하는 대목(눅 11:37-53)이 나오는데, 이 명령에 대해 그와 비슷한 일이 일어난 셈이다. 요한복음에 나오는, 유대인에 대한 예수의 태도와 공관복음서들이 요구하는 원수에 대한 사랑은 서로 조화시키기 어려울지 모르지만, 공관복음서 내에서도 여러 명령과 예수의 행실을 조화시키려 할 때는 이와 비슷한 어려움이 따른다.

29. 이후에 조성된 그리스도인과 유대인 간의 관계의 역사가 보여 주듯이, 이 복음서의 저자가 유대 당국을 "유대인"으로 대체하는 일은 위험천만한 오해의 소지가 많은 만큼, 특히 그 역사에 비추어보면, 피해야 마땅하다. 하지만 어떻게 해서 이런 대체가 일어났는지는 쉽게 알 수 있다. 1990년대에 전(前) 유고슬라비아에서 전쟁이 일어나는 동안, 우리 모두는 오시예크를 폭격하는 "세르비아인"(the Serbs)에 대해 얘기하곤 했었다. 그러나 사실은 세르비아 주민의 보편적 승인도 없이 그런 행동을 취한 장본인은 세르비아인이 아니라 그들의 군사적 정치적 지도자들이었다. 나는 이미 그런 불쾌한 표현과 "타자"의 영역 내의 사실상의 차별성을 무시하는 태도가 위험하다는 점에 관해 다루었음에도, 대화를 할 때는 그와 똑같은 식으로 말하곤 한다(Miroslav Volf, *Exclusion and Embrace: Theological Reflection about Identity, Otherness, and Reconciliation*[Nashville: Abingdon, 1996]). 『배제와 포용』. 내 경우에는 그 호칭이 일종의 약칭이었다. 그 부분적인 이유는 주민들이 그들을 대표하는 그 지도자들의 행동에 동의하지 않았다

할지라도 그 지도자들은 전체를 대신해서 그런 행동을 하고 있었기 때문이다.

30. Brown, *The Community of the Beloved Disciple*, 41. 『요한 교회의 신앙과 역사』.

31. 나의 논점은 유대인들이 예수를 대우한 방식 때문에 그들을 마귀의 자식으로 부른 것이 정당화되다는 것은 아니다. 나는 현재 그런 역사적인 문제를 추적하고 있지 않고, 내 논점은 설사 역사적으로 이 복음서가 예수가 유대 당국과 일반 대중에게 받은 대우를 잘못 진술한 것으로 입증된다 하더라도 여전히 타당하다. 여기에서 내 논점과 관련이 있는 유일한 것은 이 복음서 텍스트에서 만나게 되는 대립적 이원성의 특성과 기능이다.

물론 누군가는 이런 식으로 주장할 수도 있다. 요한은 대립적 이원성과 함께 움직이고 있었기 때문에 역사적인 허위 진술에 관여하게 되었고, 이런 투영이 때로 그렇듯이 대립적 이원성을 그 상황에 적용하는 것을 정당화했다고 말이다. 하지만 예수와 유대인의 관계에 대한 이야기는 이런 투영론자가 시사하는 것보다 훨씬 복잡했을 것이 틀림없다. 만일 이런 역사적 투영이 작동하고 있었다면, 요한은 첫 네 장(한 가지 가능한 예외는 2:18-20)에 나오는 유대인에 대한 긍정적인 견해를 갖기 어려웠을 터이고, 그는 요한 공동체 전원을 포함했던 그룹인 유대인에 대해 전적으로 부정적인 견해를 수립하고, 나중에 그들을 하나님의 사랑의 대상(예수가 위해서 죽은)에 포함시키기도 무척 어려웠을 것이다. 요한은 비록 유대인을 박해자로 꾸며내고 있었지만, 이 작업은 단지 그 텍스트의 차원에서 대립적 이원성의 사용이, 이런 이원성을 적절하게 만드는 난폭한 상황을 전제하고 있음을 강조하는 것일 뿐이다. 요한은 유대 당국이 행한 것으로 텍스트가 말하는 그 사람들만이 "마귀의 자식"이라고 불러야 마땅했다고 말하고 있는 것이다. 아울러 내 논점은 요한이 유대인에 대해 진술한 내용이, 지난 이천 년 동안 유대 민족 전체에 대한 엄청난 학대를 정당화하기 위해 그리스도인들에 의해 이용되어 왔다는 사실을 부인하는 것도 아니다. 이런 용법은 악한 동기로 그 텍스트를 선택적으로 해석했기 때문에 생긴 것이라고 나는 믿는다. 만일 그리스도인들이 요한복음의 예수의 모범을 좇았다면 유대인에게 유익한 행동을 하는 가운데 그들이 행한 학대에 대해 윤리적 차원에서 비판했어야 할 텐데, 그리스도인들이 유대인의 학대에 대해 보인 반응은 전혀 그렇지 않았다. 이와 반대로, 그리스도인들은 유대인을 박해하고 살해했다. 더군다나, 그리스도인들은 과거에 유대인 지도자들이 예수를 학대한 사건을 부당하게 해석하여, 마치 오랜 세월이 흐른 뒤에 유대 민족에 대한 그리스도인의 복수를 정당화하는 것처럼 생각했다. 유대인에 대한 박해를 정당화하기 위해 요한의 이야기를 이용하는 것은 그것을 거꾸로 뒤집는 일이다. 즉, 박해받는 유대인은 그 이야기의 "예수"가 되고, 박해하는 "그리스도인들"은 "유대인"이 되는 셈이다. 따라서 그 이야기는 본래 의도와는 달리 싸울 대상으로 삼았던 그런 행위를 정당화하는데 이용되는 것이다.

32. 미국의 다원화 현상에 대한 설명을 보려면 다음 책을 참고하라. Diana I. Eck, *A New Religious*

America: How a 'Christian Country' Has Become the World's Most Religiously Diverse Nation (San Francisco: HarperCollins, 2001).

33. 우리가 염두에 둘 것은, 우리와 같은 현대인이 종교라고 부르는 것은, 초기 그리스도인들이 그리스도를 좇는 자들이 되었을 때 영접했던 것과 동일한 현상이 아니라는 점이다. 종교를 별도의 영역으로 생각하는 것은 상당히 현대적인 현상이다. 하지만 초기 그리스도인이 그리스도인으로서 품은 자기정체성을 다른 어떤 일반적인 용어로 표현해야 할지 모르겠다.

34. 오늘날의 포용주의는 요한복음에 많은 빚을 지고 있다. 포용주의를 대표하는 칼 라너의 주장에 따르면, 로고스의 성육신으로 인해 각 사람에게 "초자연적 실존"이 부여되었기 때문에, 사람들이 인정하든 않든, 그 말씀과의 관계는 인류가 존재할 수 있는 조건에 속한다. 그러므로 모든 사람은 중요한 의미에서 거기에 포함되고, 여러 종교들은 대체로 이 존재를 구세로 삼고 살아내는 적절한 방식들이다(Karl Rahner, *Foundations of Christian Faith* [trans. William V. Dych; New York: Seabury, 1978]).

35. John Hick, *An Interpretation of Religion* (New Haven: Yale University Press, 1989).

36. Michael Barnes, *Theology and the Dialogue of Religions* (Cambridge: Cambridge University Press, 2002).

37. 가빈 드코스타는 "The Impossibility of a Pluralism View of Religions," *Religious Studies* 32 (June 1996), 223-233쪽에서 이 점을 설득력 있게 논증했다. 종교적 차원에서, 다원주의의 배타주의는 고전적 배타주의의 그것보다 더 폭넓기는 하지만 여전히 배타주의적이다. 다원주의자는 많은 종교들(일부 교파들이 아니라 실은 모든 세계 종교들)이 서로 배타적이지 않고 똑같이 참이라고 주장할 수 있는데 비해, 고전적 배타주의자는 자기 종교를 제외한 다른 모든 종교가 거짓이라고 주장한다. 다원주의는 또한 하나의 종교 이론으로서도 배타적이다. 이는 "기독교든 아니든, 정통적 신앙의 형태를 대부분" 배척한다(229).

38. D'Costa, "The Impossibility of a Pluralism," 225.

39. Miroslav Volf, "Living with the Other," *Journal of Ecumenical Studies* 39/1-2 (2002), 8-25.

40. Bultmann, *Theology of the New Testament*, 2:5. 『신약성서신학』(성광문화사 역간, 2004).

41. 아우구스티누스는, 그 복음주의자(요한)는 "가야바가 대제사장으로 수행하는 성례" 덕분에 예언의 영이 나쁜 사람을 통해서 다가올 일을 예언할 수 있었다고 한다.(Augustine, *Homilies*, 2:667). 아우구스티누스는 요한이, 대제사장의 직분이 성례의 권력을 갖고 있는 것을 인정한다고 보는 것이다. 우리가 그 직분을 성례의 견지에서 이해하든지 않든지 간에, 대제사장의 직분으로 인해 그가 하나님의 어린 양의 희생적 죽음을 예언하는 일이 적절하다는 건 분명한 사실이다.

42. 물론 요한이 유대인이라고 해서 동시에 반(反)유대인의 입장을 취할 수 없다는 뜻은 아니다. 이 문제는 내가 이미 다룬 바 있다.

43. Benton Johnson, "On Church and Sect," *American Sociological Review* 28 (1963), 542. 때로는 신학자들과 성경학자들이 "교파"라는 용어를 마치 이념형을 가리키는 호칭이 아닌 것처럼 글을 쓰는데, 이는 발견의 도구로는 유용하지만 "다양한 유형들이 서로 뒤섞여 있고 조합되어 있는" 현실에서는 만날 수 없는 것이다(Troeltsch, *The Social Teaching of the Christian Churches*, 995). 신학자는 사회학자와 달리 집단을 이런 이념형으로 분류하는데 만족해서는 안 되고, 주어진 교회 공동체의 내적 복잡성을 탐구해야 하거나, 내가 요한복음을 다루듯이 주어진 공동체의 핵심 텍스트를 탐구해야 한다. 이념형은 어디까지나 추상적인 개념이므로 신학적으로 더 중요한 것은 구체적인 실체이다. 더 나아가, 어떤 공동체나 그 핵심 텍스트를 해석할 때, 그 중요한 신학적 진술이 무엇을 말하는지에 주목하는 일뿐 아니라, 이런 진술들을 그 공동체의 작은 신념과 작은 행습과 연관시켜 보는 것이 중요하다. 말하자면, 그 공동체가 어떤 구체적인 상황에 처할 때 어떤 식으로 살고 또 생각하는지를 주목하는 것인데, 이는 중요한 신념에서 도출할 수 없는 것으로서 그런 신념을 창조적으로 수식함으로써 이런 신념을 어떻게 이해해야 할지를 보여준다. 이어지는 내용에서 나는 요한복음을 산출한 공동체를 어떤 이념형으로 분류해야 하는지를 묻기보다 그 복음서의 구체적인 면에 주의를 기울일 생각이고, 이 텍스트에 나오는 중요한 진술들과 작은 신념들과 작은 행습들의 조합을 검토함으로써 그렇게 할 예정이다.

44. Robert H. Gundry, *Jesus the Word According to John the Sectarian: A Paleo-fundamentalist Manifesto for Contemporary Evangelicalism, especially its Elites, in North America* (Grand Rapids: Eerdmans, 2002), 66.

45. Brown, *The Community of the Beloved Disciple*, 63, n. 111. 『요한 교회의 신앙과 역사』.

46. Gundry, *Jesus the Word*, 51-69.

47. 웨인 믹스는 이 복음서에 하나님이 세상을 사랑한다는 선언이 있다는 점, 혹은 두드러진 위치를 차지하고 있다는 점에 이의를 제기하지 않는다. 그러나 "스스로 세상의 심한 미움을 받고 있는 것으로 인식한 교파로서는 그런 선언을 염두에 두기가 어려웠을 것이 틀림없다"라고 말한다(Wayne A. Meeks, "The Ethics of the Fourth Evangelist," in *Exploring the Gospel of John: In Honor of D. Moody Smith* [ed. R. Alan Culpepper and C. Clifton Blacks; Louisville: Westminster John Knox, 1996], 323). 물론 누구든지 더 심한 적대감을 접하면 접할수록, 당신의 하나님이 당신의 적을 사랑한다고 생각하기가 더 어려워진다. 그러나 만일 요한의 교파가 세상을 향한 하나님의 사랑을 염두에 두기 어려웠다면, 추정컨대 그 복음서 전체를 자기희생적인 하나님의 사랑을 선언하고 실천하는 것을 중심으로 조직하는 것은 더욱 어려웠을 터이다. 요한복음은 하나님의 사랑을 강조하고 있음에도 불구하고, 케제만과 같이 거기에 세상과의 연대의식은 전혀 없다고 주장하는 것은 가능하다(Käsemann, *The Testament of Jesus*, 66). 그런데 혹시 "연대감" 대신에 "동정"이란 단어를 사용한다면 어떻게 될까? 만일 우리가 하나님의 희생적인 사랑뿐 아니라 가난한 자에게 먼을 수라는 예수의 명령과 특히 그의 기적들을 진지하게 여긴다면, 결코 동정이 없었다고 주장할 수는 없다. 케제만은 인간의 필요를 채우는 일은 "기껏해야 기적의 부차적인 목적"이었다고 믿는다(Käsemann, *The Testament of Jesus*, 21). 그러나 이런 해석은 옳지 않다. 하늘에서 온 천둥(12:29)을 제외하면, 요한은 오로지 사람들을 돕는 기적들만 기록하고 있다. 게다가, 내부인들보다 외부인들을 돕는 기적이 더 자주 나온다. 기적에 대해 "표적"이란 단어를 사용한다는 사실은 이 점에 아무런 영향을 미치지 않는다. 이 용어는 기적을 구원의 상징으로 환원시키지 않고, 오히려 기적의 한 가지 목적, 곧 예수에 대한 믿음을 이끌어내는 것을 강조하고 있다. 예수가 행한 **어떤** 기적이든 그의 능력을 입증할 수 있었다는 점은 분명하지만, 그런 기적이 사람들을 돕지 않고 어떻게 **구원**을 상징할 수 있는지는 분명치 않기 때문이다. 아울러 안식일을 둘러싼 논쟁들이 예수의 "선행"을 중심으로 벌어진다는 점도 주목할 만하다.

48. 웨인 믹스는, 요한이 예수를 사람들이 좇을 모델로 제시하고 있다는 점에는 동의하지만, 예수는 사실상 "본받을 수 없는" 인물이라고 주장한다. 그는 "인간의 연약함과는 너무도 거리가 멀어 설득력 있는 모델이 될 수 없고, '지구의 표면을 활보하는 신'과 같은 존재"라고 한다(Meeks, "The Ethics of the Fourth Evangelist," 318). 케제만이 그의 책, *The Testament of Jesus*에서 아주 열정적으로 주장했듯이, 요한이 과연 예수를 지구 표면을 활보하는 신으로 묘사하고 있는지 여부와, 만일 그렇다면 어느 정도로 그런지는 논쟁거리다. 케제만이 이 논지를 그에 따른 교회학적 함의와 함께 견지하려고 온갖 석의학적 곡예를 부려야 한다는 사실은 우리에게 일종의 경고를 주는 역할을 한다(다음 책도 보라. Marianne Meye Thompson, *The Humanity of Jesus in the Fourth Gospel* [Philadelphia: Fortress, 1988]). 그러나 이 복음서가 설사 예수를 그런 식으로 묘사하고 있다 할지라도, 이런 묘사가 그를 본받을 만한 모델이 되지 못하도록 만드는지

는 분명치 않다. 신을 본받는 것은 흔한 종교적 주제의 하나다. 그리고 오랜 세월 동안 그리스도인들은 "하늘에 계신 (그들의) 아버지가 온전하심과 같이 (그들도) 온전해져야"(마 5:48) 한다는 것을 이상하게 느낀 적이 없고, 그들은 인간이고 그들의 아버지는 신이라는 사실을 고려하면서 그들이 온전해진다는 말의 의미를 명시적으로나 암묵적으로 새롭게 이해해왔다. (윤리의 기초로서 하나님을 본받는 일에 관한 철학적 논의를 보려면, Linda Zagzebski, "The Virtues of God and the Foundation of Ethics," *Faith and Philosophy* 15 [1998]: 538-553.) 게다가, 요한복음에서 예수는 자기희생적인 사랑의 본보기를 보여주고 있고, 이는 대체로 신약성경의 다른 책들이 예수를 하나의 모델로 제시하는 방식이기도 하다(Luke T. Johnson, *The Real Jesus* [San Francisco: HarperSanFrancisco, 1996]). 『누가 예수를 부인하는가?』(기독교문서선교회, 2003).

49. 데이비드 렌스버거는 다른 많은 해석자들과 노선을 같이하여 "외부인들에 대한 요한의 교파주의적인 적대감"에 관해 얘기한다 (David Rensberger, *Johannine Faith and Liberating Community* [Philadelphia: Westminster, 1988], 139). 그러나 나는 요한복음에서 그런 것을 볼 수 없다. 첫째, 비판은 물론 심지어 날카로운 비판조차 적대감과 같지 않고 오히려 사랑의 표현일 수 있다. 요한은 예수가 자기를 미워하는 자들을 비판한 내용과 그들을 위한 그의 죽음을 서로 묶어놓는다. 둘째, 이런 해석자들이 적대감으로 해석하는 이 비판은 무차별적으로 외부인들에게 퍼부은 것이 아니라 아주 특정한 외부인들, 곧 (이 텍스트의 저자의 관점에서 볼 때) 예수와 그의 제자들을 해치려고 하는 자들을 향한 것이다.

50. 예를 들어 다음 자료를 보라. Rudolf Schnackenburg, *The Gospel According to John*, vol. 3 (trans. Kevin Smyth; London: Burns & Oates, 1968-82), 178. C. K. Barrett, *The Gospel According to St. John* (New York: Macmillan, 1957), 422. 『요한복음1』(한국신학연구소 역간, 1984).

51. 루돌프 불트만은 다음 책에서 이렇게 쓰고 있다. "아들 안에서 실질적으로 드러난 하나님의 사랑은 온 세상을 향해 뻗어나간다(3:16). 그리고 그 공동체를 위한 기도가 그것을 통해 세상을 설득하기 위한 기도를 의미하는 만큼(21, 23절), 이 세상은 그 중보기도에 포함되어 있다"(500). *The Gospel of John: A Commentary* (trans. G. R. Beasley-Murray; ed. R. W. N. Hoare et al.; Philadelphia: Westminster, 1971).

52. Barnabas Lindars, *The Gospel of John* (Grand Rapids: Eerdmans, 1981), 566 (강조체는 추가된 것). 존 웨슬리는 *Explanatory Notes Upon the New Testament* (London: Epworth, 1966)란 책에서 어느 누구 못지않게 이 점을 잘 표현하고 있다. "'내가 비옵는 것은 세상을 위함이 아니

요.' 신자들에게만 초점을 맞춘 이 간구에서는 그렇다는 말이다. (그는 17장 21절과 23절에서 세상으로 믿게 해달라고, 하나님께서 그를 보내신 것을 믿게 해달라고 세상을 위해 기도한다.) 이로 보건대, 우리 주님이 이 기도의 앞뒤로 세상을 위해 기도하지 않았다고 증명할 수 없는 것은, 17장 6절에서 19절까지 사도들만을 위해 기도했다고 해서 그가 사도들의 말을 통해 믿게 될 사람들을 위해서 기도하지 않았다고 증명할 수 없는 것과 마찬가지다"(32).

53. (나와 나눈 개인적인 대화에서 한) Robert Gundry의 말.

54. 많은 해석자들은 요한이 유대인에 대한 가장 가혹한 진술들을 통해 요한이 모든 외부인에 대해 생각하는 바를 보여주고 있다고 해석한다(Bultmann, *Theology of the New Testament*, 2:16). 그러나 이런 해석은, 요한복음에 나오는 "유대인"은 불신 세계 전체를 가리키기는 커녕 유대 민족 전체를 가리키는 말도 아니고 오히려 특정 집단을 지칭한다는 점을 포착하지 못하고 있고, 요한복음이 외부인들에 대해 표명하고 있는 폭넓은 견해를 무시하고 있다. 이런 해석에 따르면 요한은 거의 반유대적인 것으로 보이지만, 만일 반유대적인 성격이 작동하고 있다면, 이는 요한의 것이 아니라 해석자들의 것이다.

55. 이 논지를 시험하려면 "세상"이 예수와 신자들을 미워하는 문제를 보면 된다. 세상은 자기의 것은 사랑하되 세상에 속하지 않은 것은 미워한다(15:18-19). 이런 입장이 세상의 특징이다. 앞에서 회색 지대에 속하는 것으로 열거한 대다수의 집단은 예수나 신자들을 미워한다고 말할 수 없다. 오히려 그들은 예수를 따를 준비가 되어 있지 않고, 예수의 가르침에 의해 "모욕을 당하고", 은밀하게 그를 좇는 제자들이거나 공공연하게 그를 변호하는 사람들이다. 말하자면, 이들은 그를 미워하지 않는다는 뜻이다. 위에서 언급한 집단들 중에 가야바만 예수를 미워한다고 말해도 무방할 것이다. 그는 예수를 죽이려고 하는 큰 집단의 대표자이기 때문이다.

56. Stephen Motyer, "The Gospel of John and Judaism" (세인트앤드루스 대학교에서 "성 요한과 신학"이란 주제로 개최된 학회에서 발표된 논문), 12.

57. 주석가들은 대체로 요한복음에서 니고데모가 세 차례 등장하는 것을 온전하고 공공연한 믿음의 방향으로(즉, 내부인의 신분을 향해) 점차 움직이는 과정으로 보지만, 그의 신분 자체는 모호하다고 여긴다(Lindars는 그를 "사실상 완전한 신자"라고 말한다 [*The Gospel of John*, 304]). 이 입장은 니고데모를 입문자로 해석하는 전통과 맥을 같이한다(Augustine, Homilies, 1:167). 반면에 소수파 의견은 니고데모가 바깥에 머물러 있다고 본다(Wayne A. Meeks, "The Man from Heaven in Johannine Sectarianism," *Journal of Biblical Literature* 91[1972]: 53-57. Rensberger, *Johannine Faith*, 37-41).

58. 대체로, 요한 공동체 안에 존재하는 다원성과 희미한 경계선에 관해 내가 주장한 것은 루돌프 슈낙켄버그의 말처럼 "믿음은 충분하거나 부족한 상태로 존재할 수 있다"는 사실과 잘 들어맞는다 (Schnackenburg, *The Gospel According to John*, 1:571).

59. 이와 같은 정체성의 개념에 대해서는 다음 책을 보라. Volf, *Exclusion and Embrace*, 128, 176-181. 『배제와 포용』.

60. 요한이 이처럼 복잡한 정체성 개념에 친숙하다는 사실은 이 복음서의 문학적 관행에서도 드러난다. 조지 맥레는 요한이 예수의 정체성을 표현하기 위해 놀랄 만큼 다양한 외부 자료를 끌어올 능력이 있다는 점을 지적했다(George MacRae, "The Fourth Gospel and Religionsgeschichte," *Catholic Biblical Quarterly* 32 [1970]: 13-24). 해롤드 아트리지는 심지어 그 말씀(the Word)이 기록된 말의 "육신"에 들어올 때 이 복음서에서 일어나는 안정된 정체성들의 붕괴를 분석하는 데까지 나갔다. "그 말씀이 육신에 부딪힐 때 육신에 무언가 깜짝 놀랄 만한 일이 일어난다면, 평범한 말이 그 말씀을 전달하려고 할 때에도 그와 똑같이 놀라운 일이 일어난다" (Harold Attridge, "Genre Bending in the Fourth Gospel," *Journal of Biblical Literature* 121/1 [2002]: 21). 아트리지에 따르면, 말에 일어나는 그 놀라운 일은 바로 장르 변용(genre bending)이다. 이 복음서는 "그 청중들로 하여금 말로부터 멀어져서 그 말씀 자체를 만나도록 밀어붙이고 있다"(21).

61. 케제만이, "사랑"의 해석이 "요한의 해석법의 핵심 중의 하나"라고 주장하는 것은 옳지만, 사랑을 "한편으로 그 말씀을 말하는 것으로, 그리고⋯다른 한편으로 그것을 받고 보존하는 것"으로 이해한 것은 틀리다 (Käsemann, *The Testament of Jesus*, 61). 그는 주로 15장 15절(여기에는 "사랑"이란 말이 나오지 않는다)과 17장 24절에 호소하는데, 후자는 아버지와 아들 사이의 사랑을 구성하지 않는 것으로 여겨진다. 동시에 그는 사랑의 내용을 직접 묘사하는 단락들 즉, 이 타적인 섬김과 죽기까지 순종하는 것(15:13, 13:1)을 "사랑을 거론하는 요한 특유의 방식이 아닌 것"(16)으로 치부한다. 그러니까 이 복음서에서 진술되지 않은 것은 요한 특유의 것인 반면에 반복해서 진술된 것은 그렇지 않다는 말이다! 케제만의 사랑 해석은, 이 땅의 현실의 변모에 관심이 없는 것을 특징으로 하는(70) 요한의 "성찰이 부족한 가현설"(66)을 입증하려는 그의 시도의 핵심요소이다. 그러나 요한의 해석의 핵심으로서의 그의 사랑의 해석은 명백히 잘못된 것이므로 요한에 대한 그의 전반적인 해석에 어두운 그림자를 드리운다.

62. 마지막으로 한 가지 유보사항을 언급하고 싶다. 요한복음에 대한 나의 분석은 그 텍스트의 차원에서 진행되었다. 내가 전제로 삼은 유일한 역사는 그 텍스트 자체에서 볼 수 있는 것이다. 혹자는 실제 역사 차원에서는 요한 공동체가 죄를 범한 파당이었을 가능성이 많다고 반론을 제기

할 수도 있다. 이런 경우라면 그 복음서는 악행을 범한 자가 자기의 행적을 감추는 작업, 즉 속임수를 써서 자기를 정당화하는 수단에 불과하리라. 그럴 가능성이 별로 없다는 것을 입증하려면 내가 또 다른 글을 써야 할 것이다. 그래서 이 글의 결론은 내 주장은 우리가 갖고 있는 이 텍스트의 차원에서 타당하다는 유보사항을 안고 있는 것이다.

chapter5. 하나님은 사랑이라: 이슬람과의 대화에 비춰본 기독교 기본진리에 대한 성경적 성찰

1. "하나님은 사랑이라"는 진술을 렌즈로 삼아 기독교 신앙 전체를 설명한 최근(2005년)의 예를 보려면 교황 베네딕트 16세의 첫 번째 회칙을 참고하라. Deus Caritas Est http://www.vatican.va/holy_father/benedict_xvi/encyclicals/documents/hf_ben-xvi_enc_20051225_deus-caritas-est_en.html).

2. St. Gregory of Nazianzus, *Select Orations*, trans. Martha Vinson (Washington, D. C. : The Catholic University of America Press, 2003), 40.

3. Augustine, *Homilies on the Gospel according to St. John, and His First Epistle,* vol. 29 (Oxford: J. H. Parker, 1848), 7.4-5, p. 1182. 20세기의 가장 위대한 신학자로 꼽히는 칼 바르트는 이런 경고를 한다. "만일 우리가 요한일서 4장과 함께 하나님은 사랑이라고 말한다면, 이를 뒤집은 '사랑은 하나님이다'라는 말은, 그것이 하나님의 존재와 그분의 행위에 근거하여 중재되고 명확히 설명되지 않는 한, 즉 그 사랑이 합법적으로 하나님과 동일시 될 수 있는 것이 아닌 한, 입에 담아서는 안 된다" (Karl Barth, *Church Dogmatics,* II/1 [trans. T. H. L. Parker et al.; Edinburgh: T. & T. Clark, 1957], 276).

4. Ludwig Feuerbach, *The Essence of Christianity* (trans. George Eliot; New York: Harper Torchbooks, 1957).

5. 이는 하나님의 존재를 행위로 이해하는 관점에서(*Church Dogmatics*, II/1, 257-272) 본 칼 바르트의 말이다(283).

6. John Calvin, Commentary on 1John 4.

7. Julian of Norwich, *Showings* (trans. Edmund Colledge and James Walsh; New York: Paulist,

1978), 342-343. 『하나님 사랑의 계시』(은성 역간, 2007).

8. Augustine, *Homilies* 7.10, p. 1186.

9. Denys Turner, "The 'Same' God: Is There an Apophatic Solution, or, Who's to Know?" (paper presented at God and Human Flourishing Consultation, Yale Center for Faith and Culture, New Haven, CT, 2009).

10. 중요한 기독교 신학자들 가운데는 삼위일체의 세 위격 간의 상호사랑에 관해 말하는 것이 합당하다고 생각하지 않는 이들도 있다. 이런 견해를 옹호하는 최근의 저명한 신학자로는 칼 라너가 있다. Karl Rahner, *The Trinity* [trans. Joseph Donceel; New York: Crossroad, 1998], 106).

11. Augustine, *The Trinity* (trans. Edmund Hill; Brooklyn: New City, 1991), 8, 12.

12. Martin Luther, *Luther's Works* (St. Louis, Mo.: Concordia, 1957), 31:57. 『루터선집』(컨콜디아사 역간, 1982).

13. 일부 학자들은 요한일서에서 세상은 (요한복음에서처럼[3:16]) 하나님의 사랑의 대상이 아니라 그 사랑을 보여주는 장소에 불과하다고 주장한다 (Luise Schottroff, *Der Glaube und die Feintliche Welt* [Neukirchen-Vlyn: Neukirchener Verlag, 1970], 287). 그러나 이 주장은 다음과 같은 사실, 곧 요한일서에서 하나님의 사랑이 비록 신앙 공동체에게만 베풀어진다 할지라도, 하나님이 그들의 죄에도 불구하고 그들을 사랑하신다는 사실을 충분히 고려하지 않고 있다. 하나님의 사랑이 "불구하고의 특징"을 갖고 있다는 점은 그런 특수주의를 무의미하게 만든다. 더군다나 레이몬드 브라운이 지적했듯이, "요한일서 4장 14절이 예수를 '세상의 구주'로 말하는 것을 볼 때, 세상은 사랑을 보여주는 장소 이상의 것임이 틀림없다". (Raymond Brown, *The Epistle of John* [Garden City, N.Y.: Doubleday, 1982], 518). 『요한복음과 요한 서간 주해서』(가톨릭출판사 역간, 2002).

14. 그러나 다음 글을 보라. Joseph Cumming, "Did Jesus Die on the Cross?" (paper presented at the Yale Center for Faith and Culture's Reconciliation Program, New Haven, CT, 2001).

15. (1) 하나님과 세계의 관계와 별도로 존재하는 하나님의 영원한 사랑과 (2) 세상의 죄를 극복하는 데서 나타난 하나님의 사랑을 서로 연결시키는 동시에 구별하는 것이 모두 중요하다. 우리

가 양자를 분리시키면 하나님의 존재의 통일성을 잃게 된다. 만일 양자를 동일시하면, 유한성과 죄의 상태를 하나님의 존재 속으로 투사하게 된다. 인간의 죄와 마주칠 때 특정한 성격을 띠게 되는 하나님의 사랑은 단 하나밖에 없다. 그런즉 우리는 단일한 하나님의 사랑의 두 가지 형태를 거론할 수 있다. 하나님의 사랑의 첫 번째 형태, 곧 세계와 별도로 존재하는 영원한 하나님의 사랑은 자기를 내어주고 서로를 영화롭게 하는 사랑이다. 하나님의 사랑의 두 번째 형태, 곧 피조물을 향한 바로 그 영원한 하나님의 사랑은 부분적으로 자기희생적인 사랑이고, 하나님에 대한 인간의 죄와 적대감에 대해 하나님의 사랑이 보이는 반응이다. 첫 번째 형태의 사랑이 기본이고, 이는 인간이 죄를 짓는 상황에서 두 번째 형태의 사랑으로 이어진다. 단일한 하나님의 사랑의 두 가지 형태를 제대로 구별하지 않는 것이 위대한 가톨릭 신학자인 한스 발타자르(Hans Urs von Balthasar)의 저서의 가장 근본적인 문제의 하나이다 (Linn Tonstad, "Trinity, Hierarchy, and Difference: Mapping the Christian Imaginary" [Ph.D. diss., Yale University, 2009], 65-135).

16. 무조건적이고 무차별적인 하나님의 사랑에 관해서는 다음 책을 보라. Miroslav Volf, *Free of Charge: Giving and Forgiving in a Culture Stripped of Grace* (Grand Rapids: Zondervan, 2006). 『베풂과 용서』.

17. 요한일서 5장 16절은 "사망에 이르는 죄"가 있고, 이를 위해서는 기도하지 말라고 권하고, 그런 죄를 범하는 자들에게는 하나님이 생명을 주지 않는다고 하는데, 이 불가사의한 말의 취지를 내가 나름대로 해석해 본 것이다.

18. 기독교 전통에서는 종종 사람과 행위를 따로 구별한다. 하나님은 사람은 사랑하지만 행위(그 행위가 죄스럽다면)는 사랑하지 않는다. 아우구스티누스는 이와 똑같은 아이디어를 인간의 사랑에 이런 식으로 적용한다. "사람의 잘못은 사랑하지 말고 그 사람은 사랑하라. 그 사람은 하나님이 만들었고, 그 잘못은 그 사람이 만들었기 때문이다. 하나님이 만든 것은 사랑하고, 사람이 스스로 만든 것은 사랑하지 말라"(Homilies on 1 John, n. 11).

19. Martin Luther, *Luther's Works,* 30:293. 『루터선집』.

20. Martin Luther, *Luther's Works,* 30:293. 『루터선집』.

21. Martin Luther, *Luther's Works,* 30:294. 『루터선집』.

22. Martin Luther, *Large Catechism* (Philadelphia: Muhlenberg, 1959), 63.

23. 루터는 하나님이 지닌 무조건적인 사랑의 태도가 그리스도인들에게 국한된다고 믿지 않았다는 사실을 주목하라. 이 태도는 하나님이 자기에게 그런 태도를 갖고 있다는 것을 믿지 않는 자들까지 포함한 모든 사람들에게 베풀어 진다. 다음 논문을 보라. Christoph Schwöbel, "The Same God? The Perspective of Faith, the Identity of God, Tolerance and Dialogue" (paper presented at God and Human Flourishing Consultation, Yale Center for Faith and Culture, New Haven, CT, 2009), 16.

24. 주디스 리우가 요한일서 주석에서 주장하듯이, 우리 텍스트는 "사랑이야말로 하나님을 안다고 주장하는 사람들의 명백한 특징으로서 도무지 타협할 수 없는 것"이라고 주장한다(Judith M. Lieu, *I, II, & III John: A Commentary* [Louisville: Westminster John Knox, 2008], 179).

25. 이해하기가 조금 어려운 사상이다. 하지만 우리가 어느 의미에서 어떤 사람의 프로젝트에 참여하지 않고는 그 사람을 정말로 알 수 없다는 점을 생각하면 어느 정도 이해할 수 있다. 막스 쉘러는 이 사상을 다음과 같이 타당하게 옹호했다. "다른 사람이 취한 행동에 내가 합류할 때에만 ('이해하는 일'과 대리적으로 '재생하는 일'을 통해 인지적으로 하든, '그의 발자취를 좇는' 일을 통해 도덕적으로 하든) 나는 그를 알 수 있다"(*The Nature of Sympathy* [trans. Peter Heath; Hamden, CT: Archon, 1970], 167).

26. Augustine, *Homilies* 7.2, p. 1180 and 7.5, p. 1183.

27. 이에 대해 레이몬드 브라운은 다음과 같이 옳게 주장했다. "저자의 부정적 진술 '사랑하지 아니하는 자는 하나님을 알지 못한다'(4:8a)는 (이 구절이 겨냥하고 있는) 분리주의자들을 요한복음 16장 3절에 '아버지를 알지 못하는' 것으로 나오는 '유대인'과 '하나님을 알지 못하는' 세상(요일 3:1)과 동일한 수준에 놓는다"(*The Epistle of John* [Garden City, NY: Doubleday, 1982], 549). 4장 8절의 진술은 좀 더 일반적인 진술로서 분리주의자들에 국한되지 않고 보다 폭넓게 적용된다. 『요한복음과 요한 서간 주해서』.

28. 이 명령은 동료 신자들을 겨냥한 것으로 서로 사랑하도록 권면하고 있다. 하지만 이 명령이 특정한 집단에만 주어진 것은 아니다. 만일 하나님의 사랑이 모든 사람을 포괄한다면, 모든 인간은 사랑하라는 명령을 받은 것이고, 그들은 모든 인간을 사랑하라는 명령을 받은 셈이다. 그렇다고 해서 특정한 집단과 특정한 사람에게 주어진 하나님의 명령, 곧 어떤 그룹이나 개인의 구체적인 "소명"이 있을 수 없다는 뜻은 아니다. 다음 자료를 보라. Robert M. Adams, "Vocation," *Faith and Philosophy* 4/4 (1987): 448-63. Michael Wassenaar, "Four Types of Calling: The Ethics of Vocation in Kierkegaard, Brunner, Scheler and Barth (Ph.D. diss.,

Yale University, 2009), 27-37.

29. Augustien, *Homilies* 7.10, p. 1186.

chapter 6. 무한을 향한 갈망: 기독교 신앙과 경제성장의 역학

이 장은 본래 1993년 6월 11일에서 13일까지 프린스턴 대학교의 미국종교 연구센터에서 개최된 "물질주의에 대한 재고: 사회학적 관점과 신학적 관점"이란 제목의 대회를 위해 준비한 것이다. 이 발제문을 준비하는 과정에서 내 학생인 로버트 카힐과 텔포드 워크에게 받은 도움에 감사하는 바이다. 내 친구인 필립 클레이턴 교수, 쥬디스 건드리 교수, 제임스 윌리엄 맥클렌든 주니어 교수 등은 이 에세이의 초안을 읽고 귀중한 조언을 해주었다. 또한 그 대회 기간에 있었던 토론에서 닐 스멜서 교수, 니콜라스 월터스토퍼 교수, 로버트 우드나우 교수 등의 논평에서 많은 도움을 받았다.

1. Max Weber, *The Protestant Ethic and the Spirit of Capitalism* (trans. Talcott Parsons; 1904-1905; New York: Charles Scribner's Sons, 1958), 181. 『프로테스탄티즘의 윤리와 자본주의정신』(세계 역간, 1987).

2. Weber, *The Protestant Ethic*, 158. 『프로테스탄티즘의 윤리와 자본주의정신』.

3. Richard Henry Tawney's forward in Weber, *The Protestant Ethic*, 1-11. Bob Goudzwaard, *Capitalim and Progress: A Diagnosis of Western Society* (trans. J. Van Nuis Zylstra; Grand Rapids: Eerdmans, 1978). 『프로테스탄티즘의 윤리와 자본주의정신』.

4. Richard Henry Tawney, *Religion and the Rise of Capitalism: A Historical Study* (New York: Harcourt, Brace & Company, 1926), 279. 『종교와 자본주의의 발흥』(한길사 역간, 1983).

5. Weber, *The Protestant Ethic*, 181. 『프로테스탄티즘의 윤리와 자본주의정신』.

6. Miroslav Volf, *Zukunft der Arbeit - Arbeit der Zukunft: Der Arbetsbegriff bei Karl Marx und seine theologische Wertung* (Munich: Kaiser, 1988). Miroslav Volf, *Work in the Spirit: Toward a Theology of Work* (New York: Oxford University Press, 1991). 『노동의 미래, 미래의 노동』.

7. M. Douglas Meeks, *God the Economist: The Doctrine of God and Political Economy* (Minneapolis: Fortress, 1989), 157ff. 『하느님의 경제학』(한울 역간, 1999).

8. Kenneth John Galbraith, *The Affluent Society* (Boston: Houghton Mifflin, 1958), 154. 『풍요한 사회』(한국경제신문 역간, 2006).

9. Juliet B. Schor, *The Overworked American: The Unexpected Decline of Leisure* (New York: Basic Books, 1992), 117-165.

10. Galbraith, *The Affluent Society*, 155, 153. 『풍요한 사회』.

11. Georg Wilhelm Friedrich Hegel, *Grundlinien der Philosophie des Rechts oder Naturrecht und Staatswissenschaft im Grundrisse* (1821; Frankfurt a. M.: Suhrkamp, 1976), § 191; 다음 자료도 보라. Hegel, *Vorlesungen über Rechtsphilosophie* (ed. K. H. Itling; 1818-31; Stuttgart-Bad Canstatt: Frommann-Holzboog, 1973), 593. Karl Marx, *Grundrisse der Kritik der Politischen Ökonomie. Rohentwurf*(1857/58; Berlin: Dietz Verlag, 1974), 14. 『법철학 강요』(지만지 역간, 2008).

12. Galbraith, *The Affluent Society*, 356. 『풍요한 사회』.

13. Kant, *Critique of Judgment* (trans. W. S. Pulhar; 1790; Indianapolis: Hackett, 1987), §83. Hegel, *Grundlinien der Philosophie*, §190도 보라. 『법철학 강요』.

14. Gasiet Seev, *Menschliche Bedürfnisse: Eine theoretische Synthese* (Frankfurt a. M.: Campus Verlag, 1981), 43.

15. Roland Edmund Murphy, *Ecclesiastes* (Word Biblical Commentary 23A; Waco: Word, 1992), 8. 『WBC 성경주석. 23A, 전도서』(솔로몬 역간, 2008). 다음 내용에서 나는 전도서의 몇 단락을 석의(釋義)하는 척 가장하고 싶지는 않다. 오히려 이 전도서의 진술 배후에 있을지 모르는 신학적 통찰과 철학적 통찰을 살펴보고, 무엇보다도 이들로 인해 펼쳐질 수 있는 새로운 전망을 탐구할 생각이다.

16. Mac Scheler, *Die Stellung des Menschen im Kosmos* (1928; Berlin: Vranke Verlag, 1978), 36ff. Wolfhart Pannenberg, *Anthropologie in theologischer Perspektiv* (Göttingen: Vandenhoeck &

Ruprecht, 1983), 40ff.

17. Graham Ogden, *Qoheleth* (Sheffield: JSOT Press, 1987), 67.

18. Karl Marx and Friedrich Engels, *Werke* (Berlin: Dietz Verlag, 1979), 22:144ff.

19. Georg Wilhelm Friedrich Hegel, *Wissenschaft der Logik* (2 vols.; 1813; Hamburg Verlag von Felix Meiner, 1963), 2:409; cf. Seev, *Menschliche Bedürfnisse*, 36. 『대논리학 2』(지학사 역간, 1982).

20. John Maynard Keynes, "Economic Possibilities for Our Grandchildren," in *Essays and Persuasions* (London: Macmillan, 1931), 366.

21. Adam Smith, *Lectures on Justice, Police, Revenues, and Arms*(ed. E. Cannan; Oxford: Clarendon, 1896), 160.

22. Galbraith, *The Affluent Society*, 159. 『풍요한 사회』.

23. Johann Gottlieb Fichte, *Sämmtliche Werke* (ed. I. H. Fichte; Berlin: Veit und Comp, 1845/46), 7:342.

24. Fichte, *Sämmtliche Werke*, 7:12. 다음 책도 보라. Volf, *Zukunft der Arbeit*, 32-33. 『노동의 미래, 미래의 노동』(한국신학연구소 역간, 1993).

25. Christopher Larsch, *The True and Only Heaven: Progress and Its Critics* (New York: W. W. Norton, 1991). 이후에 인용한 문장은 괄호 속에 페이지를 써 넣었다.

26. Fred Hirsch, *The Social Limits to Growth* (Cambridge, Mass.: Harvard University Press, 1976). 『경제성장의 사회적 한계』.

27. Immanuel Kant, *Religion within the Limits of Reason Alone* (trans. T. M. Greene and H. H. Hudson; 1794; New York: Harper & Row, 1960), 126.

28. Tibor Scitovsky, *The Joyless Economy: An Inquiry into Human Satisfaction and Consumer*

Dissatisfaction (New York: Oxford University Press, 1976), 137.

29. Paul L. Wachtel, *The Poverty of Affluence: A Psychological Portrait of the American Way of Life* (New York: Free Press, 1983), 17.

30. Jacques Ellul, *Reason for Being: A Meditation on Ecclesiastes* (tran. Joyce Main Hanks; Grand Rapids: Eerdmans, 1990), 63, 66.

31. Wachtel, *The Poverty of Affluence*, 37ff.

32. Smith, in Michael Ignatieff, *The Needs of Strangers: An Essay on Privacy, Solidarity, and the Politics of Being Human* (New York: Pengquin, 1986), 111.

33. Murphy, *Ecclesiastes*, 17. 『WBC 성경주석. 23A, 전도서』.

34. John Locke, *An Essay Concerning Human Understanding* (ed. A. C. Fraser; 2 vols.; 1690; Oxford: Clarendon, 1894), 1:340. 『인간지성론』(동서문화사 역간, 2011).

35. Alasdair MacIntyre, *After Virtue: A Study in Moral Theory* (2d ed.; Notre Dame: University of Notre Dame Press, 1984), 62ff.

36. Weber, *The Protestant Ethic* 『프로테스탄티즘의 윤리와 자본주의정신』; Troeltsch, *Protestantism and Progress: The Significance of Protestatism for the Rise of the Modern World* (1911; Philadelphia: Fortress, 1986), 70ff. 이에 대한 논의는 다음 자료를 참고하라. Robert W. Green, ed., *Protestantism and Capitalism: The Weber Thesis and Its Critics* (Problems in European Civilization series; Boston: D. C. Heath, 1959). 『프로테스탄티즘과 자본주의』(종로서적 역간, 1981). Gordon Marshall, *In Search of the Spirit of Capitalism: An Essay on Max Weber's Protestant Ethic Thesis* (New York: Columbia University Press, 1982). "쇠창살"은 자본주의의 동의어는 아니지만 경제적 인간(*homo oeconomicus*)의 자기 폐쇄적인 세계를 상징한다. 이는 자본주의 이전의 형태, 순수 자본주의 형태, 복지 자본주의 형태, 공산주의 형태, 혹은 (장차 가능한) 자본주의 이후의 형태에 모두 해당한다.

37. Weber, *The Protestant Ethic*, 91, 17. 『프로테스탄티즘의 윤리와 자본주의정신』.

38. Weber, *The Protestant Ethic*, 78. 『프로테스탄티즘의 윤리와 자본주의정신』.

39. Ernest Troeltsch, *The Social Teaching of the Christian Churches* (trans. Olive Wyon; 2 vols.; 1911; London: George Allen & Unwin, 1950), 645-646.

40. Troeltsch, *Protestantism and Progress*, 74.

41. Marx and Engels, *Werke*, 23:741ff.

42. Tawney, *Religion and the Rise of Capitalism*, 279. 『종교와 자본주의의 발흥』(한길사 역간, 1983).

43. M. M. Goldsmith, "Regulating Anew the Moral and Political Sentiments of Mankind. Bernard Mandeville and the Scottish Enlightenment," *Journal of the History of Ideas* 49 (1988): 587-606.

44. David Hume, *Enquiries Concerning Human Understanding and Concerning the Principles of Morals* (ed. L. A. Selby-Bigge; 1777; Oxford: Clarendon, 1927), 181.

45. Thomas Fuller, *A Sermon of Contentment* (London, 1648), 3-4.

46. Robert Wuthnow, "Pious Materialism: How American View Faith and Money," *Christian Century*, 3 March 1993, 238-242.

47. Georg Wilhelm Friedrich Hegel, *Phänomenologie des Geistes* (1807; Frankfurt a. M. :Suhrkamp, 1977), 153. 『정신현상학』(동서문화사 역간, 2011).

48. Robert N. Bellah et. al., *Habits of the Heart: Individualism and Commitment in American Life* (Berkeley and Los Angeles: University of California Press, 1985), 287; Bellah et. al., *The Good Society* (New York: Knopf, 1991), 106-107. 『미국인의 사고와 관습 : 개인주의와 책임감』 (나남 역간, 2001).

49. Kenneth Copeland, *The Laws of Prosperity* (Fort Worth, Tex.: Kenneth Copeland Publications, 1974)『형통한 삶을 사는 비결』(사랑의 메시지 출판사 역간, 2007); Gloria Copeland, *God's Will is Prosperity* (Tulsa: Harrison House, 1978); John Avanzini, *The Wealth*

of the World: The Proven Wealth Transfer System (Tulsa: Harrison House, 1989).

50. David Gerschon and Gai Straub, *Empowerment: The Art of Creating Your Life as You Want It* (New York: Dell, 1989).

51. Alexis de Tocqueville, *Democracy in America* (trans. Phillips Bradley and Henry Reeve; 2 vols.; New York: Vintage Books, 1945), 2:135. 『미국의 민주주의』(한길사 역간, 1988).

52. Avanzini, *The Wealth of the World*, 15. 이 책에서 인용한 부분은 괄호 속에 페이지를 기록했다. 이와 반대로, 오늘날까지 널리 읽히고 있는 17세기 말에 쓴 기독교 고전인 『천로역정』이 부의 획득에 관해 말하는 내용을 읽어보라. 이 책은 그것을 '허영의 시장'이라고 불리는 마을을 지나가는 과정으로 취급하고 있다 (John Bunyan, *The Pilgrim's Progress*, Part One, Sixth Stage). 『천로역정』(포이에마 역간, 2011).

53. Hobson, in Robert B. Reich, *The Work of Nations: Preparing Ourselves for Twenty-First-Century Capitalism* (1991; New York: Alfred A. Knopf, 1992), 45.

54. Reich, *The Work of Nations*, 81ff. 『국가의 일』(까치 역간, 1994).

55. Reich, *The Work of Nations*, 177, 182. 『국가의 일』. 다음 책도 보라. Volf, *Work in the Spirit*, 27ff.

56. George Gilder, *Wealth and Poverty* (New York: Bentham Books, 1981), 314. 『부와 빈곤』(우아당 역간, 1981).

57. 이어지는 내용은 내가 쓴 두 책 *Zukunft der Arbeit*와 *Work in the Spirit*에서 상세히 논의한 것을 끌어온 것이며, 동시에 그 논의의 몇 가지 측면을 더욱 발전시키기도 했다.

58. James W. McClendon Jr., *Ethics: Systematic Theology* (1986; Nashville: Abingdon, 1989), 93ff.

59. Schor, *The Overworked American*.

60. Horace Bushnell, *Work and Play* (New York: Charles Scribner's Sons, 1883), 22.

61. Adam Smith, *An Inquiry into the Nature and Causes of the Wealth of Nations* (1776; New York: Random House, 1937), 625. 『국부론』(동서문화사 역간, 2008).

62. Volf, *Work in the Spirit,* 124-133.

63. Martin Luther, *D. Martin Luthers Werke. Kritische Gesamtausgabe* (Weimar: Böhlau, 1883), 42:78. 다음 책도 보라. John Calvin, *Commentaries on the First Book of Moses Called Genesis* (tans. John King; Grand Rapids: Eerdmans, 1948), 125.

64. Jürgen Moltmann, "The Right to Meaningful Work," in *On Human Dignity: Political Theology and Ethics* (trans. M. Douglas Meeks; Philadelphia: Fortress, 1984), 56. 다음 책도 보라. Robert K. Johnston, *The Christian at Play* (Grand Rapids: Eerdmans, 1983), 136-137.

65. Henri de Man, *Joy in Work* (London: George Allen & Unwin, 1929), 39.

66. Schor, *The Overworked American*, 112.

67. Volf, *Work in the Spirit,* 154.

68. M. Douglas Meeks, *God the Economist: The Doctrine of God and Political Economy* (Minneapolis: Fortress, 1989), 157ff. 『하느님의 경제학』.

69. Martin Hengel, "Arbeit im frühen Christentum," *Theologishche Beiträge* 17 (1986): 179.

70. John C. Haughey, *Concerting Nine to Five: A Spirituality of Daily Work* (New York: Crossroad, 1989), 99.

71. Volf, *Work in the Spirit,* 88-102, Haughey, *Converting Nine to Five,* 99-115.

72. Norbert Lohfink, *Koheleth* (Berlin: Echter Verlag, 1980), 33.

73. Ellul, *Reason for Being*, 68.

74. Lester Thurow, *The Zero-Sum Society* (New York: Basic Books, 1980), 120.

75. Hegel, *Grundlinien der Philosophie*, §185. 『법철학 강요』(지만지 역간, 2008).

76. Karl Rahner, "The Concept of Mystery in Catholic Theology," in *Theological Investigations* (trans. K. Smyth; vol. 5; Baltimore: Helicon, 1966), 40. 다음 책도 보라. Eberhard Jüngel, *Gott als Geheimnis der Welt. Zur Begründung der Theologie des Gekreuzigten im Streit zwischen Theismus und Atheismus* (Tübingen: J. C. B. Mohr [Paul Siebeck], 1978), 341.

77. Ludwig Feuerbach, *The Essence of Christianity* (trans. George Eliot; 1841; New York: Harper & Row, 1957).

78. Meeks, *God the Economist*, 168. 『하느님의 경제학』.

79. Irvin D. Yalom, *When Nietzsche Wept: A Novel of Obsession* (New York: Basic Books, 1992), 233, of love. 『니체는 언제 눈물을 흘렸는가』(지리산 역간, 1993).

80. Thomas Aquinas, *Summa Contra Gentiles* (trans. Vernon J. Bourke; Notre Dame: University of Notre Dame Press, 1975), III/I, 196-197.

옮긴이 홍병룡
연세대학교 정치외교학과와 동대학원을 졸업하고 IVP 대표간사로 일했다. 캐나다 리젠트 칼리지와 기독교학문연구소(ICS)에서 공부했으며, 호주에서 한국학을 공부했다. 옮긴 책으로는 『제자도와 영성형성』(국제제자훈련원), 『소명』(IVP), 『완전한 진리』, 『그리스도를 아는 지식』(복 있는 사람) 외에 다수가 있다.

21세기 이슈들과 신학적 성경 읽기
하나님의 말씀에 사로잡혀

초판 1쇄 발행 2012년 12월 05일
초판 4쇄 발행 2013년 1월 25일

지은이 미로슬라브 볼프
옮긴이 홍병룡
펴낸이 오정현
펴낸곳 도서출판 국제제자훈련원
등록 제22-1240호(1997년 12월 5일)
주소 (137-865) 서울시 서초구 서초1동 1443-26
e-mail dmipress@sarang.org **홈페이지** www.discipleN.com
전화 (02)3489-4300 **팩스** (02)3489-4309

ISBN 978-89-5731-599-6

※ 책값은 뒤표지에 있습니다. 잘못된 책은 구입하신 곳에서 교환해 드립니다.

국제제자훈련원은 건강한 교회를 꿈꾸는 목회의 동반자로서 제자 삼는 사역을 중심으로 성경적 목회 모델을 제시함으로 세계 교회를 섬기는 전문 사역 기관입니다.